AUTOGRAPHES

DU CABINET

DE FEU

M. J.-Z. MAZEL

directeur du Musée royal de peinture à La Haye

VENTE A LA HAYE

LES 28 ET 29 JANVIER 1887

Ordre des Vacations

nos.

Première vacation: Vendredi 28 Janvier à 11 heures du matin de 1—215

Deuxième vacation: Vendredi 28 Janvier à 7 heures du soir de 216—467

Troisième vacation: Samedi 29 Janvier à 11 heures du matin de 468—688

Quatrième vacation: Samedi 29 Janvier à 7 heures du soir de 689—915

Avis

Les pièces seront visibles chez les directeurs de la vente W. P. van Stockum & fils à La Haye huit jours d'avance.

L'authenticité des autographes est garantie sans condition de temps.

La vente se fera au comptant avec 10 pCt. en sus du prix d'adjudication, applicables aux frais.

M. Étienne Charavay *à Paris et les directeurs de la vente* W. P. van Stockum & fils *à La Haye rempliront les commissions, qu'on voudra bien leur confier.*

CATALOGUE

D'UNE PRÉCIEUSE COLLECTION

DE

LETTRES AUTOGRAPHES

ET DE

DOCUMENTS HISTORIQUES

COMPOSANT LE CABINET

DE FEU

M. J.-Z. MAZEL

directeur du Musée royal de peinture à La Haye

AVEC UN APPENDICE DE

LETTRES AUTOGRAPHES HISTORIQUES

PROVENANT D'UNE AUTRE SUCCESSION

La vente aura lieu à La Haye

— BUITENHOF 36 —

les 28 et 29 janvier 1887

par les libraires W. P. VAN STOCKUM & FILS

<table>
<tr><td>

LA HAYE

W. P. VAN STOCKUM & fils

Libraires

BUITENHOF 36

</td><td>

PARIS

ÉTIENNE CHARAVAY

Archiviste-paléographe
Expert en autographes

4 RUE DE FURSTENBERG

</td></tr>
</table>

1887

30299

Paris le 4 janvier 1887.

Messieurs et chers confrères

J'ai lu avec attention et intérêt les bonnes feuilles du catalogue de la belle collection d'autographes de feu M. Mazel. J'ai vu avec plaisir que vous aviez adopté la méthode de classement la plus scientifique, celle que j'ai moi-même mise en œuvre dans les inventaires raisonnés des collections Benjamin Fillon, Alfred Sensier et Alfred Bovet. Le classement par séries et par ordre chronologique de naissance a l'inappréciable avantage de former un véritable tableau d'histoire, et l'intérêt des pièces en devient bien plus évident. Je vous félicite donc bien sincèrement de la rédaction du catalogue Mazel, qui sera certainement considéré comme un des plus remarquables de notre temps. Les analyses sont abondantes et font bien ressortir l'importance historique des autographes; les notices sur les personnages sont exactes et sortent heureusement de la banalité. Votre œuvre est bonne et aura auprès des amateurs et des érudits tout le succès qu'elle mérite si justement.

Veuillez agréer, Messieurs et chers confrères, l'assurance de ma plus parfaite considération.

ÉTIENNE CHARAVAY

DIVISION DU CATALOGUE

ABRÉVIATIONS

L. A. S. = Lettre autographe signée.

L. S. = Lettre signée.

P. S. = Pièce signée.

P. (à la fin de la description de la pièce) = Portrait.

p. = page.

Chaque pièce, sans indication contraire, est écrite dans la langue nationale de la personne dont elle émane.

SOUVERAINS ET PRINCES

PAYS-BAS

PRINCES ET PRINCESSES D'ORANGE-NASSAU

(Stathouders de Hollande — Famille royale des Pays-Bas)

1 ANNE DE LORRAINE, princesse d'Orange-Nassau, puis duchesse d'Aerschot, n. 1522, m. 1568; — mariée I (1540—44) à René de Chalons, prince d'Orange-Nassau, stathouder de Hollande, II (1546—49) à Philippe II duc d'Aerschot.

P. S. sur vélin; Diest 8 février 1567. — 1 p. gr. in fol. obl.

Commission du "bailliage et de la chastellerie" de Haurech pour Lenault de Benne son maître d'hôtel.

2 GUILLAUME, dit le Taciturne, un des plus illustres princes de son temps, stathouder de Hollande etc., l'héroïque fondateur de la république des Provinces-Unies des Pays-Bas, n. à Dillembourg 25 avril 1533, assassiné à Delft 10 juillet 1584.

L. S., en français, aux Gens de son conseil et comptes à Breda; Dillembourg 3 mars 1568. — 1 p. in fol. — Trace de cachet. — 5 P.

Précieuse lettre, ayant servi d'envoi de deux copies manuscrites de la "Justification" du prince pour être envoyées au procureur gén. à Bruxelles, en réponse à la sommation du duc d'Albe pour comparaître devant son conseil. — En voici le contenu:

Treschiers et bien amez. Encoires que sur l'indeue et desraisonnable citation a nous faicte par le procureur general ne sommes tenuz de contester et respondre, si estce que de brieff esperons publier nostre justification contre les accusations contenuz en ladicte citation, comme pour le maintiennement de nostre bon droict et conservation de nostre honneur trouverons convenir. Et cependant avons bien voulu declarer les causes de nostre non comparition pour remonstrer la nullité dudict adjournement, comme verrez par la copie de nostre responce cy joincte avecq une aultre semblable close laquelle desirons que envoyez audict procureur general si daventure la nostre ne fusse parvenue en ses mains, afin qu'il n'en puisse pretendre ignorance. Atant Treschers et bien amez nostre Seigneur soit garde de vous. Escript à Dillenbourch le IIIIe jour de mars 1568. Guille de Nassau.

Nos treschiers et bien amez les Gens de notre Conseil et Comptes a Breda. — cito, cito.

La Justification fut publiée en avril 1568; "pièce extrèmement remarquable, dans laquelle il réfute avec force et précision les accusations nombreuses touchant sa conduite depuis le départ du roi (1559) et particulièrement en 1566." (Gr. v. Pr.)

3 MAURICE, stathouder de Hollande etc., le plus grand capitaine de son temps, rénovateur de la science militaire, n. à Dillembourg 14 novembre 1567, m. à La Haye 23 avril 1625; — fils de Guillaume le Taciturne.

L. S. au magistrat de la ville de Leyde; avec la suscription autographe, au camp de Roosendael (Brabant) 16 novembre 1624. — 2 p. in fol. — P.

Pièce historique. — Le prince prie le magistrat d'ordonner à leurs députés aux États de Hollande de voter à la séance du 26 nov. pour l'emprunt proposé (dubbele duizendste penning) vu que presque journellement la patrie tombe de plus en plus dans un état déplorable et que l'ennemi se rapproche de nos frontières avec une armée très considérable.

4 FRÉDÉRIC-HENRI, stathouder de Hollande etc., un des plus illustres guerriers de son temps, habile homme d'État, n. à Delft 29 janvier 1584, m. à La Haye 14 mars 1647.

L. S., en français, à G. de Boetselaer seigneur de Langerak, ambassadeur des Provinces-Unies à Paris; Middelbourg 27 octobre 1630. — 1 p. $^1/_2$ in fol. — 4 P.

Affaires de la principauté d'Orange. — Le gouverneur: Jean de Hertoge van Osmale negocia pour la livrer au roi de France; en 1630 de Knuyt, seigneur de Vosmeer, s'empara de vive force du château au nom du prince d'Orange; il en résulte des difficultés et des procédures; le prince envoie le baron de Dona, son beau-frère, à Paris pour demander au roi la cessation des procédures «contre ses subiects qu'ont assisté en l'affaire qui s'est passé en ma ville d'Orange.» Il se plaint qu'après une attente de 15 jours son envoyé n'ait obtenu ni une audience du roi, ni une réponse de ses ministres; il prie M. de Langerak «d'entreprendre la continuation de la pour-»suite envers S. M. et ses ministres et de les persuader que les dits subiects n'ont rien fait contre »son service.»

5 FRÉDÉRIC-HENRI.

L. S. aux États-Généraux; La Haye 11 février 1640. — $^1/_2$ p. in fol.

Il demande de mettre à la disposition de M. de Choisy, conseiller du roi de France, un vaisseau de guerre pour son passage en France.

6 AMÉLIE COMTESSE DE SOLMS, n. 31 août 1602, m. à La Haye 8 août 1675; femme du précédent. — HENRIETTE-MARIE STUART, n. 4 mai 1631, m. à Londres 24 décembre 1660; — femme de Guillaume II.

P. S. sur vélin, en hollandais; Teylingen (Hollande mérid.) et La Haye 21 et 22 octobre 1651. — 1 p. gr. in fol. obl. — 1 P.

Charte par laquelle Constantin Huygens obtint la charge de conseiller et trésorier du prince d'Orange (depuis, Guillaume III roi d'Angleterre, 1650—1702) pendant la minorité du prince. — Signée par les tutrices: la mère et la grand'mère du prince, et contresignée par Lourens Buisero (seigneur de Dussen-Muilkerk).

7 GUILLAUME II, stathouder de Hollande etc., prince d'une capacité politique singulière et d'une célérité rare, n. à La Haye 27 mai 1626, m. dans cette ville 6 novembre 1650.

L. S., en français, au lt-col. van Meteren (commandant du château de Loevestein); La Haye 16 août 1650. — $^3/_4$ p. in fol. — 2 P.

Curieuse lettre ayant servi de passeport aux fils et aux autres parents de Jacob de Witt (un des 6 membres des états-Généraux arrêtés par le prince à son coup d'état du 30 juillet 1650) pour le visiter dans sa prison au château de Loevestein. — En voici le contenu: «Monsieur, c'est ici pour vous dire que si des fils ou autres parents du Sr de With, désirent le veoir, vous ayez à le leur permettre sans difficulté, en continuant cependant les bons soings que vous avez eu de ces prisonn^{rs} iusques à présent. Je suis, M. votre très affné à vous f^{re} service G. Pr. d'Orange.» — Lettre autogr. de Constantin Huygens.

8 HENRIETTE-MARIE STUART, n. 4 mai 1631, m. à Londres 24 décembre
1660; — fille du roi Charles I d'Angleterre, femme du précédent.

P. S. sur vélin, Breda 16 juillet 1653. — gr. in fol. obl. — P.

Commission de Eeuwout Brandt comme gouverneur et greffier de la seigneurie de Polanen et dépendances. (Possession de la maison d'Orange en Delfland, aujourd'hui bien domanial.)

9 GUILLAUME III, stathouder de Hollande etc., roi d'Angleterre, le sauveur intrépide de la Hollande en 1672, le protecteur des libertés de l'Angleterre en 1688, le défenseur de l'indépendance des états européens contre l'ambition effrénée de Louis XIV, n. à La Haye 14 novembre 1650, m. à Londres 19 mars 1702.

L. A. S., en français, à Madame de Haulterive; La Haye 3 avril 1670. — 1 p. in 4°. — 2 beaux cachets à ses armes et soies.

Très belle lettre. — Compliments de condoléance à la mort de son mari (officier français au service de la République, confident du prince d'Orange Frédéric Henri). — En voici le contenu: «Madame «J'ay este trop des amis de feu Mr. d'Haultrive de ne pas prendre beaucoup de part a l'affliction «qui vous est arrive par son dessais et de prie le bon Dieu Madame qu'il vous donne toute les con-«solations requise en cette rencontre, et que vous la puissiez supporter avec toute sorte de fermete, «c'est le souhait de celuy qui est et sera toute sa vie Madame Votre tres affect. serviteur G. Prince «d'Orange»

10 GUILLAUME III.

P. S.; dans l'armée à Quaregnon 21 août 1674. — 1 p. in fol. — Cachet à ses armes entre 2 papiers.

Commission de Jan van Meuwen comme lieutenant. — Signée: Prince d'Orange, contresignée par Constantin Huygens fils.

11 GUILLAUME III.

P. S.; La Haye le 9 mars 1684. — ¹/₂ p. in fol.

Sur l'élection d'un greffier à la cour provinciale de Zélande. — Signée: Prince d'Orange.

12 GUILLAUME III.

P. S.; Hamptoncourt 7 juin 1701. — 1 p. in fol. — Cachet à ses armes, comme roi d'Angleterre, entre deux papiers.

Commission de Johan van Couwenhoven comme capitaine-lieutenant. — Signée: William R., contresignée par Athlone (Godard de Reede comte d'Athlone.)

13 MARIE-LOUISE DE HESSEN-CASSEL, n. 7 février 1688, m. à Leeuwarde 9 avril 1765; — femme de Jean-Guillaume-Friso, prince d'Orange-Nassau.

L. S., en français, à M. Rumpf, envoyé de Suède en Hollande; Leeuwarde 13 février 1725. — 1 p. ¹/₂ in 4°.

Jolie lettre de remerciement pour les soins qu'il a pris de rendre ses lettres au roi et à la reine de Suède et de lui envoyer les réponses.

14 MARIE-LOUISE DE HESSEN-CASSEL.

L. S. à (A.) Patras, membre des États-Génér. pour la Frise; Leeuwarde 6 juillet 1762. — 1 p. in 4°. — Enveloppe et cachet à ses armes.

La princesse est informée de son départ pour les bains d'Aix-la-Chapelle, lui souhaite un bon voyage et le charge de quelques commissions. — Pièce deux fois signée.

15 GUILLAUME IV, stathouder héréditaire des Provinces-Unies (26 avril 1747), l'allié de l'Autriche et de l'Angleterre contre la France dans la guerre de succession d'Autriche, n. à Leeuwarde 1 septembre 1711, m. à La Haye 22 octobre 1751.

Deux L. A. S., en français et en hollandais; Groningue 28 avril 1736, et Bergum (Brabant) 26 mai 1737. — 2 p. in 4⁰.

I. Il demande avec la dernière impatience des nouvelles qu'on lui a promises pendant son dern. séjour à Arnhem. — II. Il parle de son trésorier comme d'un homme impudent et aussi d'un procès avec la veuve Halungius, qui lui fait une action exorbitante.

16 GUILLAUME IV.

P. A. S.; Groningue 26 juin 1742. — 1 p. ³/₄. in fol.

Ordre détaillé pour le régiment du Colonel Veldman pour une manœuvre d'attaque contre les fortifications extérieures de Groningue.

17 GUILLAUME IV.

Trois L. A. S., une L. A. et une L. S., en français, (à Barthold Douwe van Burmania, ambassadeur de Hollande à Vienne; n. 1695 m. 1766); Soestdijk 12 juillet 1746, Leeuwarde 21 février (1747), La Haye 9 mars 1748, 14 mars 1750 et 29 janv. 1750. — 15 pages in 4⁰ — 5 P.

Correspondance historique remarquable, contenant des particularités détaillées sur les évènements pendant et après la guerre de la succession d'Autriche et des observations pétillantes d'esprit sur les faits et sur les personnes.

1746. Sur le succès des Autrichiens dans leur campagne contre la France en Sardaigne. Le prince craint que les avantages obtenus n'aient pas de suites, parce qu'il n'a pas de confiance dans les allures du ministère britannique et que la république veut se retirer; "celle-ci court à pas "redoublés à sa perte, elle va se livrer aux séduisantes insinuations de la France, dont nous serons "premièrement les dupes et puis les victimes." Il qualifie les négociations de chipotteries, et prétend que les conditions de la France pour une paix générale sont absurdes, monstrueuses et honteuses. "J'ai cru vous faire plaisir de vous communiquer ce que j'ai découvert de ces négociations, "je ne rougis pas de vous dire que quoique votre stadhouder hérédit. (de Frise) je n'ai pas eu "l'honneur d'être mis au secret."

1747. Encore sur la campagne en Sardaigne et en Provence et sur le peu de succès des alliés. Le duc de Cumberland est nommé chef de l'armée contre l'aveu général, ce qui lui paraît incroyable; "mais nous sommes dans le siècle des paradoxes et notre république en fournit une "nombreuse liste." — Observations sur la "fameuse" négociation de Breda.

1748. Le prince communique la naissance d'un fils. Particularités détaillées sur l'armée russe envoyée à l'aide de la république; il lui envoie une personne pour arrêter et régler les arrangements nécessaires afin que ces troupes trouvent partout sur leur route les subsistances nécessaires etc.

1750. Observations sur le différend à propos du Castel avec le gouvernement belge, et sur le recrutement de l'armée dans la Barrière.

18 ANNE D'ANGLETERRE, n. à Hanovre 2 novembre 1709, m. à La Haye 12 janvier 1759; — femme du précédent, gouvernante de la république pendant la minorité de son fils, princesse intelligente, siégeant dans les hauts collèges d'état et très active dans les événements politiques.

L. A. S., en français, à (B. D. van Burmania, ambassadeur de Hollande à Vienne); La Haye 30 avril. — ¹/₂ p. in 4⁰. P.

Elle demande la lettre que le pensionnaire (P. Steyn) lui a écrite en chiffres, elle souhaite d'être informée du contenu et promet le dernier secret.

19 ANNE D'ANGLETERRE.

P. S.; La Haye 9 avril 1755 — 1 p. in fol. — cachets à ses armes entre deux papiers. — P.

Ordre de changer le mouvement d'un corps d'armée dans les environs de Beek.

20 ANNE D'ANGLETERRE.

L. A. S., en français, au comte......; Breda 13 novembre. — $^1/_2$ p. in 4º.

Lettre de remerciement pour ses bons souhaits à l'occasion du jour de sa naissance.

21 WILHELMINE-CAROLINE, n. à Leeuwarde 28 février 1743, m. 6 mai 1787; — femme de Charles-Chrétien prince-régnant de Nassau-Weilbourg, fille de Guillaume IV.

L. S., en français, à B. D. van Burmania, ambassadeur de Hollande à Vienne; La Haye 13 mars 1759. — 1 p. in 4º.

Remerciement pour ses condoléances à la mort de sa mère (Anne d'Angleterre).

22 GUILLAUME V, stathouder héréditaire des Provinces-Unies, prince intelligent mais faible dans ses résolutions, n. à La Haye 8 mars 1748, émigré en 1795, m. à Brunswick 9 avril 1806.

Trois L. S. et une L. A. S., en français, à B. D. van Burmania, ambassadeur de Hollande à Vienne; La Haye 1759, 1760, 1764, 1765. — 4 p. in 4º. — P.

Lettres de remerciements pour sa condoléance à la mort de sa mère, pour ses compliments de nouvel an, d'anniversaire etc. — Curieuses par la composition et le style.

23 GUILLAUME V.

Trois P. S.; 1778, 1786, 1791. — 3 p. in folio. — Cachet entre deux papiers. — P.

Deux ordres militaires et une autre pièce, contresignés par P. J. de Larrey et J. de Riemer.

24 GUILLAUME V.

L. A. S. au commendant de l'esquadron Gardes-du-corps; La Haye 18 octobre 1782. — $^1/_2$ p. in 4º. — cachet à ses armes. — P.

Ordre de ranger de bonne heure les gardes-du-corps dans le "Maliebaan" à La Haye, pour faire l'exercise sous les ordres de Son Altesse.

25 GUILLAUME V.

L. A. S. à P. Damen, avocat à La Haye; Oranienstein 12 novembre 1802. — $^1/_2$ p. in 4º. — Avec enveloppe et cachet à ses armes.

Désignation comme membre d'une commission pour négocier avec le gouvernement de la République Batave sur les prétentions de lui et de sa famille à la charge de la République.

26 FRÉDÉRIQUE-SOPHIE-WILHELMINE DE PRUSSE, n. à Berlin 7 août 1751, émigrée en 1795, m. au château "Het Loo" (Pays-Bas) 9 juin 1820; — femme du précédent.

L. A. S., en français, (G. W.) Motman, seigneur de Landfort (le fameux Orangiste); Schönhausen 20 août 1810. — $^3/_4$ p. in 4º. — cachet à ses armes. — P.

Jolie lettre de remerciement pour l'attention qu'il a bien voulu avoir de se rappeler son jour de naissance.

27 FRÉDÉRIQUE-SOPHIE-WILHELMINE DE PRUSSE.

L. A. S., en français, à son petit-fils Guillaume prince d'Orange (plus tard le roi Guillaume II); Welgelegen (Harlem) 7 août 1818. — 2 p. $^1/_2$ in 8º.

Très belle lettre où elle le remercie affectueusement de sa lettre amicale et des petits cadeaux qu'il lui a envoyés; nouvelles de famille; témoignages d'attachement pour sa femme et ses enfants.

28 FRÉDÉRIQUE-LOUISE-WILHELMIME, n. à La Haye 28 novembre 1770, m. à [Amsterdam 15 octobre 1819; — femme de Charles-George-Auguste de Brunswick (1766—1806), fille de Guillaume V.

L. A. S., en français, à son neveu le prince d'Orange (depuis, le roi Guillaume II); Welgelegen (Harlem) 2 août 1818. — $^1/_2$ p. in 4^0.

Jolie lettre de félicitations à l'occasion des heureuses couches de son épouse (naissance du prince Alexandre) "j'en benis le ciel et embrasse femme et enfant faisant mille vœux pour les deux, que "le bon Dieu daigne les conserver!! Je suis également aux pieds de S. M. ou dans ses bras si elle "l'aime mieux et félicite la Grandmaman et la petite Tante (la princesse Marianne 1810—83)."

29 GUILLAUME I, roi des Pays-Bas, qui par son génie administratif savait faire prospérer le commerce et l'industrie dans son royaume et régénérer les possessions orientales néerlandaises, n. à La Haye 24 août 1772, émigré 1795—1813, roi 1813—40, m. à Berlin 12 décembre 1843.

L. A. S. à (J. G.) Tulling van Oldenbarneveld, procureur de la cour de Brabant à Breda; Prinsenhage 18 avril 1793. — 1 p. in 4^0 — cachet à ses armes. — P.

Après la reprise de Breda (3 avril) sur l'armée de Dumouriez par le prince hérédit. d'Orange, l'armée hollandaise s'y livra à des excès déplorables. Plusieurs personnes furent arrêtées à l'hôtel de ville. Le prince mande par notre lettre qu'il a chargé le lieut.-gén. van Munster de les renvoyer au procureur. — Signée: W. F. Erfprins van Oranje.

30 GUILLAUME I.

L. A. S. à J. Opdenhof à Oranienstein près de Limbourg; Hamptoncourt 28 août 1795. — $^1/_2$ p. in 4^0.

Il mande son approbation de ce qu'il à fait dans l'arrangement de quelques affaires domestiques. Signée: W. F. Erfprins v. Oranje.

31 GUILLAUME I.

L. A. S. à (P. A. Ragay, auditeur général); (Londres) 20 juin 1813. — 1 p. 8^0.

Il demande d'envoyer les lettres, qu'on recevra pendant son absence, à Orange-farm (maison de campagne du baron H. Fagel, réfugié à l'étranger 1795—1813, ambassadeur des Pays-Bas en Angleterre 1813—24).

32 GUILLAUME I.

L. A. S., en français, à son fils le prince d'Orange (plus tard le roi Guillaume II) à St, Pétersbourg; La Haye 7 décembre 1823. — 1 p. gr. in 4^0. — Fragments de cachet.

Très belle et affectueuse lettre où le roi renouvelle ses vœux pour l'anniversaire (6 déc.) du prince. Il décrit comment cette fête "annoncée à neuf heures par la canonnade de vos fils" a été célébrée en famille. Il mande l'entrée du duc d'Angoulème à Paris (après sa campagne en Espagne); "on espère la continuation des mesures propres à ramener la tranquilité de l'Espagne, mais il est "difficile d'avoir des notions exactes de ce malheureux pays. Falck est heureusement arrivé à "Londres (il fut nommé 21 nov. 1823 ministre plénipotentiaire pour renouveler les négociations sur les Indes Or., commencées en 1820 et interrompues dans le courant de 1823) et content de la "réception qu'on lui a faite; les négociations n'étaient cependant pas encore commencées, mais il "avait reçu l'expression des ducs de terminer les points qui depuis diverses années sont restés en "souffrance. L'ambassadeur Fagel paroit un peu s'être attendu aux conséquences, que devoit avoir "son refus et sa détermination irrévocable. J'en suis vraiment peiné pour lui, et me flatte que la "réflection lui fera reconnaitre, que ce ne pourait être autrement" — etc.

33 GUILLAUME I.

L. S., en français; La Haye 15 septembre 1830. — 1 p. 4^0.

Notification du mariage de sa fille Marianne, princesse des Pays-Pas, avec le prince Albert de Prusse, son neveu, à La Haye le 14 sept.

34 GUILLAUME I.

L. A. S., en français, au même, à Tilburg (Brabant); La Haye 12 octobre 1835. — 2 p. $^1/_2$ gr. in 4⁰. — La moitié du 2ᵉ feuillet non-décrit enlevée.

Intéressante lettre. — Nouvelles et causeries de famille. Il approuve ses projets de voyage, présumant qu'il aura l'intention de venir assister à l'ouverture des États-Généraux. "Les nouvelles "d'Angleterre sont fort insignifiantes; il n'y a que ce qui concerne l'empressement du duc de Wel- "lington vis-à-vis du prince Léopold, qui ne laisse pas de faire une impression désagréable quand on "songe aux tems anciens et rapports qui ont existé pendant tant d'années. Au reste ainsi va le monde!" — Il a reçu en audience part. le général russe Sochorane (?) en commission de la part de l'empereur pour visiter les établissements où le fer est fondu et travaillé en Angleterre.

35 FRÉDÉRIQUE-LOUISE-WILHELMINE DE PRUSSE, reine des Pays-Bas, n. à Berlin 18 novembre 1774, m. à La Haye 12 octobre 1837; — femme du précédent.

L. A. S., en français, à son fils le prince d'Orange (depuis, le roi Guillaume II); Loo 1 et 2 août 1834. — 1 p. $^1/_2$ in 4⁰. — Fragment de cachet. — P.

Belle lettre de félicitations affectueuses à l'occasion de l'anniversaire de son petit-fils Alexandre (1818—48). "Elle regrette de ne pouvoir venir avec le roi, mais l'excessive chaleur des derniers "jours l'a convaincue, qu'elle n'est bonne à rien, et la rend tellement fatiguée qu'elle considère sa "société peu aimable. Le roi peut certifier que du reste elle se porte bien."

36 GUILLAUME-GEORGE-FRÉDÉRIC, général de la République, pendant son exil maréchal d'Autriche, chef de l'armée autrichienne en Italie 1798; n. à La Haye 15 février 1774, m. à Padoue 6 janvier 1799; — second fils de Guillaume V.

L. A. S., en français, à son très cher ami...; Londres 24 avril 1798. — 1 p. $^1/_2$ in 4⁰.

Très belle lettre où il annonce son départ prochain pour Brunswick (où résidait son père) et pour Vienne; il témoigne ses amitiés affectueuses, rapporte les livres qu'il a bien voulu lui confier et demande de lui prêter les "Campagnes (en Italie) de Maillebois" (Paris 1775) qu'il veut parcourir dans ce moment "ou il ne parait pas impossible que nous reportions la guerre en Italie."

37 GUILLAUME II, roi des Pays-Bas, n. à La Haye 6 décembre 1792, m. à Tilburg (Brabant) 17 mars 1849.

L. A. S., en français; Tilburg 17 septembre 1834. — 1 p. $^1/_2$ in 8⁰. — P.

Il remercie d'un rapport d'après lequel tout serait à arrêter favorablement à Soestdijk; se pro- pose d'y venir et ordonne qu'il trouve pour son voyage des chevaux à Vianen et à Utrecht. — Signée: Guillaume pr. d'Orange.

38 GUILLAUME II.

L. S., en français, à son beau-frère (Nicolas I, empereur de Russie); La Haye 8 octobre 1842. — 1 p. in 4⁰.

Notification du mariage de sa fille la princesse Sophie avec le grand-duc héréd. de Saxe-Weimar-Eisenach, à La Haye le 8 octobre 1842. — Signée: Guillaume.

39 GUILLAUME II.

L. A. S., en français, au général J. A. H. de la Sarraz (ministre des affaires étrangères); Leeuwarde 19 juillet 1846. — 1 p. in 8⁰,

Le roi lui envoie une lettre et le charge de la faire parvenir à sa mission à Madrid, avec l'ordre de l'expédier de là par express à Gibraltar, pour la remettre à son fils (le prince Henri) à son passage dans cette ville.

40 ANNE-PAVLOVNA DE RUSSIE, reine des Pays-Bas, n. 18 janvier 1795, m. à La Haye 1 mars 1865, femme du précédent; — fille de l'empereur Paul I.

L. A. S., en français, au général....; Buitenrust (La Haye) 25 Mars 1853. — 1 p. in 8⁰ — papier à ses initiales.

Jolie lettre où elle prie de bien vouloir la tenir au courant du sujet de leur dernier entretien.

41 FRÉDÉRIC, prince des Pays-Bas, n. à Berlin 28 février 1797, m. à Wassenaer 8 septembre 1881; — fils du roi Guillaume I.

L. A. S. à J. Z. Mazel; La Haye 25 février 1852. — 1 p. in 8⁰ — Enveloppe à l'adresse autogr. signée. — Cachet à ses armes. — P,

Belle lettre. — Le prince envoie une forte somme d'argent pour (Joh.) de Mare (célèbre graveur n. 1806, qui à cause de son beau talent était beaucoup protégé par la famille royale). — Il s'excuse très affablement de ne pas s'être acquitté plus tôt de sa promesse.

42 FRÉDÉRIC, prince des Pays-Bas.

L. A. S. à J. Z. Mazel; La Haye 17 mai 1850. — 1 p. in 8⁰. — Enveloppe autographe signée. — Fragment de cachet. — P.

Il lui envoie une lettre pour le gén. (R.) Fagel (ministre des Pays-Bas à Paris, 1771—1856), pour la lui faire parvenir avant le 22 cour.

43 LOUISE-AUGUSTE-WILHELMINE-AMÉLIE DE PRUSSE, n. à Berlin 1 février 1808, m. à Wassenaer (Hollande) 7 décembre 1870; — femme du précédent (21 mai 1825), sœur de l'empereur Guillaume I.

L. A. S., en français, à son cousin (le prince d'Orange, depuis, le roi Guillaume II à La Haye); Berlin 19 avril 1824. — 1 p. in 4⁰.

Très belle lettre où elle félicite le prince de la naissance d'une princesse (Sophie, depuis, grande-duchesse de Saxe-Weimar-Eisenach) qu'il vient de lui annoncer: "personne ne peut prendre un "plus vif intérêt que Votre future belle-sœur, que vous voulez bien honorer du titre de maraine. "J'accepte ce titre avec autant de plaisir que de reconnaisance et vous prie d'embrasser de ma part "mon aimable nièce."

44 MARIANNE, princesse des Pays-Bas, n. à Berlin 9 mai 1810, m. 23 mai 1883; — mariée à Albert prince de Prusse, fille du roi Guillaume I.

L. A. S., en français, à son frère le prince d'Orange à St. Petersbourg; (La Haye décembre 1823). — 1 p. in 4⁰ — Cachet brisé.

Très jolie lettre où elle le félicite de son anniversaire.

45 MARIANNE, princesse des Pays-Bas.

L. S., en français, au comte (de Bylandt) à Marienwaerdt; Berlin 20 décembre 1836. — ½ p. in 4⁰.

La princesse lui envoie une somme d'argent pour les familles appauvries par un incendie. — Signée Marianne, princesse Albert de Prusse.

46 MARIANNE, princesse des Pays-Bas.

Trois L. A. S., en français, au comte . . . .; Villa Cœlimontana (Rome) 27 décembre 1852; 19 février 1853; 20 avril 1863 (papier à son initiale). — 7 p. in 8⁰.

Très jolies lettres sur des sujets domestiques; signées: Marianne.

47 MARIANNE, princesse des Pays-Bas.

Deux L. A. S. à J. H. Lintz (administrateur de ses domaines); Rome 18 avril 1852 et 26 janvier 1853. — 2 p. in 8⁰.

Invitations de venir à Rome avec son secrétaire J. van Rossem. — Signées: "Marianne prinses der Nederlanden" et "Marianne".

48 GUILLAUME III, roi des Pays-Bas, n. à La Haye 19 février 1817, roi 1849.

L. S., en français, avec la suscription autographe, à (Louis-Philippe, roi des Français); La Haye 26 mars 1846. — 1 p. in 4⁰.

Lettre en réponse à la notification de la naissance de la princesse Marguerite Adelaïde Marie d'Orléans (mariée en 1872 au prince Ladislas Czartoryski), fille du duc de Nemours.

49 GUILLAUME III.

L. A. S., en français, au général (R. Fagel) à Paris; La Haye 12 décembre 1847. — 1 p. in 4⁰.

Très belle lettre d'introduction pour M. van der Does, pianiste du roi et de la reine; le prince lui envoie une partition pour la faire parvenir à M. Auber, le directeur du conservatoire, et désire la voir soumise à son jugement. — (Voir Auber.)

50 GUILLAUME III.

L. A. S., en français, à son frère le prince Alexandre; (1846) — 1 p. in 8⁰.

Le prince, s'en allant à Delft, prie de vouloir l'excuser auprès de son père.

51 GUILLAUME III et ALEXANDRE, prince des Pays-Bas, son frère, n. à Soestdijk 2 août 1818, m. à Madère 20 février 1848.

Deux L. A. S., en français, sur une feuille. — 3 p. in 8⁰.

Communications à propos d'un cheval à acheter.

52 SOPHIE DE WURTEMBERG, reine des Pays-Bas, n. à Stuttgart 17 juin 1818, m. à La Haye 3 juin 1877; — première femme du roi Guillaume III.

B. A. S., en allemand. — 1 p. ¹/₂ in 12⁰.

Billet de renseignement à propos de commissions à faire.

53 HENRI, prince des Pays-Bas, lieutenant-amiral de la marine néerlandaise, lieutenant du roi (son frère) dans le grand-duché de Luxembourg, n. à Soestdijk 13 juin 1820, m. à Luxembourg 14 janvier 1879; — fils du roi Guillaume II.

L. A. S., au baron E. Sirtema de Grovestius, ministre des Pays-Bas à Madrid; sur la frégate „le prince d'Orange" en rade de Cadix 6 janvier 1847. — 1 p. ¹/₂ in 8⁰. — P.

Très belle lettre où le prince le remercie de quelques communications qu'il lui a envoyées et dont il a eu peine de ne pas rire; il regrette de ne pouvoir venir à Madrid.

54 GUILLAUME, prince d'Orange, prince royal des Pays-Bas, n. à La Haye 4 septembre 1840, m. à Paris 11 juin 1879; — fils du roi Guillaume III.

L. A. S. à M. (K.-W.) de Kock (à La Haye); Leide (1858) — 2 p. in 8⁰. — 2 P.

Le prince le prie de venir à Leide à cause d'une grave indisposition de M. (E. A. O.) de Casembroot (son gouverneur). — Lettre écrite pendant que le prince faisait ses études à l'université de Leide.

55 HENRI-CASIMIR II, prince de Nassau-Dietz, stathouder de Frise, n. à La Haye 18 janvier 1657, m. à Leeuwarde 15 mars 1696.

P. S.; Groningue 20 mars 1676. — 1 p. in fol. obl.

Commission de Wolter Sprincen comme enseigne.

56 HENRIETTE-AMÉLIE D'ANHALT-DESSAU, femme du précédent, mère de Jean-Guillaume-Friso prince d'Orange-Nassau, n. 16 août 1666, m. 17 avril 1726.

L. S., en français, à M. van den Berg; au château de Renaix 18 janvier 1708. — 3 p. in 4⁰.

Très jolie lettre pleine de bonne grâce et d'affabilité.

INTERRÈGNE: ROYAUME DE HOLLANDE

23 JUIN 1806 — 8 JUILLET 1810

57 LOUIS-NAPOLÉON BONAPARTE, roi de Hollande, n. à Ajaccio 2 septembre 1778, m. à Florence 25 juillet 1846; — père de l'empereur Napoléon III.

L. A. S. au général H. W. Daendels, (gouverneur-général des Indes Or. Néerl. depuis février 1807 jusqu'en 1811); La Haye 28 mars 1807. — 2 p. $^1/_2$ in 4°. — Écriture presque illisible. — P.

Intéressante lettre historique. — Dès les premiers jours de son règne le roi s'occupe de faire aussitôt que possible des réformes administratives et militaires dans les Indes Or.; le blocus continental (oct. 1806) le presse de nouveau et lui fait craindre de perdre Batavia. Il envoie le gén. Daendels, muni d'un plein pouvoir aux Indes pour y porter secours, et lui ordonne de se rendre à Lisbonne pour se joindre à l'escadre qui va s'y diriger. Daendels retarde son départ et exige un dédommagement de 45 mille florins pour ses frais de voyage. Le roi lui écrit par notre lettre qu'il n'en a pas besoin et ne veut lui envoyer que 25 mille pour tous ses frais jusqu'à son embarquement; il lui parle très sévèrement et le menace que, si son départ est retardé encore et que l'expédition manque par sa faute, il s'en prendra à lui. "Si j'avais pu prévoir cela vous seriez "resté sur les frégates; un chef est le premier besoin et le plus puissant secours pour la colonie; "les frégates partiront quand elles pourront, mais elles arriveront avant vous au train dont cette "affaire va."

58 LOUIS-NAPOLÉON, roi de Hollande.

L. S. au prince de Ponte Corvo (J.B J. Bernadotte, depuis, Charles XIV Jean roi de Suède et de Norwège); château de Soestdijk (Utrecht) 22 septembre 1808. — 1 p. in 4°.

Lettre d'introduction pour le chevalier Bicker, son premier écuyer, en voyage pour Copenhague; et de remerciement pour les soins qu'il a voulu donner aux troupes hollandaises (faisant partie de la Grande Armée au Nord de l'Allemagne et au Danemark). — Signée: Louis.

59 LOUIS-NAPOLÉON, roi de Hollande.

L. S. à W. F. baron Roëll, ministre des affaires étrangères; Amsterdam 4 décembre 1808. — $^1/_2$ p. 4°.

Le roi lui ordonne de communiquer l'affaire de Varel au prince d'Olgoroucki. — Signée: Louis.

60 LOUIS-NAPOLÉON, roi de Hollande.

L. S. au même; Harlem le 23 mai 1810. — $^1/_2$ p. 4°.

Il désire qu'il écrive tout de suite au comte de Sevenaer à Paris (son ambassadeur) sur une affaire désagréable etc. (Probablement l'affaire arrivée au cocher de l'ambassadeur de France à Amsterdam, qu'on disait insulté par la foule, 13 mai 1810; prétexte de querelle cherché par Napoléon I pour incommoder son frère). — Signée avec suscription hollandaise autogr.: Lodewijk Napoleon.

61 LOUIS-NAPOLÉON, roi de Hollande.

L. A. S. à P. J. baron van Zuylen van Nievelt (1743—1826), son grand-chambellan à Amsterdam; (Toeplitz août 1810). — 1 p. in 4°. — Enveloppe à l'adresse autogr., cachet à ses armes.

Très belle lettre, écrite peu de jours après son abdication et son départ de Hollande. En voici le contenu: Mon cousin, lorsque je vous ai quitté j'esperais que vous ne continueriez vos services près de mon fils et je ne vous ai rien fait dire non plus que pour les officiers sous vos ordres; mais puisqu'il en est autrement et que Votre Roi est à Paris, je vous prie d'exprimer aux dames du Palais, comme à tous mes chambellans (monsieur de Pallandt excepté) chacun en particulier mes remerciements pour les soins et les services qu'ils m'ont rendus durant mon regne les assurant que je ne les oublierai jamais et que je conserverai toute ma vie pour eux les mêmes sentiments. Recevez monsieur de Zuilen aussi cette excuse pour vous particulierement. — Louis Napoléon. — Je désire que vous compreniez dans ce nombre de personnes M. de Thuyl, Dassevael, Rendorp etc.

D'après une notice autogr. du Baron de Zuylen sur l'enveloppe de cette lettre, elle a été reçue à Amsterdam le 7 août 1810 de Toeplitz ou de Dresde, après le départ du roi du Pavillon de Harlem dans la nuit du 1 au 2 juillet; elle lui fut remise par son valet de chambre La Force.

62 LOUIS-NAPOLÉON roi de Hollande.

Collection remarquable de 9 copies de lettres à Cambier, van der Heim, le prince de Neufchatel etc. de 2, 6, 10 et 28 juillet, 7 septembre, 22, 24 et 30 décembre 1810 et de 31 juillet 1811. — Aucune de ces lettres ne se trouve publiée dans les ouvrages de Rocquain et de Jorissen sur le roi Louis.

63 HORTENSE-EUGÉNIE-CÉCILE DE BEAUHARNAIS, reine de Hollande, n. à Paris 10 avril 1783, m. 5 octobre 1837; — femme du précédent.

L. A. S. à ....; Rome 15 mars 1827. — 1 p. in 8⁰

Très jolie lettre. — Elle s'excuse auprès de sa ⟨⟨chère Christine⟩⟩ de ce qu'elle n'a pas encore répondu à sa lettre, en nomme les causes et espère la rencontrer bientôt à Rome.

FRANCE

64 LOUIS XI, roi de France, le novateur impitoyable de son royaume, n. à Bourges 2 juillet 1413, roi 1461, m. à Plessis-lès-Tours 30 août 1483.

L. S. à „nostre amé et feal chancellier" (Pierre de Marvilliers, évêque d'Orléans, conseiller-clerc au parlement de Paris); Escript de Selemmes le V jour de mars; — contresignée par Jesme. — 1 p. in fol.

Intéressante lettre historique ⟨⟨touchant la matiere Despaigne⟩⟩ et les négociations avec Henri IV, roi de Castille, qui avait pris Louis XI pour arbitre de ces différends avec le roi d'Aragon et ses peuples révoltés (env. 1470). — Noms cités: Jean Chambon, Raoul Pinchon (conseillers du roi), de Loubes, le card. Despaigne.

65 LOUIS XII, roi de France, le bien-aimé, n. à Blois 27 juin 1462, roi 1498, m. à Paris 1 janvier 1515.

L. S. à „Mon cousin le conte (Henri) de Nassau" (1483—1538, il allia les maisons d'Orange et de Nassau par son mariage avec Claude princesse d'Orange); Chamguon 1 juin. — contresignée par D. Cotereau. — 1 p. in 4⁰ obl.

Lettre de créance: ⟨⟨Jenvoye devers vous le Sʳ Delagouthuze pour vous veoir et visiter et aussi vous dire de mes nouvelles et comme je seray bientost a Compeigne ainsi que de lui pourrez savoir vous priant que le vueillez croire de ce que vous direr de par moy.⟩⟩ etc.

66 FRANÇOIS I, roi de France, dit le père des lettres, n. à Cognac 12 septembre 1494, roi 1515, m. à Rambouillet 31 mars 1546.

L. S. à „M. Mesnaige, mon conseiller maistre des requestes ordinaires de mon hostel et mon ambassadeur par devers Lempereur"; St. Germain-en-laye, 15 janvier 1545. — contresignée par Claude de l'Aubespine, (secrétaire d'état, qui fit signer au roi l'ordre d'exterminer les Vaudois de Provence). — 1 p. in fol.

Lettre de créance pour Jean de Montluc (dominicain, diplomate habile, condamné comme hérétique): Jay receu la depesche que mavez envoyée par vostre homme, sur laquelle il a este parle a lambassadeur de lempereur qui reside pardeca, ainsi que vous entendrez par le Seigneur de Montluc que jay depesche presentement par dela pour les causes quil vous dira dont vous le croyerez comme moy mesmes. ⟨⟨ etc.

67 HENRI II, roi de France, n. à St. Germain en Laye 31 mars 1519, roi 1547, blessé dans un tournoi à Paris 29 juin 1559, m. 10 juillet suivant.

L. S. à „Messieurs mes ambassadeurs estans en Suysse"; Sauxevre (Sauterne, en Gironde) 28 octobre 1548. — contresignée p. Bochetel. — 1 p. in fol.

Intéressante lettre historique où il charge ses ambassadeurs d'envoyer "deulx dentre vous lun devers "les cantons catholiques et lautre devers les cantons protestans pour tascher dessopir et estaindre "le mescontantement qui semble par la estre entre eulx." (Difficultés causées par *l'intérim*, transaction de Charles V, contre le pape, pour terminer la querelle religieuse en Allemagne) etc.

68 HENRI III, roi de France, n. à Fontainebleau 19 septembre 1551, roi de Pologne 1574, succède à son frère François II 1575, assassiné à St. Cloud 1 août 1589.

L. S. à (Jacques Goyon) de Matignon (maréchal de France, célèbre par sa probité et sa modération dans les guerres de religion. 1525—1597); Blois 2 mars 1577; — contresignée par Pinart. — 3 p. 1/4 in folio, d'une écriture très serrée. — P.

Document historique remarquable, donnant des détails sur le plan de Henri III de mettre fin à la guerre de religion et de rétablir son autorité sur les deux partis: la Ligue et les Huguenots; le roit veut se débarrasser de l'un après s'en être servi pour affaiblir l'autre; il se prépare à rassembler une armée et charge M. de Matignon de lui fournir: "dix compaignies de gens de pied "chacune de deux cent hommes et trois cent soixante hommes de guerre à cheval"; le roi approuve les moyens que Matignon a trouvés pour "la levée des deniers de lentretienement desd. gens de "guerre: par le clergé, la noblesse et le tiers estat", et lui décrit tout-au-long qu'il a été forcé "de dresser deux puissantes armées, en lune desquelles je faictz estat de marcher en personne et "donner la charge et conduicte de l'autre à mon frère le duc d'Anjou", parceque "malgré la requi-"sition que des depputez des trois estatz gen. de mon royaume m'ont faicte de ne souffrir exercice "doucune relligion que de la Cath. App. et Rom., ceux de la nouvelle oppinion et leurs adherans "continuent en les mauvaises délibérations et desseings, estantz en beaucoup dendroictz en armes "contre mon auctorité." Mais comme "le fonds de mes finances" ne permet pas l'extrême dépense pour l'entretien de ces armées, il est contraint de faire lever sur "ses bons et fidelles subiects "deux millyons de livres par emprunct et autres contribuables aux tailles; dailleurs ceulx du clergé "me fourniront ung million outre les deniers ordin." — Renseignements détaillés sur les moyens de lever ces contributions.

Noms cités dans la pièce: le capit. de Vicquet, de Hermonville, d'Ambleville, de Chiffrenast, de Rimiren, de Hertin, de Pontcarré, l'ing. A. Bellarmate.

69 HENRI IV, roi de France et de Navarre, dit le Grand, fondateur de l'unité de la France, n. à Pau 13 décembre 1553, succède à Henri III 1589, assassiné 14 mai 1610.

L. S. à M. de la Rochepot (son ambassadeur en Espagne); St. Germain-en-Laye 26 mars 1601; — contresignée par Foletet (?). — 3 p. 1/2 in fol. d'une écriture très serrée. — 2 P.

Superbe lettre historique, contenant une série de relations et de nouvelles importantes et curieuses sur les évènements et les personnes du jour. Il se plaint de n'avoir pas reçu de réponse à ses deux dernières dépêches "baillees a deux courriers qui passaient de Flandres en Hespaigne"; il parle de vaisseaux français confisqués à St. Luc et des cruautés exercées sur les matelots, "c'est une barbarie quilz ne "pratiqueraient pas contre les Turcz, et cela dans la paix, qui est entre nous." Il le charge "den "faire une vive instance au roy d'Hespaigne"; détails intéressants sur cette affaire. — Il mande l'exécu-tion du traité de paix avec le duc de Savoie et l'évacuation de la citadelle de Bourg. Il parle du jugement du comte d'Essex en Angleterre et des 26 seigneurs et gentilshommes "dudict pays cou-"pables de cestre entreprinse." "Le Sr de Nevil, ambassadeur, par deça renvoyé d'Angleterre pour "continuer sa charge estant à Douvre prest à passer a este rappelle et constitue prisonniers a Londres. — "Ceulx de Flandre et des Etats se préparent d'une forte guerre; j'entends que l'archiduc se trouvera "le plus faible." Le secrétaire Cecil qui favorisait les traités d'Angleterre avec l'archiduc est publi-quement accusé par le comte d'Essex "destre partisant d'Hespaigne." etc.

70 CHARLES III, duc de Lorraine 1624—69, n. 6 avril 1604, m. 16 septembre 1675.

I P. S.; sur vélin 9 décembre 1644. — 1 p. gr. in fol. obl. — Sceau entre deux papiers.

Patentes pour François de la Valette, capitaine d'infanterie.

II P. S. de Charles Thomas de Lorraine (1670—1704), son petit-fils. — 1 p. in 4⁰.

Commission pour Ignace Henry La Valette comme capitaine de cavalerie.

71 PHILIPPE DE BOURBON, duc d'Orléans, n. à St. Cloud 2 août 1674, régent
pendant la minorité de Louis XV (1715—23), m. à Versailles 8 décembre 1723.

P. S.; Palais-royal 29 mars 1717, signée aussi par René sire de Croullay, comte de
Tessé, maréchal de France, et 2 autres. — 4 p. in fol. — 2 P.

Contrat notarié détaillé et fort curieux déchargeant Philippe d'Orléans d'une forte somme avancée
par le comte de Tessé pour des achats etc. en faveur de Jean Philippe chevalier d'Orléans, fils
légitimé du duc.

72 LOUISE-ELISABETH, mademoiselle de Bourbon, n. 23 novembre 1693, mariée
9 juillet 1713 à Louis Armand de Bourbon, prince de Conti, m. 1775; — fille
de Louis III, duc de Bourbon, prince de Condé et de Louise-Françoise de
Bourbon, dite mademoiselle de Nantes (fille légitimée du roi Louis XIV et de
la marquise de Montespan).

L. A. S. au marquis de Marigny, surintendant des bâtiments à Paris; (Fontainebleau)
29 octobre. — 1 p. ¹/₂ in 4⁰. — Cachet à ses armes brisé.

Elle mande que le roi lui a accordé «4 pouls deau des tuiaux de la machine qui passe dans
mon jardin de louvetienne, je voudrais en avoir 2 dun coté et 2 delautre»; elle le remercie
«des plants que vous mavez donné jusqu'ici et de ceux que jespere que vous m'ales donner.»

73 LOUIS XV, roi de France, n. à Versailles 15 février 1710, roi 1715, m. dans
cette ville 10 mai 1774.

L. A. S. à „son cousin le maréchal duc de Richelieu"; Versailles 5 juillet 1767. —
1 p. ¹/₂ in 4⁰. — Superbe cachet armorié; léger raccommodage. — P.

Très belle lettre où il comble le duc de protestations d'amitié, en s'excusant d'avoir un peu
oublié sa lettre sur «une affaire qui ne meritait que du mépris et pas l'affectation qu'il me parait
«que vous y avez mise car quelle comparaison d'un M. de Saleves (?) avec un pair et mᵃˡ. de
«France etc.

74 LOUIS-PHILIPPE-JOSEPH D'ORLÉANS, duc de Montpensier, duc de Chartres,
dit Égalité, n. 23 avril 1747, décapité à Paris le 6 novembre 1793; — père
du roi Louis-Philippe I.

P. S.; 1 octobre 1782. — ¹/₂ p. in fol.

Certificat de zèle et d'intelligence pour le chev. d'Argœuve, lt.-colonel des chasseurs à cheval.

75 LOUIS XVIII, comte de Provence, n. à Versailles 17 novembre 1755, émigré
1791, roi 31 mars 1814, m. à Paris le 16 septembre 1824.

L. A. S. à Mme la baronne de Flachslanden; Mittau (Courlande) 31 mars 1798. — ³/₄ p. in 4⁰.

Très belle lettre où il se plaint dans la situation où il est de ne pouvoir venir à son aide et de
ne pouvoir qu'en montrer le désir et la volonté bien prononcée, pour ne pas prendre des enga-
gemens qu'il ne serait peut-être pas en pouvoir de remplir.

76 CHARLES X, roi de France, n. à Versailles 9 octobre 1757, comte d'Artois,
roi 1824-30, m. à Goritz 6 novembre 1836.

P. S. avec une ligne autogr.; Versailles 20 janvier 1785. — Signée aussi par le marquis
de Sérent. — 3 p. in fol.

Document intéressant contenant le détail de l'emploi de 60.000 livres pour l'établissement du
duc de Berry (son fils 1778—1820). — Pièce curieuse comme inventaire d'ameublement, de four-
niture, de linge, de l'habillement des domestiques etc. du jeune prince âgé de sept ans. — Signée:
Charles Philippe; avec 15 lignes autogr. du marq. de Serent.

77 CHARLES X.

L. A. S. à Mad. la baronne de Flachslanden à Retzingen (Souabe); Édimbourg 9 août 1797. — 1 p. in 4⁰. — Cachet à ses armes.

Très belle lettre de condoléance à la mort du baron de Flachslanden. „L'amitié qui m'attachait au baron de Fl. rend cette perte personelle à mon coeur et me donne le triste droit d'unir mes regrèts aux vôtres." — Signée: Charles Philippe.

78 LOUIS-PHILIPPE I, roi des Français, n. à Paris 6 octobre 1773, duc d'Orléans, roi 1830—48, m. à Claremont (Angleterre) 26 août 1850.

L. S. au comte Chr. de Nicolay; Paris 25 avril 1833. — ½ p. in 4⁰.

Communication de l'ouverture de la session des Chambres le 26 avril et ordre d'y assister. — Avec un beau dessin contemporain au crayon contenant 10 portraits représentant le roi et son conseil de ministres.

79 LOUIS-PHILIPPE I.

L. A. paraphée, au président.....; Neuilly 22 juillet 1834. — 1 p. in 8⁰.

Jolie lettre où le roi lui demande très affablement de venir le voir.

80 LOUIS-PHILIPPE I.

L. S. au prince d'Orange; Neuilly le 15 août 1844. — 1 p. in 4⁰.

Le roi lui annonce que la princesse de Joinville est accouchée d'une princesse, qui a reçu les noms de Françoise Marie Amélie (mariée à Robert duc de Chartres).

81 LOUIS-PHILIPPE I.

L. S. à ....; Paris le 3 janvier 1848. — 1 p. in 4⁰.

Communication de la mort de la princesse Eugénie, Adelaïde, Louise d'Orléans (mademoiselle de Chartres) sa sœur, le 31 décembre 1847.

82 MARIE-THÉRÈSE-CHARLOTTE DE BOURBON, Madame royale, fille de Louis XVI et de Marie-Antoinette, n. à Versailles 19 décembre 1778, mariée au duc d'Angoulème 1799, m. 19 octobre 1851.

L. A. paraphée, (à la comtesse Caroline de Choiseul, sa dame d'atour); Frohsdorff 26 septembre 1847. — 2 p. in 8⁰.

Très jolie lettre amicale. Elle parle de son voyage de l'été passé, où elle a rencontré sa nièce Louise (mademoiselle d'Artois) et son mari (Charles III, duc de Parme) „qui est toujours le même „n'a changé ni gagné"; elle est touchée par les sentiments que Villemain et bien des personnes continuent à lui porter, où elle attache un grand prix. etc.

83 MARIE-AMÉLIE DE BOURBON, reine des Français, n. à Caserte 26 avril 1782, m. à Claremont (Angleterre) 24 mars 1866; — femme du roi Louis Philippe I.

L. A. paraphée et signée „La Reine" au prince de Joinville (n. 1818); 23 mai 1832. — 2 p. in 8⁰. — Enveloppe à l'adresse autogr. et signée „La Reine." — Cachet brisé.

Jolie lettre de causerie affable, envoi de journaux, remerciement pour M. Trognon. etc.

84 FERDINAND D'ORLÉANS, duc de Chartres, prince royal de France, n. à Palerme 3 septembre 1810, m. à Paris 13 juillet 1842; — fils aîné du roi Louis Philippe I.

Pièce d'amateur autographe signée, contenant la devise de Jacques de Bourbon, comte de la Marche, tué à la bataille de Brigniais, datée: Tuileries 7 avril 1842 et adressée au baron de Heeckeren, ministre des Pays-Bas.

85 FRANÇOIS D'ORLÉANS, prince de Joinville, vice-amiral, n. à Neuilly 14 août 1818; — troisième fils du roi Louis Philippe I.

L. A. paraphée, au doyen . . . . . s. d. — 1 p. in 8°. — Papier à son chiffre.

Affaires domestiques.

86 HENRI D'ORLÉANS, duc d'Aumale, n. à Paris le 16 janvier 1822; — quatrième fils de Louis Philippe I, général célèbre, écrivain, membre de l'Académie Française.

L. A. S. à M. G. van der Jagt Wz., avoué (procureur) près la Haute-Cour de Hollande à La Haye; Richmond 13 décembre 1848. — 3 p. in 8°. — Enveloppe à l'adresse autogr. et cachet à ses initiales.

Belle lettre où il le remercie et accepte ,,l'offre (malheureusement pleine d'importance pour moi ,,dans les circonstances actuelles) dont votre lettre contenait l'expression.» Il lui enverra très prochainement le pouvoir nécessaire pour toucher la part des arrérages échus, revenant au mandant. Il lui fait observer, pour en faire l'usage convenable en cas de difficultés, que l'assemblée nationale de France a autorisé la restitution des valeurs mobilières et que les arrérages et les inscriptions de la rente qui pourrait lui échoir sont une valeur mobilière.

87 HENRI D'ORLÉANS, duc d'Aumale.

L. A. S. au baron . . . .; Orléans House, Twickenham 2 février 1860. — 1 p. $^{1}/_{2}$ in 8°.

Très jolie lettre d'invitation à dîner pour le prince d'Orange, pendant son voyage en Angleterre; dont voici le contenu: Mon cher baron, Je n'ai pas voulu ennuyer le prince d'Orange par une invitation à brûle-pourpoint. Mais si pendant son séjour à Londres, soit maintenant, soit plus tard, il lui convenait de venir avec sa suite déjeuner ou dîner à Twickenham, il ferait un vrai plaisir à la duchesse d'Aumale et à moi. Ayez la bonté de le lui dire, et recevez l'assurance des sentiments avec lesquels je demeure Votre affectionné H. d'Orléans.

88 PHILIPPE D'ORLÉANS, comte de Paris, n. le 24 avril 1838; — petit-fils du roi Louis Philippe I, chef de la maison de France 1883.

L. A. S. à son oncle le prince de Joinville aux Tuileries. s. d. — $^{1}/_{2}$ p. in 8°. — Enveloppe à l'adresse autogr.

Lettre écrite dans un très jeune âge; il remercie son oncle d'un beau carquois, des flèches et d'un costume de chasseur qu'il lui a donnés.

89 NAPOLÉON BONAPARTE, n. à Ajaccio 15 août 1769, premier consul 1799 —1804.

P. S. *Bonaparte*, contresignée par Maret; St. Cloud 15 fructidor an XI (1 septembre 1803), — 1 p. imprimée en partie, in fol., sceau. — P.

Convocation et ordre de travail pour l'assemblée du canton d'Avesnes (département du Nord).

90 NAPOLÉON BONAPARTE, premier consul.

P. S. *Bonaparte*, contresignée: Maret et Talleyrand, aux citoyens membres du gouvernement de la République Batave; St. Cloud le 5 brumaire an XI (28 oct. 1803); — 1 p. sur vélin gr. in fol. obl., sceau.

Il annonce la réception de la lettre, par laquelle il est informé que le citoyen Charles de Vos van Steenwyk, ambassadeur de la république batave auprès de la république française est rappelé; il rend témoignage du zèle avec lequel il a rempli sa fonction et exprime son affection personnelle pour la république batave.

91 NAPOLÉON I, empereur des Français 1804—15, m. à Ste. Hélène 5 mai 1821.

P. S. *Napoléon*, contresignée Maret et Talleyrand, à ses très chers et grands amis, alliés

3

et confédérés les présidens et membres du gouvernement d'état de la République Batave; St. Cloud 28 prairial an XII (17 juin 1804). — 1 p. sur vélin gr. in fol. obl.

Il annonce qu'il a de nouveau accrédité M. de Sémonville comme ambassadeur auprès du gouvernement batave.

92 NAPOLÉON I, empereur des Français.

L. S. *Nap.;* Paris le 27 mai 1811. — 1 p. in folio. — tête impr.

Demande de congé de convalescence pour 3 officiers; accordée à Cherbourg le 30 mai 1811.

93 CHARLES-LUCIEN-JULES-LAURENT BONAPARTE, prince de Canino et de Musignano, prince Français (1852), n. 24 mai 1803, m. 29 juillet 1857; — fils de Lucien Bonaparte.

L. A. S. au professeur..... (à Amsterdam); Leide 13 décembre 1849. — 2 p. in ¹/₂ 8⁰.

Lettre de remerciement pour l'aide qu'il lui a voulu donner pour ses études; il parle de la politique du moment, et espère de ne pas quitter la Hollande sans visiter de nouveau Amsterdam.

94 CHARLES-LOUIS-NAPOLÉON BONAPARTE, n. à Paris le 20 août 1808, président de la République Française, empereur des Français 1848—70, m. à Chislehurst (Angleterre) 9 janvier 1873; — fils de Louis Bonaparte et de Hortense de Beauharnais.

L. A. S. à son cousin Napoléon Bonaparte (fils de Jérome B.); Elysée 15 novembre 1851. — 1 p. in 8⁰.

Il lui désigne le commandant de Poujol pour la place de major, vacante dans sa légion, et verra avec plaisir qu'il n'aura aucune objection à faire contre ce choix. — Signée: L. N. Bonaparte.

95 PIERRE-NAPOLÉON BONAPARTE, prince Français (1852), n. à Rome 11 octobre 1815, m. à Versailles 7 avril 1881; — fils de Lucien Bonaparte.

L. A. S., en italien; Paris s. d.

Lettre d'informations.

96 NAPOLÉON-JOSEPH-CHARLES-PAUL BONAPARTE, prince Français (1852) n. à Trieste le 9 septembre 1822; — fils de Jérôme Bonaparte.

L. A. S. au (peintre C. Jacqand); s. d. — 1 p. in 8⁰.

Il fait ses excuses de n'avoir pu aller voir son tableau, "mais vous n'avez pas besoin de mon suffrage, quand vous avez celui de nos artistes les plus distingués."

ALLEMAGNE – AUTRICHE

EMPEREURS

97 CHARLES V, empereur d'Allemagne, roi d'Espagne, souverain des Pays-Bas, n. à Gand 24 février 1500, m. à St. Just 21 septembre 1558.

L. S., en français, au comte (Henri) de Nassau et (Michel de Croy) seigneur de Sempy „nos ambassadeurs vers monseigneur le Roy treschretien." Gand 29 mars 1515. — Contresignée par Laurens de Blioul. — ¹/₂ p. in folio.

Belle lettre. — Il mande qu'il a le "droit de demander à Monseigneur le Roy a lestat de "conseillier en sa court de parlement ung nostre subgect de Flandres audict estat", et veut recommander un neveu de Mr. Pierre Lapostolle son conseiller. "Desirons garder nostre dict droit, "nous sommes contens de nostre part de presenter à mondict seigneur selon que trouverez que "faire se devra de sorte que nostre honneur y soit garde." — Signée: Carolus.

98 CHARLES V.

Description de la cérémonie de l'abdication de Charles V dans l'assemblée des États-Généraux à Bruxelles le 25 octobre 1555.

Manuscrit contemporain portant pour titre: "Recueil en brief de tout ce que il a este proposé "et faict tant par la mat^é Imperiale que Royalle et Reginalle aux etatz generaulx de ces pays-bas." — 4 p. $^1/_2$ in fol.

99 RODOLPHE II, empereur d'Allemagne, n. à Vienne 18 juillet 1552, empereur 1576, m. à Prague 20 janvier 1612.

L. S. à Charles comte de Mansfeld (1542—95), lt. général (de l'armée allemande en Hongrie contre les Turcs) de l'archiduc Mathias; Prague 2 juin 1595. — Contresignée par J. Engelhofer. — 2 p. in fol. — Sceau entre deux papiers. — P.

Superbe lettre historique où il mande la réception de sa lettre du 29 mai contenant l'avis d'une défaite de l'armée, avis qu'il a reçu avec un grand déplaisir; il compte cependant sur sa fidélité et sur sa bonne disposition et lui promet d'envoyer de l'argent et tout autre moyen qui pourra servir à continuer la guerre avec vigueur. — (Mansfeld assiégea peu de jours après la ville de Gran, qui fut prise le jour même de sa mort, le 24 août 1595).

100 MAXIMILIEN II, empereur d'Allemagne, n. 1 août 1527, empereur 1558, m. à Ratisbonne 12 octobre 1576; — fils de l'empereur Ferdinand I.

L. S. au bourgmestre et au magistrat de la ville de Reval (Esthonie); Prague 10 mars 1571. — Contresignée par A. Enstenberg — 1 p. in fol. — P.

Lettre de créance en faveur de l'ambassadeur Jonas von Offenburg, gentilhomme de sa cour.

101 JOSEPH I, empereur d'Allemagne, l'adversaire principal de Louis XIV dans la guerre de succession d'Espagne, n. à Vienne 26 juillet 1678, succède à son père 1705, m. 17 avril 1711.

L. S., en latin; Vienne 27 septembre 1709. — Contresignée par le comte Nicolaes Esterházy et Ladislaus Hunyady. — 1 p. $^1/_2$ in folio, sceau entre deux papiers.

Lettre avec ratures et corrections.

102 CHARLES VI, empereur d'Allemagne, le dernier des Habsbourgs, prétendant à la couronne d'Espagne contre Philippe V dans la guerre de succession, n. 1 octobre 1685, empereur 1711, m. à Vienne 20 octobre 1740; — père de Marie Thérèse.

L. S. (à son cousin le comte palatin Charles I Albert); Prague 8 août 1732, — contresignée par A. H. V. Glaudorff etc. — 1 p. $^1/_2$ in fol. — P.

Lettre concernant une affaire entre les frères de Metternich et leurs créditeurs dans laquelle l'empereur semble avoir voulu servir d'intermédiaire.

103 MARIE-THÉRÈSE, impératrice d'Allemagne, reine de Hongrie et de Bohème, dite la Grande, n. 13 mai 1717, m. 29 novembre 1780; — femme de François, duc de Lorraine (empereur 1745—65).

P. S. avec 4 lignes autogr. en latin; Posonii 7 août 1741. — 1 p. in 4º. obl.

La chancellerie du royaume de Hongrie propose à la reine de naturaliser une personne, qui ne peut y prétendre légalement; la reine répond en marge de la pièce: "standum resolutioni genitoris "mei quae ..... (mot illisible) nititur ratione nec sine gravi causa ab ea recedendum. Maria Theresia."

104 MARIE-THÉRÈSE D'AUTRICHE.

L. S. au comte M. C. von Purgstall (Geheim-rath, Cammerer u. Landes-Verwalter) à Görtz; Presbourg 27 septembre 1741. — 1 p. in 4⁰. — Papier-deuil, cachet à ses armes.

Curieuse lettre. — Le comte von Edlingen et sa femme la comtesse de Thurn ont prié l'impératrice de vouloir tenir leur enfant nouveau-né sur les fonts; elle charge le comte de Purgstall et la comtesse Cassandra von Coronin de remplir ces fonctions à sa place et lui recommande d'observer exactement l'étiquette, conforme à la dignité impériale.

105 JOSEPH II, empereur d'Allemagne, roi de Hongrie, n. à Vienne 13 mars 1741, succède à sa mère Marie Thérèse 1780, m. à Vienne 20 février 1790.

L. S., en français, au (chancelier J. Ph.) comte de Cobenzl (1741—1810); Vienne 21 mars 1785. — ¹/₂ p. 4⁰.

Il lui envoie une lettre pour Madame de Poloka et le charge de la lui faire parvenir par l'aide-de-camp du prince de Czartoryski à Varsovie.

106 JOSEPH II, empereur d'Allemagne.

L. S. à son oncle le landgrave Louis de Hessen prince de Hirschfeld etc.; Vienne 30 août 1785. — ¹/₂ p. in fol. — Cachet à ses armes.

Il lui témoigne sa satisfaction d'avoir reçu sa décision à propos d'une affaire, concernant la maison de Nassau-Saarbrücken.

---

107 CHRÉTIEN II, prince d'Anhalt-Bernbourg, il combattit avec le roi de Bohème à Prague en 1620, n. 15 août 1599, m. 22 septembre 1656.

L. A. S., en francais, à M. de Wyckfordt, conseiller et résident du prince landgrave de Hessen à La Haye; Bernbourg 22 juillet 1652. — 1 p. in fol.

Il vient de recevoir des nouvelles de pertes et dommages (causés par les hostilités entre la Hollande et l'Angleterre) et demande de plus amples informations.

108 CHARLES, archiduc d'Autriche, général célèbre, le grand adversaire de l'armée républ. française, de Napoléon à Wagram etc., n. à Florence le 5 septembre 1771, m. le 30 avril 1847.

L. S. au duc de Wurtemburg (Frédéric I); quartier gén. Stockach 24 avril 1799. — 1 p. in fol.

Il mande qu'il a chargé la maison Kaule & Co. de lui fournir pour son armée une quantité de blé et d'avoine, et demande d'en favoriser l'achat dans son pays, parce que les convois, expédiés d'Autriche, ne suffisent pas.

109 CAROLINE-CHARLOTTE-AUGUSTE DE BAVIÈRE, impératrice d'Autriche, n. 8 février 1792, m. 9 février 1873; — 4ᵉ femme de l'empereur François II (1768—1835).

L. A. S. (à son cousin Othon de Bavière, roi de Grèce 1832—62); Weinziel (près Kemmelbuch) 4 septembre 1823. — 1 p. ¹/₂ in 8⁰.

Jolie lettre où elle le remercie d'une lettre récemment reçue; causerie affable.

110 JEAN, archiduc d'Autriche, capitaine célèbre, grand-vicaire de l'empire d'Allemagne (1848-49), n. à Florence le 20 janvier 1782, m. à Graz le 10 mai 1859.

L. A. S. au ministre de l'intérieur A. Doblhoff-Dier (puis ambassadeur à La Haye
1800—72) à Vienne; Vienne juillet 1848. — Pièce 2 fois signée. — Cachet brisé.

Très belle lettre, écrite à son départ pour Francfort, afin de présider le parlement comme
Grand-vicaire de l'empire (11 juillet 1848). Il lui parle de son manifeste aux habitants de Vienne,
lui déclare combien il est content des témoignages de fidélité et d'amour envers l'empereur, et de
tout ce qu'il a fait pour tranquilliser les esprits dans la capitale.
Ajouté le facsimile de l'autogr. du manifeste aux habitants de Vienne publié à son départ de
Vienne pour le parlement de Francfort.

111 HENRIETTE DE NASSAU-WEILBOURG, archiduchesse d'Autriche, n. 30
octobre 1797, m. 29 décembre 1829; — petite-fille de Caroline d'Orange-Nassau,
femme de l'archiduc Charles.

L. A. S. à M. de Fabritius à Paris; Weilbourg 24 juin 1829. — 1 p. ½ in 8⁰.

Jolie lettre où elle demande d'acheter une douzaine de mouchoirs de poche de batiste à 15 fr.
la pièce, et où elle parle très affablement de la peine qu'il s'est donnée récemment pour l'arrangement de la corbeille de noce de sa belle-sœur (Pauline de Wurtemberg).

112 STÉPHANIE-LOUISE-ADRIENNE DE BEAUHARNAIS, grande-duchesse de
Bade, n. 28 août 1789, m. 29 janvier 1860;— femme du grand-duc Charles
de Bade, petite-fille de l'impératrice Joséphine et fille adoptive de Napoléon I.

L A. S. à M. de Jenisson; Mannheim 10 mars. — 3 p. in 8⁰.

Jolie lettre de remerciement, contenant quelques notifications de sa famille à laquelle elle
s'intéresse évidemment.

113 SOPHIE-WILHELMINE DE SUÈDE, grande-duchesse de Bade, n. 31 mai
1801, m. 6 juillet 1865; — femme du grand-duc Léopold de Bade.

Jolie pièce d'amateur aut. signée en français (1834). — ½ p. in 8⁰.

114 GUILLAUME-LOUIS-AUGUSTE, margrave de Bade, n. 8 avril 1792, m. 11
octobre 1859; — et sa femme: Elisabeth-Alexandrine-Constance de Wurtemberg, n. 27 février 1802, m. 5 décembre 1864.

Pièces d'amateur autogr. signées, en allemand et en français. 1834.

115 MAXIMILIEN, margrave de Bade, n. le 8 décembre 1796, m. le 6 mars 1882.

Pièce d'amateur autogr. signée de 4 lignes; Karlsruhe 4 mars 1834.

116 FRÉDÉRIQUE-CAROLINE-WILHELMINE DE BADE, reine de Bavière, n.
13 juillet 1776, m. 13 novembre 1841; — femme du roi Maximilien I de Bavière.

L. A. S., en français, à....; Nymphembourg; 29 juin 1824. — 1 p. in 8⁰.

Lettres de remerciement affables pour "votre obligeante lettre et votre charmant dessin, un des
plus jolis ornements de mon album."

117 LOUIS I, roi de Bavière, n. à Strasbourg 25 août 1786, roi 1825—48, m.
à Nice 29 février 1868.

L. A. S. à l'ambassadeur Jenisson; Athènes 15 décembre 1835. — 2 p. ½ in 8⁰.

Intéressante lettre sur son voyage en Grèce (1835—37) où il décrit son passage d'Ancana à
Athènes; il le charge d'acheter à la vente Durand une antique parure de femme en or et mande que
l'évêque Streben fournira une notice des monnaies antiques manquant à sa collection.

118 ÉLISABETH STUART, reine de Bohème, n. 19 août 1596, m. à Londres 13
février 1662; — fille du roi Jacques I d'Angleterre, femme de l'électeur palatin Frédéric V.

L. A. S., en français, à son oncle le prince (Maurice) d'Orange; La Haye 1 septembre (1622). — 3 p. in 8⁰. — Traces de cachet.

Superbe et curieuse lettre où elle mande que son frère (plus tard le roi Charles I d'Angleterre) lui a envoyé "un de ses esquiers avec deux haquenez qu'il m'a prié de vous presenter de sa part avec ces baissemains"; protestation d'amietiés de la part de son frère etc.; elle mande l'arrivée du comte (Ernest) de Mansfeld (fils naturel de Pierre Ernest de M., capitaine célèbre par ses campagnes en Bohème et au Palatinat) et son cousin Vere; "il y a quelques iours que la contesse de "Nassau estoit fort empesché de savoir ou estoit son frere et luy voulloit escrire une lettre pour "savoir ou est il, ou couche-t-il, mais la venue de Dolbier a empescher cette belle écriture elle "m'a prié de vous dire cecy le roy (son mari) contenue plus en plus à ce lasser à Sédan et ne ce "veut pas resoudre ce qu'il veut faire, il estoit tout resollu de venir icy avec le cont de Mansfeld, mais "il craignoit que avec ce compaignie cela offenceroit le roy mon pere." (il vint à La Haye le 9 oct. 1622).

119 CHARLES-LOUIS, comte palatin du Rhin, n. à Heidelberg 22 décembre 1617, m. 28 août 1680; — fils du précédent.

L. S., en français, à P. de Groot (fils de Hugo Grotius); Franckenthal 3 septembre 1657. — 1 p. in 4⁰. — Cachet à ses armes.

Il demande de faire payer des arrérages à Mad. de Wittepol pour de longs services rendus à sa maison.

120 ERNEST-AUGUSTE, duc de Brunswick-Lunébourg-Hanovre, évêque d'Osnabrück, duc de York, n. 17 septembre 1674, m. 14 août 1728; — frère de George I d'Angleterre.

L. A. S. à son excellence......; 2 septembre 1707. — 1 p. in 4⁰.

Communication concernant une affaire d'un pasteur de Ste. Catherine.

121 FRÉDÉRIQUE DE MECKLEMBOURG-STRÉLITZ, reine de Hanovre, n. 2 mars 1778, m. 29 juin 1841; — femme du roi Ernest Auguste I de Hanovre.

L. A. S., en français, à Mlle Wildermuth. — 1 p. ¹/₂ in 12⁰, cachet brisé à ses armes.

Jolie lettre pour l'inviter à venir dîner à Stralau et lui offrir une place dans sa voiture.

122 LOUISE DE LINANGE-DAXBOURG-HEIDESHEIM, princesse de Hesse-Darmstadt, n. 16 mars 1729, m. 11 mars 1818; — femme du prince George Guillaume de Hesse-Darmstadt.

L. S., en français, avec la suscription autographe à M.....; Neu Streutz 6 août 1814. — 1 p. in 8⁰.

Feu M. Rouillé lui a bien des fois répété dans ses lettres que le fils de la princesse devait être son héritier collatéral dont jamais on n'a fait la moindre mention; elle n'est par conséquent nullement obligée de continuer les payements des délégations données purement à lui et pour lui.

123 LOUIS, landgrave de Hesse Hombourg, n. 29 août 1770, m. 19 janvier 1839.

L. A. S., en français, au baron Hugo van Zuylen van Nievelt (1784—1853), général-major des armées belges; 22 novembre 1821. — Cachet brisé.

Il s'excuse très poliment de ne pouvoir accepter l'invitation qu'il a reçue d'assister à une soirée.

124 ERNST I CONSTANTIN, landgrave de Hesse-Philipsthal, n. 8 août 1771, m. 25 décembre 1849.

L. A. S., en français, au grand-commandeur et aux commandeurs du chapitre de l'ordre Teutonique à Utrecht; Philipsthal 12 janvier 1836. — 2 p. in 4⁰. — Enveloppe et cachet à ses armes.

Il s'étonne qu'il ne touche pas encore au terme d'être reçu "Jongheer", quoiqu'il soit inscrit depuis sa tendre jeunesse dans l'ordre Teutonique; il présume qu'il y a des erreurs dans les registres de l'ordre et ne trouve pas probable que, dans un terme de soixante ans, il ne soit pas encore au point de jouir des fruits de son inscription.

125 AUGUSTE-AMÉLIE, princesse de Nassau-Usingen, n. 30 décembre 1778, m. 16 juillet 1846, et son mari Frédéric-Guillaume, comte de Bismarck-Schoen-hausen (1783-1860), général et ambassadeur de Wurtemburg.

Pièces d'amateur autogr. signées en français.

126. FRÉDÉRIC-GUILLAUME, prince régnant de Nassau-Weilbourg, n. 25 octobre 1768, membre de la confédération du Rhin 1806, m. 5 février 1816; — grand-père de la reine Emma des Pays-Bas.

L. A. S., en français, à M. de Fabritius, conseiller intime de légation de la maison de Nassau à Paris; Biehrich 10 septembre 1810. — 2 p. in 4⁰. — Cachet brisé.

Lettre intéressante où il lui demande de rendre compte de ses démarches auprès du ministre de le guerre, concernant le fait qu'une partie de son régiment avait refusé de marcher contre l'ennemi. Il sollicite l'enquête la plus sévère; attend le rapport du col. de Poellnitz sur cette affaire et lui en fera part.

127 FRÉDÉRIC-GUILLAUME, prince régnant de Nassau-Weilbourg.

L. A. S., en français, (au même); Weilbourg 10 juillet 1815. — 2 p. in 4⁰. — Cachet à ses armes brisé.

Superbe lettre, écrite peu de jours après l'entrée des troupes alliées dans Paris. Il exprime sa joie que son fils ait su échapper à tant de dangers, éprouve une vive satisfaction en le voyant entrer avec le grand Wellington dans la grande ville, et est très désireux d'apprendre des nouvelles détaillées. Il parle des fiançailles de sa fille (Henriëtte) avec le digne archiduc Charles, union flatteuse et brillante. Il lui envoie une note de 100 commissions pour le trousseau, il connaît son bon goût. «De grace metter y tous les soins et surtout ne perdez pas de tems, car il y a urgence, «l'archiduc paraissant très pressé». — Le mariage eut lieu le 17 sept. 1815.

128 FRÉDÉRIC I, électeur de Brandebourg 1688, 1ᵉʳ roi de Prusse 1701, prince d'Orange 1703, n. à Kœnigsberg, 1 juillet 1657, m. 25 février 1713.

L. S. au duc de Saxe-Barby à Barby; Cologne sur Sprée (Berlin) 2 janvier 1710. — Contresignée p. G. v. Wartenburg. — 1 p. $^1/_2$ in fol. — Cachet à ses armes.

Lettre en réponse aux compliments qu'il lui a adressés à l'occasion du nouvel an.

129 FRÉDÉRIC-GUILLAUME I, roi de Prusse, prince d'Orange (jusqu'en 1713), n. 25 août 1688, roi 1713, m. 31 mai 1740.

L. S. au duc Léopold-Evérard de Wurtemberg et Taxe, comte de Montbéliard etc. à Montbéliard; Berlin 18 janvier 1723. — 1 p. $^1/_2$ in fol. — Cachet à ses armes.

Superbe lettre où il remercie le duc des compliments que celui-ci lui a adressés à l'occasion du nouvel an.

130 FRÉDÉRIC II, roi de Prusse, dit le grand, n. à Berlin 24 janvier 1712, roi 1740, m. à Sanssouci (Potsdam) 17 août 1786.

L. paraphée à son grand-chancelier Samuel von Cocceji; Postdam 13 nov. 1747. — $^1/_2$ p in 4⁰,

Il lui envoie à l'expertise un mémorial d'un Hussard de Ziethen.

131 FRÉDÉRIC II, roi de Prusse.

P. S.; Berlin 8 janvier 1755. — 1 p. $^1/_2$ in fol. — Sceau entre deux papiers. — P.

Démission pour le capitaine de l'infanterie régiment-Sydow: H. W. von Nettelhorst.

132 FRÉDÉRIC II, roi de Prusse.

> P. S. Berlin 15 octobre 1782. — $^1/_2$ p. in fol. — Sceau entre deux papiers.

> Passe-port du juif (Schutz-jude) Casper Jacob pour un convoi de vivres pour Schwedt.

133 FRÉDÉRIC-GUILLAUME II, roi de Prusse, n. 25 septembre 1744, roi 1780, m. 16 novembre 1797.

> L. S., eu français, au vice-amiral hollandais J. H. van Kinsbergen (1735—1819) à La Haye; du quartier-général de Guntersblum, 4 mars 1793. — 1 p. in 4⁰.

> Remarquable lettre historique. — Pour soutenir le siège de Mayence (mars—juillet 1793), prise par de Custine en septembre 1792, le roi désire obtenir de la Hollande 16 chaloupes canonnières, ayant servi à la défense des côtes et des rivières néerland. contre Dumouriez (défait en février 1793). Le roi manque d'artillerie de siège et ne peut bloquer la ville; il se flatte que l'amiral voudra bien présider à l'armement de la flottille et le hâter autant que possible, surtout que l'équipage soit complet, de manière qu'arrivée, la flottille puisse commencer le service dès le lendemain. Il a chargé le comte de Keller de lui fournir les sommes nécessaires, et fait remarquer que l'intérêt de la république demande autant de succès que le sien propre. — Van Kinsbergen s'acquitta d'une manière brillante de cette charge difficile, la flottille sous le cap. Lemmers ne put cependant atteindre la ville avant sa reddition.

134 FRÉDÉRIQUE-LOUISE-DOROTHÉE-PHILIPPINE DE PRUSSE, n. 24 mai 1770, m. 7 décembre 1836; — femme du prince Antoine Henri de Radziwill, nièce de Frédéric-le-grand.

> L. A. S., en français, à Mlle Wildermuth; 26 décembre 1824. — 4. p. in 8⁰.

> Très jolie lettre de remerciement et remplie de causeries amicales.

135 FRÉDÉRIC-GUILLAUME III, roi de Prusse, n. à Berlin 3 août 1770, roi 1797, m. 7 juin 1840.

> L. A. S., en français, à son neveu le prince d'Orange (depuis, le roi Guillaume II des Pays-Bas); Potsdam 18 avril 1824. — 1 p. in 4⁰. — P.

> Lettre amicale où il le remercie de la notification de la naissance d'une princesse (Sophie, mariée, 1842, au gr.-duc de Saxe-Weimar-Eisenach). "Il va sans dire que j'accepte avec le plus "grand plaisir la place de parrain auprès de la nouvelle née; Louise (sa fille, mariée au prince Frédéric des Pays-Bas, 21 mai 1825) en fait autant, très flattée de l'aimable attention du cher "cousin et futur beau-frère."

136 FRÉDÉRIC-GUILLAUME III, roi de Prusse.

> L. S. à M...., Potsdam 23 novembre 1801. — $^1/_2$ p. in 4⁰.

> Il donne son approbation à une Histoire du roi Gustave Wasa, et invite l'auteur à continuer ses études historiques.

137 FRÉDÉRIC-GUILLAUME III, roi de Prusse.

> L. S., en français; Berlin 16 juillet 1822. — $^1/_2$ p. in 4⁰.

> Lettre de remerciement.

138 FRÉDÉRIC-CHARLES-ALEXANDRE DE PRUSSE, n. 29 juin 1801, m. 21 janvier 1883; — frère de l'empereur Guillaume.

> L. S. au prince de Sayn et Wittgenstein; Glinneke 5 juillet 1837. — $^1/_2$ p. in 4⁰.

> Envoi d'une somme d'argent pour un établissement philanthropique.

139 LOUIS, duc de Wurtemberg, général russe, n. 30 août 1756, m. 20 septembre 1817; — frère de l'impératrice Marie-Féodorovna de Russie.

L. A. S., en français, à M. de Suchtelen, général-en-chef à St. Pétersbourg; Veratovsky 8 juin 1805. — 2 p. in 4º. — cachet brisé à ses armes.

Lettre d'excuses d'un malentendu, causé par un domestique russe; protestations d'amitié très pressantes.

140 GUILLAUME I, roi de Wurtemburg, n. 27 septembre 1781, m. 25 juin 1864; — père de la reine Sophie des Pays-Bas.

L. A. S., en français, à son beau-frère le prince d'Orange (plus tard le roi Guillaume II des Pays-Bas); Stuttgardt 14 avril 1824. — 3 p. in 8º.

Belle lettre en réponse à la notification de la naissance d'une princesse (Sophie, mariée au grand-duc de Saxe-Weimar-Eisenach); causeries de famille.

141 GUILLAUME I, roi de Wurtemburg.

L. A. S., en français, au même; Stuttgart 20 juin 1824. — 4 p. in 8º.

Réponse à une proposition du prince de se rencontrer à Ems dans le courant de l'été, il ne peut cependant l'accepter à cause d'un voyage à la Méditerranée qu'il veut entreprendre pour raison de santé. Causeries de famille.

142 CATHERINE-PAVLOVNA DE RUSSIE, reine de Wurtemberg, n. 21 mai 1788, m. 9 janvier 1819; — première femme du précédent, fille de l'empereur Paul I de Russie et mère de la reine Sophie des Pays-Bas.

L. A. S., en français, à son beau-frère le prince d'Orange (plus tard le roi Guillaume II des Pays-Bas); Stuttgardt 15 juillet 1818. — 4 p. in 8º.

Très jolie lettre amicale où elle le remercie des félicitations qu'il lui a adressées à l'occasion de ses couches et de ce qu'il a voulu accepter la place de parrain de la princesse (Sophie, plus tard reine des Pays-Bas); "la nouvelle née est très bien portante et ressemble comme deux gouttes "d'eau à son père ce qui me fait grand plaisir; il faut que Zeudyck (*Soestdijk*) soit charmant, "Anne (la princesse d'Orange, sa sœur) le décrit comme un petit paradis." — Causeries sur un voyage qu'elle se propose de faire à la Méditerranée, sur son frère Michel etc.

143 PAULINE-THÉRÈSE-LOUISE DE WURTEMBERG, reine de Wurtemberg, n. 4 septembre 1800, m. 10 mars 1873; — deuxième femme du roi Guillaume I, fille de Louis duc de Wurtemberg.

L. A. S., en français, à son cousin Paul duc de Wurtemburg; Stuttgardt 20 juin 1824. — 3 p. in 8º.

Charmante lettre, pleine d'expressions de sincère amitié; causerie aimable et très affable sur ses enfants.

ANGLETERRE

144 JACQUES II, roi d'Angleterre, n. 15 octobre 1633, roi 1 février 1685, détrôné en novembre 1688, se sauve d'Irlande en juillet 1690, m. 6 septembre 1701.

P. S. en tête, sur vélin; Dublin Castle, 2 décembre 1689. — Signée aussi par Will. Talbot „His Maj. commandor." — 1 p. gr. in fol. — Grand et beau cachet aux armes du roi. — P.

4

Licence et passeport pour John Browne et son vaisseau, chargé de marchandises etc. du royaume, à son passage de Corke pour la France, avec défense de toucher l'Angleterre, la Hollande et le pays de Galles.

145 VICTOIRE, reine de la Grande-Bretagne et d'Irlande, n. à Londres 24 mai 1819, reine 20 juin 1837.

L. S. avec 3 lignes de suscription autogr. à la reine Sophie des Pays-Bas; Osborne-house (Wight) 21 décembre 1849. — 1 p. in 4⁰.

Lettre de communication de la mort de la reine Adelaïde (de Saxe-Meiningen), sa tante, veuve du roi Guillaume, le 2 décembre.

146 VICTOIRE.

L. S. avec 3 lignes de suscript. autogr., à la même; Buckingham-palace 17 juillet 1850. — 1 p. 4⁰.

Lettre de communication de la mort de son oncle, le duc de Cambridge (n. 1774, gouverneur gén. et vice-roi de Hanovre 1816—31) le 8 juillet.

147 VICTOIRE.

L. S. avec 3 lignes de suscript. aut. à la même; Buckingham-palace 30 avril 1853. — 1 p. 4⁰.

Notification de la naissance de son fils le prince Arthur, duc de Connaught et de Strathearn, le 7 avril.

148 VICTOIRE.

L. S. avec 3 lettres de suscript. aut. à la même; Osborne-house, 19 mai 1857. — 2 p. in 4⁰.

Lettre de communication de la mort de sa tante la princesse Marie, fille de George III, femme du duc de Gloucester, le 30 avril, à l'âge de 81 ans.

149 VICTOIRE.

L. S. avec 3 lignes de suscript. aut. à la même; Windsor-Castle 31 mars 1863. — 2 p. in 4⁰.

Notification du mariage de son fils Albert Edward, prince de Galles etc. avec la princesse Alexandra de Danemark dans St. George-chapel, Windsor Castle, le 10 mars.

ESPAGNE-PORTUGAL

150 PHILIPPE II, roi d'Espagne, souverain des Pays-Bas, n. à Valladolid 21 mai 1527, m. 13 septembre 1598.

P. S., en français, sur vélin; Madrid 12 décembre 1584. — Contresigné par Delaloo. — 1 feuille gr. in fol. obl. — 3 P.

Commission de chef des finances pour Oudard Bournouille, comte de Hennin, seigneur de Capres.

151 ALBERT, archiduc d'Autriche, gouverneur des Pays-Bas Espagnols, adversaire de Maurice d'Orange-Nassau, n. à Neustad (Autriche) 13 novembre 1559, m. à Bruxelles 12 juillet 1621. — petit-fils de Charles V.

L. S., en français, (au magistrat de Bois-le-duc); Bruxelles 31 août 1600. — Contre-signée par Verreycken. — 1 p. in fol. — Sceau entre deux papiers.

Il mande qu'il vient d'être informé que le magistrat de Bois-le-duc laisse passer contre sa défense absolue des marchandises, venant de Hollande et destinées pour Liège et Maastricht, et déclare que dans l'avenir de telles marchandises seront confisquées et qu'il ne sera permis d'introduire à Bois-le-duc que ce qui est strictement nécessaire pour la consommation des habitants.

152 ALBERT, archiduc d'Autriche.

L. S., en français, au magistrat....; Bruxelles 12 mars 1611; — Contresignée par Verreycken. — 1 p. in fol.

Il mande qu'il a ordonné à Bruxelles une assemblée de députés des principales villes «de notre «pays de par deça» pour délibérer sur les moyens de remettre les manufactures et les draperies en leur ancienne fleur et splendeur, et invite le magistrat d'envoyer un ou deux personnes pour y assister.

153 ISABELLA-CLARA-EUGENIA D'ESPAGNE, gouvernante des Pays-Bas Espagnols, n. à Ségovie 12 septembre 1566, m. à Bruxelles 1 décembre 1633; — fille de Philippe II d'Espagne, femme du précédent.

L. S., en français, contresiguée par Verreycken; Breda 15 juin 1625. — 1. p. in folio.

«Noms et surnoms de ceux qui pour l'année prochaine 1625 serviront en la loy de la ville «de Breda.»

154 PHILIPPE III, roi d'Espagne, n. à Madrid 14 avril 1578, roi 1598, m. à Madrid 31 mars 1621.

L. S.; Madrid 27 janvier 1607. — Contresignée par Amigue Desousa. — 1 p. in fol. — P.

155 MARIE-CATHERINE-ISABELLE, princesse d'Autriche, m. à Bruxelles 26 novembre 1714; — fille de Don Jean d'Autriche (1629—79), gouverneur des Pays-Bas Espagnols, petite-fille de Philippe IV d'Espagne.

Deux L. S., en français, à M. van den Berg; Bruxelles 11 décembre 1707 et 21 août 1712. — 6 p. in 4º.

Curieuses lettres où elle parle de sommes lui revenant d'une charge vacante au conseil de Brabant, elle en a grand besoin pour se tirer de la persécution de ses plus importuns créanciers et pour ne pas être persuadée de se servir d'un moratoire; — détails remarquables.

156 PHILIPPE V, roi d'Espagne, n. à Versailles 19 décembre 1683, roi 1700, m. 9 juillet 1746; — petit-fils de Louis XIV.

L. S. au général baron de Freinsheim; Barcelone 20 juin 1709. — 1 p. in fol. — Sceau entre deux papiers.

Particularités concernant la défense de Rio Cinca.

157 ELEONORA-MAURICE, princesse de Portugal, n. vers 1608, m. 25 juin 1674; — femme (1647) de George-Frédéric prince de Nassau-Siegen (1606—1674), fille d'Emmanuel de Portugal et d'Émilie de Nassau, petite-fille de Guillaume le Taciturne.

L. A. S., en français, à (Constantin Huygens); La Haye 18 juillet 1637. — 1 p. in 4º.

Très jolie lettre. — Son père Emmanuel de Portugal l'a chargée de procurer à M. van Loon un passeport du prince d'Orange, l'oncle de la princesse; elle demande son intermédiaire pour cette affaire.

158 JEAN VI, roi de Portugal et du Brésil, n. le 13 mai 1767, exilé par Napoléon 1808, succède à sa mère 1816, m. 10 mars 1826.

L. S. au prince Régent de la Grande-Bretagne (plus tard le roi George IV); Rio de Janeiro 15 octobre 1815. — 3 p. in 4⁰. — cachet brisé, soies.

Remarquable lettre historique en réponse aux félicitations qu'il lui a adressées à l'occasion de l'heureuse conclusion de la guerre «due en grande partie aux efforts combinés de nos armes» et surtout aux incomparables sacrifices par lesquels la Gr. Br. a combattu pour la liberté de l'Europe et le maintien des gouvernements légitimes; il le remercie vivement de l'offre qu'il lui a faite d'une escadre anglaise, chargée de l'accompagner à son retour en Portugal, mais contre ses plus vifs désirs il lui a fallu prendre la résolution de ne pas accélérer ce retour, et d'attendre un ordre de choses plus sûr et plus stable, garantissant la prospérité de l'une et de l'autre partie de sa monarchie. (Le roi ne revint qu'en 1821).

ITALIE

159 CLAUDE DE MÉDICIS, princesse d'Urbin, puis archiduchesse d'Autriche, n. 4 juillet 1604, m. 15 décembre 1648; — fille de Ferdinand I de Médicis grand-duc de Toscane, femme : I de Frédéric Della Rovere prince d'Urbin (1621—23), et II de Léopold archiduc d'Autriche et de Tirol (1626—32).

L. S. à Antaldi, évêque de Sinigaglia; Pesaro 27 novembre 1625. — ³/₄ p. in 4⁰. — Sceau à ses armes entre deux papiers.

Elle vient d'être informée qu'il a cédé un terrain de sa propriété aux frères capucins de Sinigaglia, et demande quelle compensation elle lui peut offrir.

160 LÉON XII (Annibale Della Genga), n. à Spolète 2 août 1760, élu pape 1823, m. à Rome 10 février 1829.

L. A. S. à Caneo (?) Java, à Monaco; Rome 26 janvier 1800. — 1 p. in 4⁰.

Belle lettre où il le remercie des félicitations qu'il lui a adressées; causeries amicales.

161 PIE IX (Gianmaria Mastaï-Ferretti), n. à Sinigaglia, 13 mai 1793, élu pape 1846, m. à Rome 7 février 1878.

L. A. S. au comte Joseph Alborghetti à Rome; Imola (Bologne) 16 décembre 1845. — 1 p. in 4⁰. — Cachet à ses armes. — P.

Très belle lettre où il lui accorde sa bénédiction à double titre, et mande l'arrivée du général Romanov, nom sous lequel se cache l'empereur de Russie (Nicolas I). «Quanta divergenza di opinioni sul modo di trattado! se vivere.» — Signée: G. M. card. Ferretti.

162 PIE IX, pape.

Pièce d'amateur aut. signée contenant la devise: „Doce me facere voluntatem tuam quia Deus meus es." — Cajetae 10 février 1849. — signée: P. PP. IX. — P.

163 PIE IX, pape.

P. S. — Cajetae 27 novembre 1848. — 1 p. in fol.

Proclamation imprimée: «ai suoi dilettissimi sudditi».— Ses armes en tête. — signée: Pius P. P. IX.

164 CAROLINE D'AUTRICE, reine de Naples et de Sicile (1768—1806), princesse d'une influence politique très active, l'amie de son ministre Acton et de l'amiral Nelson, n. 13 août 1752, m. à Schœnbrun 8 septembre 1814; — femme du roi Ferdinand I, sœur de la reine Marie-Antoinette.

L. A. S., en français; 10 octobre 1813. — 1 p. ³/₄ in 8⁰.

Très jolie lettre de causeries affectueuses. — Signée: Charlotte, comme elle en avait l'habitude.

165 JOSEPH BONAPARTE, roi de Naples (1806—8) et d'Espagne (1808—13), comte de Survilliers, n. à Corte (Corse) 7 janvier 1768, m. à Florence 28 juillet 1844; — frère aîné de Napoléon I.

L. A. S. à (Jean-Baptiste-Jules Bernadotte, plus tard roi de Suède, son beau-frère); Naples 25 juillet 1807. — $^1/_2$ p. in 4⁰. — P.

Lettre amicale. — «Je commenceais à être inquiet de votre blessure mais je viens de recevoir «une lettre de Désirée (la femme de Bernadotte) qui me rassure entièrement.« — Les nouvelles de la paix lui donnent l'espoir de se revoir bientôt, la tranquillité se rétablit chez lui partout.

166 JOSEPH BONAPARTE, comte de Survilliers.

L. A. S. à Lewis Salomon à Washington; Philadelphie 21 juin 1818. — 1 p. 4⁰. — P

Très belle lettre dont voici le contenu: Monsieur, votre lettre ne change pas l'état de la question quant au droit; je n'ai pas souvenir de l'objet reclamé. S'il a été fourni, il est à Madrid ou je ne suis pas; mais vous plaidez la cause des orphelins (du sculpteur Italien Valaperta) avec un accent si vrai, que je vous envoie ci-joint pour eux les onze cent francs que vous reclamez. Veuillez, Monsieur, ne pas douter de l'estime que m'inspire votre lettre et ne pas douter du plaisir que j'aurais à vous connaître personnellement. Joseph c^te de Survilliers.

Au verso de la pièce une copie de la lettre de change de 1100 fr. sur la Banque des États-Unis à New-York.

167 JOACHIM-NAPOLÉON MURAT, maréchal de France (1800), roi de Naples (1808), illustre général de cavalerie, n. à La Bastide-Fortunière 25 mars 1771, fusillé au Pizzo (Naples) 13 octobre 1815.

L. S. au Conseiller d'état préfet du département de la Seine. — Paris 13 pluviôse an XIII (1 février 1805). — 1 p. in fol. — Tête imprimée: le maréchal de l'empire.

Belle lettre où il informe le préfet que l'empereur vient de l'élever à l'une des grandes dignités de l'empire (grand-amiral et prince de l'empire.)

168 NAPOLÉON-ACHILLE MURAT, prince royal de Naples, n. le 21 janv. 1801, marié en 1826 à Caroline Dudley, nièce du président Washington des États-Unis, m. le 15 avril 1847; — fils du précédent.

L. A. S. à Messieurs de Girard à Hirtenberg (?); Frohsdorf 17 août 1820. 1 p. in 4⁰. — Cachet à ses armes brisé. — Le feuillet blanc de l'adresse en partie déchiré.

Belle lettre où au nom de sa mère (Caroline Bonaparte) il répond aux témoignages d'attachement qu'ils ont donnés à l'occasion de la mort de sa tante (Elisa Bonaparte, grande-duchesse de Toscane 1777—1820, sœur de Napoléon I).

169 NAPOLÉON-ACHILLE MURAT.

L. A. S., en anglais, à A. Davezac, chargé d'affaires of the U. S. to Holland, à La Haye; Bruxelles 18 janvier 1832. — 5 pages gr. in 4⁰.

Superbe et intéressante lettre où il rend compte, pour être utile à son pays d'adoption, de la commission qu'il avait acceptée du chargé d'affaires des États-Unis à La Haye de s'informer auprès du roi Léopold I sur son avis à propos d'un traité de commerce avec les États-Unis. Il raconte ses entrevues avec le roi, les personnages influents et les journalistes. Il les trouve tous emportés pour ses idées et s'est trouvé *comme un enfonceur de portes ouvertes;* surtout le roi est très complaisant. Il lui dit qu'il s'est proposé de faire revivre le commerce d'Anvers et d'établir, dès que la citadelle sera en d'autres mains, un chemin de fer entre cette ville et le Rhin sur Verviers; il est très porté à céder à l'Amérique de grands avantages, même sur ceux de l'Angleterre, mais il veut aussi se réserver des privilèges pour la Belgique; il lui parle des différents produits de commerce, de la situation favorable d'Anvers pour la communication avec l'Allemagne, plus favorable encore que celle de Hambourg etc. Murat loue le roi de sa grande connaissance de la politique intérieure des États-Unis, plus grande peut-être que les Européens n'en possèdent en général; il le nomme «an exeedingly sensible, well informed and sound politician and «the intercources I had with him placed him ver high in my estimation.« — Il n'a pourtant aucune confiance dans la nation et le gouvernement belges. — Notions curieuses sur l'état politique du pays. Il est frappé de l'indécision, de la gaucherie etc. qu'il rencontre partout. "How much "better to be planting cotton and riding the circuit in Florida, than to be looking for a rotative "solution in the politics of Europe!"

Sur l'adresse autographe du prince, la signature autogr. de Martin van Buuren, président des États-Unis, 1837—1841.

170 MARIE-ISABELLE DE BOURBON (ESPAGNE), reine des Deux-Siciles (1825—30), femme de François I, roi des Deux-Siciles (m. 1830), mariée en 1839 au comte Fr. del Balzo (m. 1882). n. 6 juillet 1789, m. 13 septembre 1848.

L. A. S., en espagnol; Palerme 21 août 1817. — 2 p. in 8⁰.

Jolie lettre de causerie familière; elle mande l'accouchement de la duchesse de Berry et la mort du nouveau-né.

RUSSIE

171 ÉLISABETH, impératrice de Russie, fille de Pierre-le-Grand, redoutable ennemie de Frédéric-le-grand, n. 29 décembre 1709, m. 5 janvier 1762.

P. S., en russe, sur vélin; Moscou 17 décembre 1744. — 1 p. in fol. obl.

Très belle pièce. — Commission de Rodion Manakchtin comme sous-lieutenant d'infanterie. — Contresignée par 7 membres du sénat dirigeant: le prince Dorote, le comte Ouschakov, le prince Galizin etc.; par le président de la chambre hérald. N. Gilow et le secrét. J. Postnikov.

172 ÉLISABETH, impératrice de Russie.

P. S., en russe, sur vélin; St. Pétersbourg 3 septembre 1748. — Contresignée par le général Stéphan Apraxin. — 1 p. in fol. obl.

Commission de Basile Roudakov comme second-major de géodésie.

173 CATHERINE II, impératrice de Russie, dite la Grande, n. à Stettin 2 mai 1729, succède à son mari Pierre III 1762, m. 17 novembre 1796.

P. S., en russe, sur vélin; St. Pétersbourg 30 avril 1785. — Contresignée par le comte Mousin Pouschkin. — 1 p. in fol. — P.

Commission du chevalier Mendoza comme premier-major. — Signée en caractères russes.

174 CATHERINE II, impératrice de Russie.

P. S., en russe, sur vélin, St. Pétersbourg 1 janvier 1784. — Contresignée par le prem. major Basile Levaschow. — 1 p. in fol. obl. — Sceau entre deux papiers.

Commission du prince Jean Dolgoroukov comme sous-lieutenant du régiment de Sémenov de la garde impériale. — Signée en caractères russes.

175 CATHERINE II, impératrice de Russie.

L. A. S., en français, (au roi Frédéric-Guillaume II de Prusse); St. Pétersbourg 20 septembre 1790. — 1 p. in 4⁰.

Elle mande la réception de sa lettre où le roi a donné un témoignage flatteur au chevalier Relinin et à ses compagnons, ce qu'elle apprécie.

176 ALEXANDRE I, empereur de Russie, le grand adversaire de Napoléon I, n. à St. Pétersbourg 23 décembre 1777, empereur 1801, m. à Taganrog 1 décembre 1825.

L. A. S., en français, à Madame...; Johannisbourg 13 janvier 1813. — 1 p. 1/2 in 4⁰.

Très belle lettre où il mande que sa lettre sera exactement remise à son adresse. Il la prie de se charger de la sienne pour mademoiselle du Roveroy etc.

177 ALEXANDRE I, empereur de Russie.

L. S., en français, à la princesse Charlotte de Prusse (plus tard l'impératrice Alexandra Feodorovna, femme de Nicolas I); St. Pétersbourg 13 mars 1809. — 1 p. in 4⁰.

Il mande la réception de sa lettre où elle décrit le plaisir que lui a fait l'ordre de Ste. Catherine; il la prie de la garder comme un souvenir de l'affection qu'il porte à ses respectables parents.

178 ALEXANDRE I, empereur de Russie.

P. S., sur vélin, en russe; St. Pétersbourg 9 novembre 1811, — contresignée par le ministre de la guerre Barklay de Tolli. — 1 p. in fol. obl.

Commission de George Koneplev comme lieutenant-colonel. — Signée en caractères russes.

179 ALEXANDRA FEODOROVNA, impératrice de Russie (Charlotte de Prusse), n. 13 juillet 1798, m. 1 novembre 1860; — femme de l'empereur Nicolas I.

L. A. S., en allemand et en français, à son beau-frère le prince d'Orange (plus tard le roi Guillaume II des Pays-Bas); St. Pétersbourg 23 avril 1824. — 3 p. 1/2 in 8⁰.

Spirituelle épître à l'occasion de la naissance d'une princesse (Sophie, depuis gr. duchesse de Saxe-Weimar-Eisenach) dont elle vient de recevoir la communication: "Ich bin ganz toll und fertig "über die guten Nachrichten, über Anna's Glückseligkeit ein Töchterschen zu besitzen, u. Deine "Philosophie, mit der Du diesen weiblichen Zuwachs deiner Oranjerie aufgenommen hast. Dites à "Anne ce que j'éprouve; cette lettre est pour elle aussi bien que pour vous, Wille; je trouve "cette manière d'unir à deux personnes très économique pour des paresseux comme nous autres et "comme nos deux ménages font bon ménage, Dieu soit bénit, on peut dire que cela revient au "même." — Causerie de famille écrite dans un style enjoué.

POLOGNE

180 ÉTIENNE BATTORI, roi de Pologne, gr.-duc de Lithuanie, de Russie etc. 1576; guerrier célèbre, m. à Grodno (Lithuanie) 13 décembre 1586.

L. S., en latin, au comte Charles de Mansfelt, général de S. M. catholique; Grodno 23 mars 1586. — 1 p. in fol. — cachet entre deux papiers.

Très belle lettre de remerciement pour un tableau qu'il lui a envoyé, représentant le siège d'Anvers (1585). Observations sur les grandes difficultés du siège, vaincues par une tactique nouvelle et des inventions ingénieuses. — (Voir Ch. de Mansfelt.)

181 LOUISE-MARIE DE GONZAQUE-NEVERS, reine de Pologne et de Suède, célèbre par sa beauté et son esprit supérieur, connue par ses liaisons avec le duc d'Orléans (Monsieur) et son grand-écuyer Cinq-Mars, n. 1612, mariée à Wladislas IV 1645--48, et à son frère Jean-Casimir 1649 rois de Pologne, m. à Varsovie 10 mai 1667.

L. A. S., en français, à M. de Barlaits; 28 mai 1654. — 3/4 p. in 4⁰.

Jolie lettre à un amateur qui lui avait démandé un autographe pour le mettre dans son livre.

182 STANISLAS I LECKZINSKI, roi de Pologne, duc de Lorraine, n. à Lemberg
20 octobre 1682, m. à Lunéville 23 février 1766; — grand protecteur des arts
et des sciences.

L. A. S., en français, à la marquise de Monconseils (?) à Paris; Lunéville 3 septembre
1746. — 1 p. in 4⁰. — P.

Jolie lettre très affable où il la prie «d'employer son bon goût pour un bouquet de la Reyne» (sa fille).

183 STANISLAS I LECKZINSKI, roi de Pologne, duc de Lorraine.

L. A. S., en français, à M...., secrétaire de S. M. Suédoise. — ¹/₂ p. in 4⁰. — P.

Il mande que le comte Poniatovski lui est envoyé de sa part et le prie d'agréer toutes ses demandes.

184 CATHERINE OPALINSKA, reine de Pologne, duchesse de Lorraine, n. 5
novembre 1680, m. 19 mars 1747; — femme du précédent, mère de Marie Leckzinski, reine de France.

L. A. S., en français, avec la suscription autogr. à M. le duc de Fleury; Lunéville
7 juin 1738. — ¹/₂ p. in 4⁰.

Jolie lettre pleine d'amitiés.

185 STANISLAS-AUGUSTE PONIATOVSKI, (dernier) roi de Pologne, n. à Wolczyn
17 janvier 1732, roi 1764, m. à St. Pétersbourg 12 février 1798.

P. S., en latin; Varsovie 14 septembre 1769. — 1 p. in fol. — Sceau entre deux papiers. — P.

Démission du service militaire pour Gnosus Joannes Fredericus von Kurtz

186 STANISLAS-AUGUSTE.

L. imprimée signée, en polonais, au prince Lubecki Castellar; 1793. — 1 p. in fol. —
Sceau entre deux papiers.

Lettre pour assembler la diétine.

SUÈDE-NORWÈGE-DANEMARC

187 GUSTAVE I, dit GUSTAVE-WASA, roi de Suède, le grand régénérateur de
son royaume, un des monarques les plus remarquables de son siècle; n. à Lind-
holm (Upsala) 12 mai 1496, roi 1523, m. 29 septembre 1560.

P. S., en allemand, (au magistrat de Réval); Stockholm 14 octobre 1548. — 3 p. ¹/₂
in folio. — P.

Il mande la réception d'une lettre où le magistrat se justifie à l'égard d'un fait de piraterie
qui aurait eu lieu dans les mers avoisinant leur ville, et démontre l'impossibilité de rattraper
les coupables. Le roi ne peut accepter les motifs cités et fait un récit détaillé comment et où
le fait a eu lieu. Récit curieux sous beaucoup de rapports: il décrit comment les pirates se sont
enfuis dans l'Esthonie, sont retournés en Gothie et en Œlande en se brouillant et se massacrant
pendant ce temps entre eux; en attendant on a réussi à mettre la main sur un des pirates, mais
on n'a trouvé qu'une très petite partie du butin sur lui, et selon toute apparence tous les prisonniers ont été tués et tout le vol sera perdu. Le roi finit en concluant que le fait s'est passé
dans les lieux vraiment ressortissant à leur ville et les en réprimande fortement. — Belle pièce
d'une conservation parfaite.

188 JEAN III, roi de Suède, n. 21 décembre 1537, roi 1568, m. 17 novembre 1592; — second fils de Gustave Wasa.

L. S., en allemand, au bourgmestre et aux conseillers de la ville de Réval; château Abo, 29 juillet 1558. — 1 p. in fol.

Lettre de créance pour Heinrich Clairssonn et Heinrich von Cassell.

189 GUSTAVE-ADOLPHE ou GUSTAVE II, roi de Suède, dit le Grand, n. 9 décembre 1594, roi 1611, tué à la bataille de Lützen 6 novembre 1632.

L. S. (au magistrat de Réval); Stockholm 28 avril 1630. — $^1/_2$ p. in fol. — Sceau entre deux papiers coupé.

Le roi intervient par cette lettre en faveur de Hans Svankhusson, son secrétaire et commissaire, détenu depuis 2 années à cause d'un procès pour dettes. — Le roi renvoie dans sa lettre à une pétition que l'intéressé lui a rendue. — Cette pétition signée par H. Svankhusson est jointe à la lettre du roi.

190 CHARLES XII, roi de Suède, guerrier intrépide, adversaire acharné de Pierre-le-Grand, n. à Stockholm 17 juin 1682, roi 1697, tué au siège de Frédériks-hall 30 novembre 1718.

P. S. à son Conseil des ministres (Cantzlie Collegium); Stockholm 26 janvier 1698, — contresignée de Piper. — 1 p. $^1/_2$ in fol. — 8 P.

Il ordonne de lui élaborer un projet de loi réglant l'ensevelissement des juifs, prévenant les grands abus et les frais accablants introduits successivement dans cette cérémonie.

191 CHARLES XII, roi de Suède.

L. A. S. à sa sœur la princesse Hedvige Sophie de Holstein-Gottorp; 23 janvier 1705. — 2 p. in 4⁰.
Belle pièce d'une écriture presque illisible. — P.

192 ADOLPHE-FRÉDÉRIC, roi de Suède, n. le 14 mai 1710, roi 1751, m. 12 février 1771.

I. P. S., en latin; Stockholm 16 août 1762. 2 p. $^1/_2$ in fol. — Sceau entre 2 papiers, — contresignée plusieurs fois; — raccommodée. — II. P. S.; Stockholm 5 octobre 1767.

I. Passeport pour le lieutenant Joachim Henri de Crety, ses domestiques et son bagage. — II. Fragment d'une lettre.

193 GUSTAVE III, roi de Suède, prince intelligent qui rétablit l'autorité royale dans ses états, auteur de pièces de théâtre et de lettres publiées après sa mort, n. à Stockholm 24 janvier 1746, roi 1771, assassiné à Stockholm mars 1792.

L. A. S., en français, à sa femme la reine Sophie Madeleine (1746—1813); Walkiala (Finlande) 1 mai 1790. — 4 p. in 8⁰. — P.

Remarquable lettre historique, concernant la 1e guerre finnoise, écrite à Walkiala, lieu où le 29 avril, les Suédois remportèrent une victoire sur les Russes sous le gén. Denisov. — Le roi donne un récit détaillé de la bataille et des mouvements de sa flotte contre celle de la Russie sous le comte de Nassau (le prétendant de Nassau-Siegen († 1805), fils naturel de la marq. de Mailly, femme de Emmanuel de Nassau-Siegen); observations curieuses: sur la désunion entre les généraux russes, qui a causé le désordre; il en raconte des preuves; le massacre des ennemis a été affreux; après la défaite «nous avons faitte une rude corvée car nous avons couché en plain air deux nuits de suitte par un froid et une gelle forte, et j'ai été comme tout le monde couché «à coté d'un feu, malgré cela tout le monde se porte bien». etc.

194 GUSTAVE III, roi de Suède.

P. S.; Stockholm 27 août 1772; — contresignée par Carl Carlskiold. — $^1/_2$ p. in fol. — P.

Passeport pour le capitaine de Lanciers du régiment «Tarastehus» Jacob Gotthard von Marquard.

195 GUSTAVE IV ADOLPHE, roi de Suède, adversaire acharné de Napoléon I,
n. à Stockholm 1 novembre 1778, roi 1792, détrôné 13 mars 1809, m. à
Brunn (Autriche) 7 février 1837.

L. A. S. à sa mère la reine Sophie Madeleine; Lunebourg 22 décembre 1805. —
4 p. in 4⁰.

Très belle lettre où il mande son départ de Stralsund et son arrivée à Lunebourg sur Mecklem-
bourg et décrit son passage de l'Elbe.

196 CHARLES XIII, roi de Suède et de Norwège, qui se distingua surtout comme
marin dans ses batailles navales contre les Russes, n. 7 octobre 1748, roi
1809, m. 5 février 1818.

L. A. S., en français, au comte de Löwenhjelm; Stockholm 10 octobre 1811. —
1 p. in 4⁰.

Belle lettre où il exprime son regret qu'il ne l'ait pas vu son jour de naissance, surtout parce qu'il sait combien le comte est attaché à sa personne et qu'il a toujours été un de ses amis
les plus assidus; il attend sa visite avec la plus vive impatience; détails sur sa fête.

197 CHARLES XIV JEAN (Jean Baptiste Jules Bernadotte), roi de Suède et de
Norwège, général célèbre, n. à Pau 26 janvier 1764, prince de Ponte Corvo
1806, roi 1818, m. à Stockholm 8 mars 1844.

L. A. S. au représentant M. L. Talbot (secrétaire de la convention nationale, général
etc.) à Paris; Paris 10 Thermidor (28 juillet). — 2 p. in 8⁰.

Curieuse lettre amicale où il est question d'une personne qui se laisse vainement attendre et
d'un homme qui veut s'occuper de négocier l'affaire. — Signée: J. Bernadotte.

198 CHARLES XIV JEAN, roi de Suède et de Norwège.

P. A. S.; 5 février 1812. — 1 p. 8⁰. obl.

Prière à M. Wirsen de payer au porteur la somme de 8000 rixdalers. — Signée: Charles Jean.

199 DÉSIRÉE CLARY, reine de Suède et de Norwège, n. à Marseille 8 novembre
1781, m. à Sockholm 17 décembre 1860; — femme du précédent.

Deux L. A. S.; en français, à M. Lagerheim, 19 février 1830. — 2 p. in 8⁰.

Elle demande de communiquer une dépêche et parle politique.

200 GUSTAVE, prince de Wasa, prince royal de Suède, maréchal autrichien, n. 9
novembre 1799, m. à Pillnitz 4 août 1877; — fils du roi Gustave IV
Adolphe.

L. A. S. à sa grand'mère la reine Sophie Madeleine de Suède; Carlsruhe 1 janvier
(1810). — 1 p. in 8⁰.

Jolie lettre de compliments à l'occasion du nouvel an.

201 OSCAR I, roi de Suède et Norwège, prince d'une haute intelligence et d'une
grande popularité, n. à Paris 4 juillet 1799, roi 1844, m. 8 juillet 1859; —
fils de Bernadotte.

L. A. S., en français, (au roi Guillaume II des Pays-Bas); Stockholm 5 juillet 1849. —
1. p. in 4⁰.

Très belle lettre où il le remercie d'une lettre et des insignes de Grand-Croix de l'ordre militaire de Guillaume, reçus par l'entremise du baron de Manderström (ambassadeur et ministre des
affaires étr. de Suède), ainsi que de l'accueil bienveillant fait au baron de M.

202 OSCAR I, roi de Suède et de Norwège.

> L. A. S. 22 février 1857. — 2 p. in 8⁰. — Papier à ses armes.

Il demande de lui envoyer les nᵒˢ du journal officiel de Suède où se trouvent des articles sur la liste civile des pays étrang., il veut les comparer au montant de la liste civile de la Suède. etc.

203 JOSÉPHINE DUCHESSE DE BOLOGNE, reine de Suède et de Norwège, n. 14 mars 1807, m. 7 juin 1876; — femme du précédent, fille d'Eugène duc de Leuchtenberg, marraine du prince impérial de France.

> L. A. S., en français, au baron . . . . ; Stockholm 31 mars 1843. — ¹/₂ p. 8⁰.

Elle lui remet une lettre pour l'adresser à madame Stüler; protestations d'amitié.

204 JOSÉPHINE, reine de Suède et de Norwège.

> L. A. S., en suédois, au comte Eric Levenhaupt, colonel et chambellan; 21 mai 1861. — p. in 8⁰.

Elle le prie de parcourir des papiers retrouvés dans un coffre-fort, ayant appartenu à Charles XIV Jean (Bernadotte).

205 CHARLES XV, roi de Suède et de Norwège, esprit artistique et littéraire: poète et dessinateur habile, n. à Stockholm 3 mai 1826, roi 1859, m. à Malmö 18 septembre 1872; — marié à la princesse Louise des Pays-Bas 1850.

> L. A. S. a Eric . . . . ; 9 mai. ¹/₂ p. in 4⁰.

Il mande qu'il a nommé le prof. Scholander Chevalier de l'étoile-polaire.

206 SOPHIE DE NASSAU-WEILBURG, reine de Suède et de Norwège, n. 9 juillet 1836; — femme du roi Oscar II.

> L. A. S., en suédois; (4 février 1873). — 2 p. in 12⁰. — Papier à ses initiales.

Jolie lettre de remerciement et d'invitation.

207 FRÉDÉRIC IV, roi de Danemark et de Norwège, n. 1671, roi 1699, m. à Odensée 12 octobre 1730.

> L. avec la souscription A. S., en allemand, au duc Frédéric de Saxe-Gotha; Friderichsberg 5 janvier 1726. — 1 p. ¹/₂ in fol. — Sceau entre deux papiers.

Réponse aux compliments qu'il lui a adressés à l'occasion du nouvel an.

208 JULIENNE-MARIE DE BRUNSWICK, reine de Danemark et de Norwège, n. 4 septembre 1729, m. 10 octobre 1796; — seconde femme du roi Frédéric V.

> L. A. S., en français, à sa belle-fille Sophie Madeleine, reine de Suède (femme de Gustave III); Friedensburg (?) 23 octobre 1789. — 1 p. in 4⁰.

Très belle lettre remplie de protestations d'affection et d'attachement pour elle, son mari et son fils.

209 FRÉDÉRIC VI, roi de Danemark et de Norwège, n. 28 janvier 1768, roi 1808, m. 3 décembre 1839.

> L. S., en français, au prince de Ponte-Corvo (Bernadotte, depuis Charles XIV Jean de Suède et de Norwège); Kiel 11 novembre 1806. — 1 p. in 4⁰.

Il approuve qu'on tire du Holstein les approvisionnements pour la ville de Lubeck. (Cette ville fut prise d'assaut par les français sur Blücher et saccagée par eux en octobre 1806.)

BELGIQUE

210 LÉOPOLD I, roi des Belges, n. à Cobourg le 16 décembre 1790; roi 1831, m. à Laeken 10 décembre 1865.

L. A. S., en français, Ostende 9 septembre 1836. — 1 p. in 8⁰. — P.

Il annonce que son voyage est fixé pour le 12, pour arriver le soir à une heure raisonnable à Claremont (Angleterre) etc.

211 LÉOPOLD I, roi des Belges.

L. A. S., 25 décembre 1846. — 1 p. in 8⁰.

Il mande qu'il recevra la princesse et la duchesse d'Aremberg à l'heure proposée.

212 LÉOPOLD I, roi des Belges.

L. A. S. à un général; s. d. — 1 p. in 8⁰.

Il demande de remettre à une autre heure la séance promise à M. Brown.

213 LÉOPOLD I, roi des Belges.

Quatre L. A. Laeken 1845 etc. — 3 p. in 8⁰ et 4⁰. — Papier armorié à son initiale.

214 LÉOPOLD II, roi des Belges, n. à Bruxelles 9 avril 1835 duc de Brabant, roi 1865.

L. A. S. à M. van de Weyer; Bruxelles 4 novembre 1864. — 4 p. in 8⁰. — P.

Belle lettre où il mande son départ pour l'Egypte et prie d'adresser les lettres de recommandation pour Ceylan, offertes l'année dernière, à la légation belge à Paris où il s'arrêtera à son passage; il ne lui sera peut-être pas possible d'aller lui-même à Ceylan, mais il compte en tout cas y envoyer un de ses officiers. — Signée: Léopold duc d. B(rabant).

215 LÉOPOLD II, roi des Belges.

L. A. S. au colonel... à Bruxelles; s. d. (1866). — 1 p. in 8⁰. — papier-deuil armorié à ses initiales, enveloppe.

Demande d'apporter un plan cadastral de Laeken.

HOMMES D'ÉTAT

PERSONNAGES POLITIQUES

PAYS-BAS

216 VIGLIUS DE ZUICHEM AB AYTTA, savant jurisconsulte, homme d'état
fameux pendant les troubles dans les Pays-Bas sous Philippe II, président du
Conseil-privé (de justice et de police), n. à Wirdum (Frise) 19 octobre 1507,
m. à Bruxelles 8 mai 1577.

L. A. S., en latin, à son neveu Bucho de Montezuma, chanoine d'Utrecht à Louvain;
Bruxelles 19 octobre 1561. — 1 p. ¹/₄ in fol. — P.

Intéressante et belle lettre. — Causeries amicales sur l'éducation universitaire à Louvain et à
Paris d'un jeune homme, nommé Tolcardus Gerbrandi. — Il parle d'une place de Chanoine,
vacante à Deventer, sa désignation probable etc. — Pièce rare par sa condition parfaite.

217 MARGUERITE, duchesse de Parme et de Plaisance, gouvernante et régente des
Pays-Bas (1559—67), n. à Audenarde (Flandre) 1522, m. à Ortona janvier
1586; — fille naturelle de l'empereur Charles V.

L. S. à Bernard de Mérode (partisan de Guillaume d'Orange), drossart de Stockum,
lieuten. de la bande du comte de Hornes; Bruxelles 17 février 1560. — 1 p. in fol. —
Cachet entre deux papiers.

Lettre historique concernant le payement des Bandes d'ordonnance (les forces militaires na-
tionales, origine des armées permanentes depuis Charles-le-Téméraire).

218 BRUHESEN, Johannes van, doyen et grand-vicaire de la cathédrale d'Utrecht,
puis évêque et archevêque (1578), partisan zélé du roi d'Espagne contre Guillaume d'Orange, il se réfugia à Amersfoort (1577) et à Cologne après que le
parti orangiste eut acquis la majorité dans son archevêché, n. à Breda 3 mai
1527, m. à Cologne 9 septembre 1600.

L. A. S., en latin, aux chanoines de Sainte Marie et de Saint Salvator à Utrecht;
Amersfooort 27 septembre 1577. — 2 p. ³/₄ in fol.

Intéressante lettre où il fait des dispositions diverses concernant la congrégation.

219 OLDENBARNEVELDT, Johan van, grand-pensionnaire de Hollande 1586—
1618, un des fondateurs de la République des Provinces-Unies et une de ses
gloires principales, le défenseur de l'aristocratie contre Maurice de Nassau le
patron des libertés du peuple, n. à Amersfoort 14 septembre 1547, décapité
à La Haye 13 mai 1619.

L. A. S. à Floris Heermael „trésorier van Oudenmunster," à Utrecht; La Haye 12 novembre 1590. — ³/₄ p. in fol. — 2 P.

Très belle lettre; il mande que Maurice de Nassau a l'intention de venir à Utrecht, et demande s'il est nécessaire de venir avec lui, il parle des nouvelles qu'il attend du théâtre de la guerre en Frise; rien de nouveau de la France ni de l'Angleterre; on a envoyé de nouveau des agents en Angleterre (op 't stuck van de depradatie); Aerssen a reçu la réponse de F. etc.

220 OLDENBARNEVELT, Johan van.

P. S. sur vélin, deux fois signée: Renuntiatie van alle pretentie ofte verbintenisse op de heerlicheyt van het Spyck ten behoeve van Cornelis van Aerssen, griffier van de Staten Generaal. — 26 septembre 1611.

221 HUYGENS, Christiaan, secrétaire de Guillaume le Taciturne et secrétaire du Conseil d'État après la mort du prince, n. à Ter Heyde (Brabant) 22 avril 1551, m. à La Haye 7 février 1624; — père de Constantin Huygens.

L. S. à Johan van Aerssen, Heer van Weernhout, drossart der stadt en lande van Breda (frère de François d'Aerssen); La Haye 2 avril 1621. — 1 p. in fol. — Cachet à ses armes.

Lettre de recommandation pour Roelant Jacobsz (ingeboren burger van Breda).

222 AERSSEN, François d', seigneur de Sommelsdyk, diplomate hollandais d'une influence très active à la cour de Henri IV, qui le fit chevalier et lui accorda un libre accès auprès de sa personne, un des plus grands hommes d'état des Provinces-Unies, n. à Bruxelles 1572, m. 27 décembre 1641.

Manuscrit autogr. signé, en français, aux États-Généraux des Provinces-Unies; Paris 16 mars 1603. — 29 pages in fol.

Mémoire justificatif ou exposé de sa conduite dans l'affaire du duc de Bouillon, chef du parti protestant en France, chargé de complicité avec le maréchal Biron et accusé en outre d'avoir continué les pratiques et les intrigues avec l'Espagne depuis la mort du maréchal. — Notre manuscrit montre à quel point l'agent des États-Gén. d'Aerssen, politique d'un esprit caustique et mordant, d'une promptitude et d'une souplesse étonnantes, a été mêlé à tous les détails de cette affaire. Il paraît avoir été le confident intime des deux partis à la fois: de Henri IV et du duc de Bouillon. — Le roi, convaincu que le chef du parti huguenot dans son royaume, trouverait un appui auprès de ces coreligionnaires en Hollande et surtout auprès de Maurice de Nassau, beau-frère du duc, prend Aerssen en intimité et l'initie avec beaucoup de finesse à toutes les particularités de l'affaire, afin de le gagner à sa cause et de lui arracher les secrets que le duc lui à confiés. — Aerssen, en fin diplomate, fait semblant de vouloir s'abstenir; il fait profession au duc de sa "pure dependance du roi l'allié de ses maitres" et affirme qu'il a besoin d'éviter "des soupsons et voies contraires"; en même temps il dit au roi "qu'il ne parle "rien de l'intérieur de son état" et que son intervention serait inutile et sans fruit. — Ainsi porté de part et d'autre, rien ne peut le tirer d'affaire; le roi le presse tellement et lui parle maintes fois si énergiquement des États-Gén. et du prince Maurice comme de ses meilleurs amis et alliés, qu'à la fin Aerssen cède et accepte la tâche honorable mais infiniment difficile de servir d'intermédiaire pour la réconciliation des deux partis. — Toutefois il ne veut pas agir sans autorisation spéciale de la part des États-Gén. et leur rapporte conséquemment "l'histoire de M. de "Bouillon et ma conduite en ceste confusion" dans tous les détails.

Ce document montre partout la main du maître, en rendant témoignage d'une rare sagacité et d'une expérience politique, étonnante chez un jeune homme de 30 ans; en révélant une connaissance exacte de la situation des partis en France et des intrigues de la cour, l'auteur s'exprimant dans un style concis, sans se perdre en réflexions inutiles, ne néglige pourtant pas l'occasion de faire des observations piquantes.

(Voir: Lettres et négociations de Buzanval et d'Aerssen, publ. par le prof. Vreede.)

223 SPEX, Jacques, directeur de la première factorerie Néerlandaise à Firato (Japon), 1609, gouverneur général des Indes Orientales Néerlandaises 1629— 1632, n. à Dordrecht (vers 1585).

L. A. S. à Constantin Huygens, secrétaire du prince d'Orange. La Haye 11 mai 1647. —
1 p. in fol. — Cachet à ses armes brisé.

Curieuse lettre de remerciement.

224 BOREEL, Guillaume baron, célèbre diplomate de la république, ambassadeur en
Angleterre 1644—46, en France 1650—68, n. à Middelbourg 24 mars 1591,
m. à Paris 29 septembre 1668.

L. A. S., en français; Londres 1 septembre 1644. — $^1/_2$ p. in fol.

Lettre de remerciement des félicitations qu'on lui a envoyées.

225 STAEFVENISSE, Cornelis, grand-pensionnaire de Zélande, négociateur en Norwège 1644, n. à Zierikzee, m. à Middelbourg mai 1649.

L. A. S. Middelbourg 1 août 1638. — 1 p. in fol.

*Il mande par ordre du prince d'Orange, que la compagnie du capit. Bartholomeus Hoymaker
se trouvait le 22 mai à Ketenisse et qu'elle s'est dirigée ensuite sur Liefkenshoek etc.*

226 BANNINCK COCQ, Frans, bourgmestre d'Amsterdam; ce fut lui qui ordonna
la peinture de son portrait et de ses arcquebusiers à Rembrandt, le célèbre
tableau connu sous le nom: La sortie de la compagnie de Frans Banninck Cocq
(dite: la ronde de nuit), m. à Amsterdam 1654.

L. A. S. à Mr. Dierck de Jonge, advocaat by den hoogen ende prov. Raede v. Hollant
enz. op 't Noordeynde In den Hage; Amsterdam 22 mai 1631. — 1 p. in fol.

*Belle et spirituelle lettre sur une question administrative de ses terres en Purmerland; obser-
vations curieuses: «Uwe laetste missive is my behàndicht en ghezien die impertinente veranderinge
«van die onwetende regeerders van Purmerlant en Ilpendam, die met Uw accoort tevreden sullende
«zyn, hebbe (ick) hetselfde onderteekent, doch later het principaelste verandert bevonden; ick
«ben geresolveert van ghelycken door desen suyren appel te byten en haer toe te staan. Ende
«byaldien zy hierinne op een nieuwe veranderinge begeren soo schey ick soo wel uyt het een
«als uyt het ander, want ick veel liever hebbe met boeren te twisten als van boeren gheregeert
«te werden» etc.*

227 TULP, Nicolaas, célèbre anatomiste, bourgmestre d'Amsterdam, n. à Amsterdam 11 octobre 1593, m. dans cette ville 12 septembre 1674.

P. S. 23 juillet 1669. — 1 p. in 4⁰ obl. — P.

228 HUYGENS, Constantin, seigneur de Zuilichem, une des gloires de la république des Provinces-Unies à l'époque de son plus grand éclat, secrétaire
et conseiller intime des princes d'Orange de trois générations (1625—87),
savant et poète, grand amateur et protecteur des arts, musicien célèbre et
dessinateur habile, né à La Haye 4 septembre 1596, m. dans cette ville 26
mars 1687.

Sa devise en calligraphie autographe signée; 7 septembre 1617. — 1 p. in 12⁰. — 5 beaux
portraits différents.

229 HUYGENS, Constantin.

L. A. S., en français, à M. Bouchorst; (La Haye) 25 novembre 1647. — 1 p. in fol.

*Il mande que la princesse d'Orange a écrit aux curateurs (de l'université de Leide) en faveur du
Sr. Heinsius et demande comment adresser la lettre. — La réponse en marge de la pièce.*

230 HUYGENS, Constantin.

Deux pièces autographes, en français, destinées pour la princesse Amélie de Solms (1602—
75), veuve de Frédéric-Henri, prince d'Orange (1584—1647). — 7 p. in fol.

6

Documents importants pour l'histoire de la fondation de la Salle d'Orange (le palais au bois de La Haye), commencée en 1645, achevée en 1652, et principalement de la décoration intérieure de ce monument artistique, dédié par la princesse Amélie de Solms à la mémoire des glorieux faits d'armes de son mari, le prince Frédéric Henri d'Orange, et de la paix de Munster. L'architecte fut le célèbre Jacob van Campen (m. 1657) qui composa aussi les plans et les dessins de tous les superbes tableaux et des décorations qui ornent l'intérieur. La princesse et ses conseillers choisirent les plus habiles peintres flamands et hollandais de l'époque pour exécuter le projet. L'œuvre principale fut confiée à Jacob Jordaens et à Theodoor van Tulden, élèves de Rubens, les accessoires à Pater Seghers, Thomas Willeboorts, Gonzales Coques, Salomon de Bray, Jan Lievens et d'autres; les portraits sont de Gerard Honthorst, les devises, inscriptions et armoiries furent exécutées d'après Constantin Huygens. — Ce dernier, le fidèle conseiller et confident intime de la princesse, servit d'intermédiaire dans toutes les transactions; cette besogne lui valut bon nombre de tracasseries et de difficultés, mais qui rendent d'autant plus remarquables la correspondance et les écrits qu'on a retrouvés de lui concernant cette affaire. — Nos deux pièces ont été des sources précieuses pour la belle étude de M. Veegens sur la fondation de la salle d'Orange (De stichting der Oranjezaal); on y retrouve des détails minutieux et des particularités aussi caractéristiques pour les artistes qu'importantes pour la connaissance de l'identité des tableaux; ce sont des mémoires sur le progrès des travaux, sur les conférences que Huygens a eues avec les artistes, sur leurs plaintes, leurs rivalités et leurs prétentions, dont il rend souvent compte d'une façon humoristique et avec un sarcasme vraiment original.

231 HUYGENS, Constantin.

Pièce autographe en français de 3 pages in 4⁰.

Nomenclature de personnages, ayant figuré dans une représentation de théâtre ou dans un bal masqué, donné probablement à la cour du prince d'Orange en 1673; on y rencontre environ 50 noms de famille avec l'indication de leur travestissement.

232 HUYGENS, Constantin.

L. A. S. de Paulo de Wilhem à Constantin Huygens, 23 janvier 1648. — 1 p. in fol.

Informations concernant une procédure.

L. A. S. de Cornelis Spex au même, La Haye 25 août 1636. — 1 p. in fol.

Il se recommande pour une charge vacante auprès du prince d'Orange; son oncle Daniel Heinsius l'a muni de certificats.

L. A. S. de Herbert de Beaumont (pensionnaire de Dordrecht) au même; La Haye 6 janvier 1647. — 1 p. in fol. — Cachet à ses armes.

Il demande son intermédiaire pour la nomination de Adriaan de Hubert comme bourgmestre de Zierikzee.

233 CARON, François, un des grands explorateurs de la Compagnie des Indes-Orientales néerlandaises 1622—52, chef de la première factorerie néerlandaise à Firato en Japon 1639—40, directeur-général de la Compagnie orientale française fondée par Colbert 1666—74, n. à Bruxelles 1600, naufragé au port de Lisbonne 1674.

P. S. sur papier du Japon; — Firato (Japon) 15 février 1641. — 6 p. $^1/_4$ in fol. — piquée d'humidité.

Instructie voor Maximiliaen le Maire, provisioneel opper-hooft en presiderend opper-coopman, den opper-coopman Jan van d'Elsenacq mitsgaders de verdere raadtspersonen des comptoirs Firnando, volgens welcke hun nae 't vertrecq van president François Caron sullen hebben te reguleren.
(Instructions de Fr. Caron à son départ pour Batavia pour Max. le Maire, qui lui succéda comme directeur du commerce néerlandais au Japon, ainsi que pour Jean d'Elsenacq concernant la remise de cadeaux à l'empereur du Japon à Miaco (Kioto) et Jedo etc.)
Document précieux contenant des particularités remarquables pour l'histoire commerciale japano-néerlandaise.

234 GRAEFF, Andries de, bourgmestre d'Amsterdam, l'ami et le confident du

gr. pensionnaire de Witt, n. à Amsterdam 19 février 1611, m. dans cette ville 30 novembre 1678.

L. A. S. à son neveu: Pieter de Graeff, heer van Zuyt-Polsbroek, bewindhebber van de Cost Ind. Compagnie tot Amsterdam; Utrecht 7 mars 1676. — 1 p. in 4⁰. — Cachet à ses armes. — P.

Belle lettre où il s'excuse de ne pouvoir venir chez lui.

235 BEVERNINGK, Hieronymus van, célèbre diplomate sous Jean de Witt et Guillaume III, négociateur à la paix de Westminster avec Cromwell 1654, à la paix de Nymègue avec Louis XIV 1678, n. à Gouda 25 avril 1614, m. à Leide 30 octobre 1690.

P. S.; La Haye 30 août 1652. — Contresignée par Nicolaas Ruysch, greffier des États-Génér. — 1 p. in fol. — P.

Antwoord op een schrijven van den ‖Stadthouder van Maeslant, genaemt Hergum‖ betr. de politycque officieren, quartierschouten in de meyery van 's Hertogenbosch en de andere quartieren.

236 BEVERNINGK, Hieronymus van.

L. A. S. à Jean de Witt, grand-pensionnaire; La Haye 7 juin 1665. — 1 p. in 4⁰.

Belle lettre où il est question d'une résolution des États-Gén. sur le licenciement de la milice anglaise et d'un instrument de Willemstadt.

237 BEVERNINGK, Hieronymus van.

P. S.; 10 janvier 1660. — Signée aussi par C. van Vryberghe, A. van Loo, J. L. van Nyenburch. — ¹/₂ p. in fol. — Cachet.

Quittance pour un transport de bagage militaire de Bois-le-duc à Doesburgh.

238 GROOT, Pieter de, pensionnaire d'Amsterdam, célèbre diplomate, ambassadeur en France 1669—72, poète latin et néerlandais; né à Rotterdam 28 mars 1615, m. à Boekenrode (Harlem) 2 juin 1678; — fils de Hugo Grotius.

P. A. S., en latin. — 2 p. ¹/₂ in fol. — P.

Poème sur l'anniversaire de son oncle Guillaume de Groot (célèbre jurisconsulte 1597—1662), frère de Hugo Grotius. — Pièce caractéristique pour les deux personnes. — P. Grotius épousa (1674) en secondes noces une fille de son oncle.

239 FAGEL, Henric, greffier des États-Généraux 1672—90, n. 13 juin 1617, m. à La Haye 11 février 1700; — frère aîné du grand-pensionnaire.

P. S.; La Haye 28 septembre 1674. — 1 p. in fol.

Envoi d'une résolution des États-Généraux, relative au pasteur Jacobus Coelman à Sluys.

240 BEUNINGEN, Koenraad van, diplomate célèbre, négociateur en Suède sous la reine Christine et le roi Charles X Gustave, et en France sous Louis XIV, partisan intime de Jean de Witt et bourgmestre d'Amsterdam sous Guillaume III, né à Amsterdam 1622, m. dans cette ville 1693.

L. A. S. à son neveu Gerard Schaep; bourgmestre d'Amsterdam et curateur de l'université de Leide, à Amsterdam; Stockholm 2 novembre 1652. — 2 p. ¹/₂ d'une écriture très serrée in fol. — Cachet à ses armes.

Belle et intéressante lettre historique. Il lui demande son avis sur la médiation que la reine Christine et son chancelier Oxenstierna a offerte entre la république et l'Angleterre (acte de navigation). Il décrit tout au long les particularités de la circonstance, en plus de détails qu'il ne l'a fait dans sa dernière lettre aux États-Généraux, parce qu'il s'intéresse tant à savoir son opinion sur cette affaire. Il lui mande qu'il ne veut pas être nommé ambassadeur extraordinaire, mais qu'il veut rester député extraordinaire; détails curieux sur les raisons qui le portent à cette demande.

241 WITT, Corneille de, célèbre par la part active qu'il a prise dans l'expédition hollandaise sur la Tamise 1667, n. à Dordrecht 25 juin 1623, massacré avec son frère le grand-pensionnaire 24 août 1672.

P. S. Bergen op Zoom 6 juin 1668. — 1 p. in fol. — P.

Acte de payement d'un transport de vivres et de munitions de guerre pour l'armée de terre dans la direction du village de Heerle.

242 WITT, Jean de, grand-pensionnaire de Hollande 1653—72, homme d'état aussi hardi que prévoyant, chef du parti anti-orangiste, n. à Dordrecht 24 septembre 1625, massacré 24 août 1672.

L. S. à Pierre de Groot (le fameux ambassadeur de Hollande à Paris, fils de Hugo Grotius); 28 janvier 1672. — 2 p. in fol. — 3 P.

Lettre historique des plus remarquables. — Il parle du désaccord causé par la proposition de nommer le prince d'Orange capitaine général "pro expeditione"; il a voulu terminer cette affaire à l'amiable, mais le prince d'Orange déclare qu'il ne veut accepter que le commandement à vie; de Witt fait observer que le temps montrera comment la chose a tourné: "ende wat eyntelycken "wtslach die saecke noch sal nemen sal den tydt moeten openbaeren, alsoo ik bemercke dat men "daaromtrent noyt eenich vast fondament kan leggen." — Les difficultés à propos de la division des charges et des frais de guerre pour chaque province seront bientôt terminées; on a résolu l'armement d'une armée de mer et de terre; détails sur le nombre fixé. Il s'occupe d'une réponse à l'ambassadeur Downing quant aux prétentions renouvelées de l'Angleterre à propos du salut du pavillon; il ne veut pas permettre qu'on oblige une flotte entière en vue des côtes de la patrie de saluer un simple vaisseau anglais et il maintiendra la convention sans aucune altération. — etc.

(Le prince d'Orange fut nommé le 25 février capitaine-général pour une campagne; 7 avril déclaration de guerre à la Hollande, de la France, de l'Angleterre et des princes voisins d'Allemagne: l'année terrible de la république.

La minute de cette lettre ne se trouve pas dans la correspondance et les papiers de J. de Witt aux Archives de l'état.

Les L. A. S. de Jean de Witt sont d'une insigne rareté, sinon introuvables, parce qu'il avait l'habitude de n'expédier que les copies de ses lettres et d'en conserver toutes les minutes autographes, jusqu'aux plus petits billets d'affaires politiques ou domestiques, dans des volumes reliés; ces volumes, enlevés par les États de Hollande du domicile de J. de Witt après le massacre, se trouvent à présent aux Archives de l'état. Il paraît que les minutes des lettres de l'année 1672, n'étant pas encore arrangées, n'y sont pas toutes arrivées.)

243 WITT, Jean de.

Manuscrit contemporain; La Haye 20 juillet 1672. — 12 p. in 4⁰.

Mémoire, en forme de lettre à son neveu (Nicolas Vivien, membre des États de Hollande, son ami intime et son remplaçant en cas d'absence et de maladie), adressé aux membres des États-Généraux. Il se défend contre la calomnie de s'être approprié l'argent de l'état, en spéculant avec les fonds de la république en temps de guerre; met au grand jour la situation de sa fortune et se justifie en déclarant qu'il a toujours fait les affaires de l'état même aux dépens des siennes; il déclare que tout son argent, ses actions etc. sont dans les comptoirs de la Hollande et que son bien-être est si intimement lié à celui de l'état, "qu'il est matériellement établi qu'il faut que je meure et que je tombe avec la Hollande."

Cette lettre ne fut écrite que pour circuler sous les yeux des membres des États-Généraux et des États de Hollande, et dans ce but on en fit faire des copies manuscrites, non destinées au public et ce n'est que quelques années après la mort du grand-pensionnaire, qu'on la fit imprimer. — Les copies manuscrites originales sont par conséquent d'une grande rareté.

244 HUYGENS, Canstantin, fils, conseiller-adjoint de Guillame III d'Orange et succédant à la mort de son père dans cette charge honorable, ami intime

et collaborateur de son frère Chrétien, auteur du journal des campagnes de Guillaume III en Belgique et en Angleterre 1673—96 récemment publié, n. à La Haye 10 mars 1628, m. dans cette ville 2 novembre 1697.

L. A. S. à M.....; Maestricht 13 juillet 1676. — 3 p. in 4°.

Remerciements pour les égards qu'il a eus pour les affaires pénibles survenues à son frère Louis (1631—99) bailli (drost) de Gorcum. Détails sur une sentence qui força son frère à payer des sommes considérables; il impute à ses ennemis et notamment au bourgmestre Van der Hulst d'avoir intrigué contre eux, présume qu'on ira encore plus loin et, dans ce cas, recommande de nouveau son frère et toute sa famille à la bienveillance de son ami.

245 FAGEL, Gasper, grand-pensionnaire de Hollande 1672—89, l'ami intime de Guillaume III, n. à La Haye 1629, m. 15 décembre 1688.

P. S. sur vélin; La Haye 19 juillet 1684. — Sceau entre 2 papiers. — 1 p. in fol. obl.

Commission de Arie van der Mieden, comme notaire à Alkmaar.

246 NASSAU, Guillaume-Adrien de, seigneur d'Odyk, homme d'état considéré, il représenta le prince d'Orange (Guillaume III) comme premier noble de Zélande (depuis 1668) aux États-Généraux et aux États de Zélande, et eut une grande influence sur les évènements de son règne; n. 1632, m. 21 septembre 1705; — petit-fils de Maurice d'Orange-Nassau.

L. A. S., en français, à M. de Voorst à La Haye; Whitehall (Londres) 14 avril 1690. — 1 p. in 4°, — Cachet.

Il donne des instructions concernant un procès qu'il a depuis des années devant les ″gecommitteerde raede.″

247 NASSAU, Guillaume-Adrien de.

I P. S. — Résolution des États-Généraux, 10 septembre 1695. — 2 p. ¹/₂ in fol. — Contresigné par F. Fagel.

Document historique où les États-Généraux rendent compte de leur conduite envers le maréchal de Boufflers, prisonnier de guerre après la reprise du château de Namur par Guillaume III le 3 août 1695, et retenu plus longtemps que le cartel, convenu avant la guerre, prescrivait; et ordonnent de faire connaître leurs motifs aux ambassadeurs et ministres étrangers. — Détails remarquables sur les faits de guerre de cette année.

II P. S.; 18 février 1666. — ¹/₂ in 8°.

Consentement de mariage pour Arendt Ruebergh, cavalier de son régiment.

248 OUTHOORN, Willem van, gouverneur-général des Indes Orientales Néerlandaises 1691—1704, n. à Larique (Amboine) 4 mai 1635, m. à Batavia 27 novembre 1720.

L. S. à Jan van Groenendyck; Batavia 19 février 1697. — 2 p. in fol.

Il donne des informations sur des personnes résidant aux Indes, dont on lui a demandé des nouvelles.

249 WILDT, Hiob de, le célèbre secrétaire de l'amirauté d'Amsterdam, qui contribua tant à faire réussir l'expédition d'Angleterre de Guillaume III en novembre 1688 par l'organisation et l'équipement de la flotte considérable, n. à Amsterdam 1638, m. dans cette ville 5 juin 1704.

L. A. S. (à Guillaume III prince d'Orange); Amsterdam 18 août 1688. — 4 p. in fol.

Remarquable lettre historique où il rend compte de ses achats de vivres, de munitions, d'équipements etc. pour la flotte, l'armée de mer et les troupes expéditionnaires d'Angleterre et de toutes les besognes qui s'y rattachent. — Il parle du L[t] amiral Willem Bastiaense Schepers et de Guillaume de Nassau seigneur d'Odyk, désignés par le prince d'Orange pour l'assister dans cette affaire.

250 WITSEN, Nicolas, bourgmestre d'Amsterdam, très actif à l'époque de l'expédition de Guillaume III en Angleterre (1688), célèbre par ses relations avec Pierre-le-Grand, n. à Amsterdam 1640, m. dans cette ville 10 août 1717.

Pièce d'amateur autogr. signée en latin de 12 lignes. — Ekslo (Flandres) 19 avril 1677. — 1 p. in 8⁶. — P.

251 WITSEN, NICOLAS.

P. S. avec 4 lignes autogr.; Amsterdam 20 août 1710. — 2 p. in fol.

Procuration par acte notarié de Johannes Stomphius pour Anthony van Goutoever.

252 HEINSIUS, Antoine, grand-pensionnaire de Hollande 1689—1720, homme d'état influent sous Guillaume III, après la mort de ce prince il continue la politique hostile et acharnée contre Louis XIV; n. 22 novembre 1641, m. 3 août 1720.

L. A. S.; La Haye 13 avril 1700. — 1 p. in 4⁰ — P.

Remerciements pour les peines qu'on a prises pour lui; — affaires du jour.

253 HEINSIUS, Antoine.

P. S. sur vélin. La Haye 29 avril 1719. — Contresignée par A. van der Heim (grand-pensionnaire 1736—46). — Sceau entre 2 papiers. — 1 p. in fol. obl.

Lettre d'investiture pour J. ten Haghe à Woudrighem (voor gronden gelegen in de Wiel en in den banne van Doorn).

254 FAGEL, François, le célèbre greffier des États-Généraux durant 64 années, neveu du grand-pensionnaire, n. 20 décembre 1659, m. à La Haye 1746.

P. S. au magistrat de la ville de Bois-le-duc; La Haye 5 décembre 1695. — Signée aussi par J. van Essen, bourgmestre de Zutfen, député de Gueldre aux États-Généraux. — 2 p. ¹/₂ in fol. — P.

Document historique. — Résolution des États-Généraux sur la requête du magistrat de Bois-le-duc pour la dispensation de charges. — Particularités sur les motifs de la pétition: la guerre ruineuse, les passages interminables de soldats étrangers ravageant les villes et la province, faisant à chaque instant des insolences insupportables, exigeant sans fin des contributions d'argent et de vivres etc. — La requête fut rejetée.

255 BERGH, Johannes van den, célèbre diplomate qui se signala dans les négociations de la guerre de succession d'Espagne et du traité de la Barrière 1704— 13, bourgmestre de Leide, n. à Leide 25 août 1664, m. dans cette ville 11 novembre 1755.

L. A. S. à son cousin ....; Bruxelles 31 août 1713. — 2 p. in 4⁰.

Remerciements des félicitations qu'on lui a adressées à l'occasion de son anniversaire; causeries affables.

256 STEYN, Pieter, grand-pensionnaire de Hollande 1749—1772, bourgmestre de Harlem, n. à Harlem 1706, m. à La Haye, 5 novembre 1772.

P. A. S.; Harlem, 7 septembre 1741. — Signée aussi par P. S. Crommelin. — 2 p. ¹/₂ in fol. — P.

Koopbrief van eenige huizen op d' eerste nieuwe gracht te Haarlem, met de namen der bewoners, beschrijving v. d. inboedel enz.

257 STEYN, Pieter.

Deux L. A. S. — I. à M. van den Berg, Bourgmestre de Leide; Harlem 9 juin 1744. — Signée aussi par P. van den Broeck. — $^1/_2$ p. in fol. — Beau cachet à ses armes. — II. 5 août 1756.

I. Il mande qu'il a ordonné de marquer de nouveau les écluses de Rynland. — II. Il parle d'une affaire de Mr. Denick.

258 STEYN, Pieter.

L. A. S. de D. Guldewagen, 11 mai 1739.

Commission pour P. Steyn, comme membre de la confrérie St. Jacques à Harlem. — Avec l'insigne de la confrérie; estampe gravée par J. Matham.

259 FAGEL, Henric, greffier des États-Généraux 1744—1790, neveu du greffier François Fagel, n. 7 décembre 1706, m. à La·Haye 19 novembre 1790.

P. S.; La Haye 11 septembre 1781. — Signée aussi par R. Sloet. — 1 p. $^1/_2$ in fol. — P.

Distribution de 2 bourses ou pensions, pour l'entretien des études, à L. C. Mazel et à I. R. Bronkhorst.

260 PARRA, Petrus-Albertus van der, gouverneur-général des Indes Orientales Néerlandaises 1761—·1775, n. à Colombo (1710?) m. à Batavia 28 décembre 1775.

L. S., en hollandais, au Padoeka Siri Sulthan Radoe Achmad Nadja Moedin, roi de Palembang; Batavia 3 juillet 1770. — Signée aussi par J. A. van der Burgh. — 1 page très grande in folio sur papier tinté à fleurs dorées. — Cachet brisé.

Pièce remarquable et exceptionnelle. — Le gouverneur-général et le conseil des Indes mandent qu'ils viennent de recevoir par l'agent de son altesse la valeur de 125.000 réaux d'Espagne accordée comme dédommagement d'une jonque et de ses marchandises spoliées et brûlées par les sujets du sultan; détails sur le mode du payement consistant en étain. Instructions curieuses pour le nombre de pikles d'étain à fournir chaque année, pas trop à la fois pour ne pas surcharger le marché etc. Prescriptions péremptoires de contrarier tout commerce de la Chine avec son empire et de confisquer chaque vaisseau chinois venant en rade de Palembang. — Remerciements des cadeaux offerts par le sultan au gouverneur gén.; énumération des cadeaux du gouverneur offerts au sultan.

261 BLEISWYK, Pieter van, grand-pensionnaire de Hollande 1772—87, pensionnaire de Delft, l'ami et le confident de Guillaume V et du duc de Brunswick, puis le partisan des États de Hollande, n. à Delft 1724, m. à La Haye 29 octobre 1790.

I. L. A. S.; 5 décembre 1774: il mande le prolongement d'un octroi etc. — II. L. S.; 24 décembre 1782: il mande qu'une proposition du prince d'Orange, concernant le drapeau de Witte a été acceptée par les États-Généraux, mais que les États de Hollande ont protesté. — P.

262 SPIEGEL, Laurens-Pieter van de, grand-pensionnaire de Hollande, 1787—94, célèbre homme d'état, ennemi déclaré de la politique de la France, n. à Middelbourg 18 janvier 1737, m. à Lingen 7 mai 1800.

I. L. A. S.; 18 septembre (1793): 1 p. in 4⁰. — II. P. A. S.; 31 juillet 1787. 1 p. in fol. — P.

Très belle lettre où il est question de la rédaction d'un mémoire sur l'armistice des alliés et de l'armée française; on lui attribue trop d'influence dans cette affaire, Lord Auckland (l'ambassadeur d'Angleterre en Hollande) et le comte de Keller en sont les auteurs. — II. Commission pour J. A. Eversdijk à Goes.

263 PAULUS, Pieter, président de la première convention nationale de la répu-

blique Batave 1796, célèbre publiciste, n. à Axel 1754, m. à La Haye 17 mars 1796.

L. A. S.; Rodenrijs 25 juin 1794. — 1 p. in 4⁰. — P.

Il renvoie un livre avec ses remerciements.

264 VALCKENAER, Johannes, membre très zélé du parti anti-stathoudérien, ambassadeur en Espagne 1796—1801, professeur de droit, n. à Franeker 12 janvier 1759, m. à Harlem 15 janvier 1821.

P. A. S. à R. J. Schimmelpenninck, ambassadeur de Hollande à Paris; (Berlin 23 octobre 1801). — 4 p. in fol.

Minute d'un mémoire relatif au remboursement de l'emprunt fait en Hollande, en faveur de l'Autriche en 1741, et hypothéqué sur la Silésie, pays cédé ensuite à la Prusse. — Valckenaer fut chargé d'une mission à Berlin, afin de stipuler avec le gouvernement prussien les arrangements sur cette affaire. Il propose dans notre mémoire au gouvernement français, l'allié de la Rép. batave, d'intervenir en se référant à la convention des deux républiques de mai 1795. — Détails curieux et intéressants sur les moyens de parvenir à une liquidation: Don d'une possession territoriale à la maison d'Orange et d'une principauté élective représentant quelques millions, comme dédommagement des pertes de cette maison en Hollande etc.

265 HOGENDORP, Dirk van, ambassadeur sous Louis Bonaparte, général de Napoléon I, gouverneur de la Pointe-orientale de Java, publiciste, n. à Rotterdam 13 octobre 1761, m. à Rio de Janeiro 5 avril 1823; — frère aîné de G. K. van Hogendorp.

L. A. S.; Novo Sion (près de Rio de Janeiro?) 17 juillet 1821. — 4 p. in 4⁰.

Intéressante lettre où il décrit les occupations de "sa vie retirée, solitaire et triste."

266 HOGENDORP, Gysbert-Karel comte de, homme d'état et publiciste, le chef principal de l'opposition contre Napoléon I en novembre 1813, et l'auteur célèbre de la restauration de la maison d'Orange en Hollande; n. à Rotterdam 27 octobre 1762, m. à La Haye 5 août 1836.

Deux L. A. S. — I à la confrérie de St. George à La Haye; 15 avril 1828. — II. à (M. Y. Suermondt à Utrecht). — 3 p. ¹/₂ in 4⁰. — III. 2 B. A. S. in 4⁰. — P.

I. Remerciements très affables pour la nomination comme membre de la confrérie, nomination qu'il ne peut accepter. — II. Il répond à une invitation de publier ses mémoires, rassemblés par son fils; il en désapprouve présentement la publication à cause de la position subalterne de son fils.

267 FAGEL, Hendrik baron, greffier des États-Généraux 1790—95, ambassadeur à Londres 1813—24, n. à La Haye mars 1765, m. dans cette ville 22 mars 1838; — petit-fils de H. Fagel (1706—90).

L. A. S. au professeur...... à Leide; Londres 12 mars 1822. — 1 p. in 4⁰.

Remerciements pour l'envoi d'un livre.

268 SCHIMMELPENNINCK, Rutger-Jan comte, 1805—1806, ambassadeur de Hollande à Paris 1798, homme d'état fort estimé par Napoléon I, n. à Deventer 30 octobre 1765, m. à Amsterdam 25 mars 1825.

Deux L. A. S. — I. en français, au citoyen Cordronier, vice-commissaire de la Rép. batave à Duynkerke; Paris 25 juin 1799. — 1 p. ¹/₂ in 8⁰. — II à sa femme Mad. C. Schimmelpenninck—Nahuys à Amsterdam; La Haye 19 octobre 1804. — 1. p. in 4⁰. — Cachet à ses armes.

I. Il mande que Jean Hoop fils est porté par erreur sur la liste des conscrits. — II. Lettre affectueuse où il mande son départ de La Haye pour Amsterdam; causeries intimes.

269 GOGEL, Isaac-Jan-Alexander, le célèbre administrateur des finances sous le roi
Louis Bonaparte, n. à Vucht (Bois-le-Duc) 10 décembre 1765, m. à Over-
veen (Harlem) 13 juin 1821.

L. A. S., en français, au roi Louis; La Haye 28 août 1803. — 1 p. in 4⁰.

Minute d'une lettre où il lui envoie quelques ducats d'èpreuve; il demande ses ordres pour le
monnayage.

270 APPELIUS, Jean-Henri, membre très actif de l'assemblée nationale de la république Batave, ministre de Louis Bonaparte et de Guillaume I, n. à Middel-
burg 1767, m. à La Haye le 12 avril 1828.

Pièce d'amateur aut. signée en latin et en français de 12 lignes. — Amsterdam 3 octobre
1809. — 1 p. in 8⁰ obl.

271 ROËLL, Willem-Frederik baron, ministre du roi Louis Bonaparte 1806—9
et de Guillaume I 1813—17, n. à Amsterdam 25 octobre 1768, m. dans
cette ville 3 janvier 1835.

I L. S. au colonel Le Comte; La Haye 15 mai 1804. — II L. A. S. à Dorn-Seiffen,
conrector à Utrecht; La Haye 2 novembre 1815. — 2 p. in 4⁰.

I. Il mande sa nomination comme membre de la commission chargée du soin des pauvres. —
II. Il fait ses excuses de ce qu'il n'a pas réussi à le faire nommer professeur, mais il se propose
de faire autant la prochaine fois; l'occasion se présentera bientôt.

272 MAANEN, Cornelis-Felix van, ministre de la justice du roi Louis Bonaparte 1806—
10, conseiller d'état et premier président de la cour d'appel sous Napoléon I
1810—13, ministre de la justice sous Guillaume I 1813—1842, n. à La Haye
9 septembre 1769, m. à La Haye 14 février 1849.

I L. S., en français, au président du tribunal de première instance séant à La Haye;
La Haye 12 août 1813. 1 p. in fol. — II L. A. S.; La Haye 10 octobre 1830, ¹/₂
p. in 4⁰. — 2 P.

I. Il le prévient que pour la célébration de la fête de l'empereur, notre auguste souverain, les
membres des autorités judiciaires doivent se réunir en grand costume en son hôtel, pour se rendre
en cortège au temple; détails sur cette cérémonie. — II. Il renvoie un mémoire qu'il a signé
et commenté.

273 FAGEL, Robert baron, général, ambassadeur à Paris 1815—54, n. à La
Haye 10 mars 1771, m. à Paris 26 décembre 1856; — petit-fils de H. Fagel
(1706—90).

Deux L. A. S. à son excellence....; Loo 10 septembre 1826. — 1 p. in 4⁰. — I Genève
18 novembre 1834. — 1 p. in 8⁰.

I. Il mande son départ pour La Haye etc. — II. Envoi d'une lettre pour M. van Reede etc.

274 DUYN VAN MAASDAM, Adam-François-Jules-Armand comte van der, le
célèbre promoteur de l'indépendance de la Hollande en 1813, n. à Déventer
13 avril 1771, m. à La Haye 19 décembre 1848.

Deux L. A. S. — I La Haye 17 mars 1820. 1 p. ¹/₂ in 4⁰. — II à J. Z. Mazel; La Haye
11 janvier 1848. 1 p. in 4⁰. — Cachet à ses armes.

I. Sur l'inondation. — II. Il lui envoie une lettre pour M. v. d. Capellen; lettre très affable.

275 VERSTOLK VAN SOELEN, Jan-Gysbert, ambassadeur, célèbre amateur et
collectionneur de tableaux et d'estampes, n. à Rotterdam 21 mars 1776, m.
à Soelen 3 novembre 1845.

Deux L. A. S. à J. Z. Mazel à La Haye; La Haye 21 mai 1833; et Vienne 8 septembre 1834. — 2 p. in 4⁰. — Cachet à ses armes.

I. Renseignements pour un séjour à Londres. — II. Il mande des particularités sur des cabinets de tableaux et d'estampes à Vienne et parle de ses acquisitions pendant sa tournée en Allemagne.

276 KEMPER, Johan-Melchior, savant jurisconsulte, un des principaux auteurs de la révolution de 1813, n. à Amsterdam 26 avril 1776, m. à Leide 20 juillet 1824.

Deux L. A. S. — I à C. J. C. Reuvens (célèbre philologue à Leide); s. d. — II à W. v. d. Jagt à La Haye; Leide 20 juin 1818. — III B. A. S. 1822. — 3 p. in 4⁰. — P.

I. Lettre amicale où il le remercie des œuvres de Longin. — II. Affaire de payement.

277 FALCK, Anton-Reinhard, célèbre diplomate et ministre du roi Guillaume I, ambassadeur à Bruxelles 1839—43, n. à Utrecht 19 mars 1777, m. à Bruxelles 16 mars 1843.

Deux L. A. S. à J. Z. Mazel à La Haye; Bruxelles 30 novembre 1839 et 13 octobre 1841. — 4 p. in 4⁰. — Cachet à ses armes. — P.

I Lettre très affable, il lui envoie "deux cassaitte à papiers officiels" pour la légation à Paris etc. — II Il parle de la démission de M. Verstolk, du départ. des aff. étr., du comte Liedekerke et d'un mariage proposé du fils du comte avec une riche demoiselle van Dopff de Maestricht, causeries sur cette affaire.

278 CAPELLEN, Goderd-Alexander-Gerard-Philip baron van der, gouverneur-général des Indes Orientales Néerlandaises, 1815—1826, n. à Utrecht 15 décembre 1778, m. à Vollenhoven 10 avril 1849.

L. A. S. à J. Z. Mazel à Paris (1845). — 1 p. in 8⁰.

Lettre très affable.

279 CELLES, Antoine P. F. G. Visscher comte de, le préfet dévoué et sévère du département du Zuyderzee sous Napoléon I, ambassadeur des Pays-Bas à Rome 1826—29, n. à Bruxelles le 10 octobre 1779, m. 1 novembre 1841.

L. A. S. au baron Verstolk de Soelen, ministre des aff. étr. à Bruxelles; Rome 15 février 1827. — ¹/₂ p. in 4⁰.

Envoi d'un paquet d'objets d'art du graveur Cerbara pour l'académie des Beaux-arts d'Anvers.

280 STASSART, Gossidin-Joseph-Augustin baron de, préfet des Bouches-de-la-Meuse en Hollande sous Napoléon I, député belge aux États-Généraux sous Guillaume I et un des chefs de l'opposition, littérateur distingué, n. à Malines 2 septembre 1780, m. 10 octobre 1854.

Deux L. S. à M. Steyn Parvé, président du Tribunal de 1ᵉ instance à La Haye; La Haye 13 juin et 11 décembre 1812. — 2 p. in 4⁰.

I. Il l'informe qu'il procédera à l'installation du tribunal de Commerce dans le local au Binnenhof. — II. Il propose la maison d'Amsterdam (*les archives de l'état*) comme local pour le tribunal au lieu de celui au Binnenhof.

281 STASSART de.

L. A. S. à M. Collin de Plancy, homme de lettres, au bureau de l'émancipation à Bruxelles; Bruxelles 29 novembre 1834. — ³/₄ p. in 4⁰.

Sur des projets littéraires que Collin vient de lui proposer. — Ajouté deux: L. A. S. 3 janv. et 12 août 1823.

282 POLARI, Constant, condamné pour vol des diamants et joyaux de la princesse d'Orange au palais de Bruxelles le 25 et 26 septembre 1829, n. à Wicq (Suisse) en 1782.

Deux L. A. S., en français, I à M. le juge d'instruction (le baron van den Venne). — II à M. Boomen, concierge de la maison de détention à La Haye. — 3 p. in 4⁰. — P.

I. Renseignements sur son procès. — II. Il l'importune pour avoir du papier à écrire, qu'on paraît lui avoir refusé.

FRANCE

283 MORNAY, Philippe de, seigneur du Plessis-Marly, célèbre Huguenot, confident intime de Henri IV, publiciste savant, n. à Buhy (Normandie) 5 novembre 1549, m. à Laforêt-s.-Sèvre (Poitou) 11 novembre 1623.

Belle pièce d'album autogr. signée en latin et en grec, de 4 lignes; 21 décembre 1607.

284 THOU, Jacques-Auguste de, baron de Meslay, président du Tribunal de justice (le parlement) à Paris, ambassadeur de France dans les Provinces-Unies; — frère de François-Auguste de Thou, l'infortuné complice de Cinq-Mars.

L. S. avec la souscription et la date autogr. à l'évêque de Trolles; La Haye 20 juillet 1657. — 3 p. in fol.

Belle et remarquable lettre où il mande "par ordres très précis du Roy" satisfaction pour un religieux, le père César "françois et domestique des ambassadeurs de S. M. très chréstienne condamné et expulsé, absent et sans être ouy, n'y deffendu. Le roy mon maistre désire et m'a commandé la sollicitation de son retour, sa dignité Royalle se trouvant offensée et la réputation de ses Ministres blessée." — Détails curieux sur cette affaire, qu'on qualifia "en effect d'intrigue et de caballe."

285 COLBERT, Jean-Baptiste, ministre de Louis XIV, n. à Paris 29 août 1619, m. à Paris 6 septembre 1683.

P. S., quittance de A. Sablon, procureur postulant à la cour de parlement à Paris pour ce qu'il a été taxé au conseil du roi, 9 janvier 1671. — Contresignée par Dumetz. — P.

286 LOUVOIS, François-Michel-Letellier marquis de, l'illustre ministre de la guerre de Louis XIV, n. à Paris 18 janvier 1639, m. à Versailles 16 juillet 1691.

L. S. à M. Silvestre; Versailles 26 décembre 1689. — 1 p. in fol.

Il lui ordonne au nom du roi d'examiner les charges vacantes des officiers de son inspection, d'en dresser un mémoire et de dresser également un mémoire des officiers absents de leur charge depuis la campagne.

287 BERNIS, François-Joachim-Pierre cardinal de, ministre de Louis XV, écrivain distingué, membre de l'Académie française, n. à St. Marcel (Ardèche) 22 mai 1715, m. à Rome 2 novembre 1794.

L. A. S. au cardinal de Luynes; Alby 27 mai 1765. — 1 p. ¹/₄ in 5⁰.

Il envoie le mémoire du prieuré des dames de Longueville de son diocèse; excuses de l'avoir fait attendre; emploi de son temps.

288 MALESHERBES, Chrétien-Guillaume de Lamoignon de, le miministre intelligent de Louis XVI, qu'il défendit devant la convention, membre de l'Académie française, n. à Paris 6 décembre 1721, décapité 22 avril 1794.

I L. A. 1791. — $^1/_2$ p. in 4⁰. — I P. A. 1 p. in 8⁰.

I. Il demande de communiquer un projet avec les changements à M. de Varenne (décapité 2 février 1794). — II Notices concernant les charges dépendant de la maison du roi.

289 LEBRUN, Charles-François, duc de Plaisance, troisième consul 1799, architrésorier 1804, gouverneur de Hollande 1810, n. 19 mars 1739, m. 16 juin 1824.

L. A. S. á M...; Paris 6 brumaire (27 octobre) 1802. — $^1/_2$ p. in 4⁰. — Tête imprimée.

Il recommande le citoyen Souville. — Signée: Lebrun.

290 LEBRUN, Charles-François.

L. A. S. à M. le grand-maître de l'université impériale; Paris 9 mars 1806.

Il recommande M. Vincens St. Laurent pour une place de lecteur à Nîmes et le loue fortement. — Signée: Lebrun.

291 LEBRUN, Charles-François.

Trois L. S. au Château-du-Bois (La Haye) 23 juillet 1811; Amst. 17 nov. 1812 Amst. 24 nov. 1812. — Signées: Le duc de Plaisance.

292 MIRABEAU, Honoré-Gabriel Riquetti comte de, le plus célèbre représentant et orateur de la révolution de 1789, n. à Bignon (Nemours) 9 mars 1749, m. à Paris 2 avril 1791.

L. A. S. à M. de Pommier, directeur des Pépinières du roy à Nemours; 22 décembre 1781. — $^1/_2$ p. in 4⁰. — Cachet à ses armes brisé. — P.

Remerciements très affables et très reconnaissants au nom de son père de l'envoi d'une espèce d'arbre.

293 MIRABEAU, Honoré-Gabriel Riquetti comte de.

L. A. à M. Trochot; 1 janvier 1791. — $^1/_2$ p. in 8⁰.

Curieuse lettre: „J'ai été vous chercher hier et vous attendre rue de l'échelle selon notre „convention, et voila que je supplée à votre étourderie ce matin; puisse cette louable habitude „vous conduire encore deux ou trois demi siècles; toujours est il que la datte de l'année changera tant qu'elle voudra, mais que je ne changerai jamais pour vous."

294 GRÉGOIRE, Henri, député aux États-Généraux, membre de la convention, évêque constitutionnel de Blois, un des plus chauds partisans de la révolution, n. à Viho 4 décembre 1750, m. à Paris 28 avril 1831.

L. A. S. à Altheer, libraire à Utrecht; Paris 12 avril 1804. — 1 p. in 4⁰. — Cachet à ses armes.

Il demande des renseignements à propos d'un livre sur le duel, et désire recevoir d'autres livres dont il nomme les titres.

295 LALLY-TOLLENDAL, Trophime-Gérard, marquis de, membre des États-Généraux 1789, un des nobles qui se réunirent au tiers-état, puis homme d'état légitimiste influent sous la restauration, n. 1751, m. 1830; — fils naturel du comte de Lally, décapité 1766.

Deux L. A. S. au comte de Coëllosquet; Auteuil 26 mai 1822 et 2 septembre 1823. — 5 p. in 4⁰.

Très belles lettres remplies de causeries familières: politique, affaires du jour etc.

296 CARNOT, Lazare-Hippolyte-Marguerite, un des plus fameux acteurs de la révolution, membre du Comité de salut public et du Directoire exécutif, l'organisateur des armées républicaines, n. à Nolay 13 mai 1753, m. en exil à Magdebourg 2 août 1823.

L. S. au général Hoche, commandant de l'armée des côtes de l'océan; Paris 1 messidor an IV (19 juin 1796). — Signée également par Revellière-Lepeaux et Letourneur, (membres du Directoire exécutif 1795—99). — Tête imprimée. — 3 P.

Ils le chargent d'employer dans la 1re expédition d'Irlande le chef de bataillon Walsh.

297 TALLEYRAND PÉRIGORD, Charles-Maurice prince de, le diplomate par excellence, n. à Paris 3 février 1754, m. à Paris 17 mai 1838.

L. A. à la troisième personne comme prince de Talleyrand, au baron de Gagern (ambassadeur des Pays-Bas); Cocherette 26 avril 182 . — ¹/₂ p. in 4⁰. — 2 P.

Il mande la réception de sa lettre et dit combien il est sensible au bienveillant souvenir, exprimé dans son billet.

298 MARRON, Paul-Henri, pasteur de l'église réformée de Paris et président de son consistoire, il se fit connaître dans des démêlés avec de Beaumarchais et d'autres personnages de la révolution, n. à Leide 12 avril 1754, m. à Paris en juillet 1832.

L. A. S. à (Henri Daniel) Guyot (le fondateur de l'asile des sourds-muets) à Groningue; Paris 27 avril 1822. — 4 p. in 4⁰. — 2 P.

Belle et intéressante lettre de causeries amicales sur plusieurs sujets.

299 SALICETI, Christophe, député à la convention nationale et au conseil des cinq-cents, n. à Bastia 1757, m. 1809.

P. S. fait au Port de la montagne 23 nivôse (12 janvier) 1795. — 1 p. in 4⁰. — Tête impr.: Les représentants du peuple près les armées et les départements du midi.

Commission de Nicolas Martin comme concierge de la maison dite de l'évêché, où sont logés les représentants du peuple. etc.

300 FESCH, Joseph cardinal, archevêque de Lyon, célèbre par ses démêlés avec Napoléon I, n. à Ajaccio 3 janvier 1763, m. 13 mai 1839.

L. A. S. à Madame....; Rome 19 février 1805. — 1 p. in 4⁰.

Belle lettre où il la remercie d'une lettre anonyme qu'il s'imagine être d'elle, par laquelle il reçoit des nouvelles de sa sœur; il regrette de ne pas avoir une place pour son fils, mais celui-ci fera son avancement indépendamment de cela. etc.

301 PRIEUR-DUVERNOIS, Claude-Antoine, député de la Côte d'Or, membre du Comité de salut public, le célèbre fondateur de l'école polytechnique et de l'établissement du système décimal, n. à Auxonne 2 décembre 1763, m. à Dijon 11 août 1832.

L. S. au chef d'administration de la marine au port de la Montagne; Paris 21 nivôse, an II (10 janvier 1794). — Signée également par (L. N. M) Carnot (1753—1823). — 1 p. ¹/₂ in fol. — Vignette et tête imprimée du comité de salut public.

Les forges de la chaussade étant les seules qui soient équipées pour fabriquer les fers particulièrement propres au service de la marine, il est nécessaire que les ouvriers soient uniquement occupés à ce genre de service. — Prescriptions détaillées sur cet arrangement.

302 RICHELIEU, Armand-Emmanuel du Plessis duc de, colonel en service russe sous Suvarov, gouverneur de la *Nouvelle Russie*, ministre d'état sous Louis XVIII, membre de l'Académie française, n. à Paris 25 septembre 1766, m. à Paris 17 mai 1822.

L. A. S. au général Antoine de Jumilhac, son frère; Paris 24 juin. — $^3/_4$ p. in 8⁰. — P.

Très belle et amicale lettre où il est question d'une sotte anecdote insérée dans l'Allgemeine Zeitung, qu'il a méprisée, comme il lui conseille de faire de même, il ne faut rien faire pour obtenir une défaveur; *on n'affaiblira rien à l'estime qu'on vous accorde, ni à votre considération.*

303 CONSTANT DE REBECQUE, Benjamin, célèbre orateur et publiciste, ami de mad. de Récamier et de mad. de Staël, n. à Lausanne 23 octobre 1767, m. à Paris 8 décembre 1830.

L. A. S. au ministre de l'intérieur; Paris 12 août 1819. — 2 p. in 4⁰. — P.

Belle lettre où il est question de mad. Giroust et de monsieur de Pradel.

304 CAPELLE, Guillaume-Antoine-Benoit baron, fameux fonctionnaire de Napoléon I, ministre de Charles X, n. à Sales Curan 9 septembre 1775, m. 1843.

Deux L. A. S., I au prince d'Olgorouky, ambassadeur de Russie à La Haye; Londres 14 septembre 1833. — 3 p. in 4⁰. — II à M. Box à Bruxelles. — 1 p. in 8⁰.

I Observations détaillées sur une commission dont il était chargé.

305 GUIZOT, François-Pierre-Guillaume, ministre célèbre sous Louis-Philippe, historien éminent, membre de l'Académie française, n. à Nîmes 4 octobre 1787, m. au Val-Richer (Calvados) 12 septembre 1874.

Trois L. A. S. 1845 et 1860. — 3 p. in 8⁰.

I Réponse à une invitation à dîner. — II Belle lettre de remerciements à l'académie royale d'Amsterdam pour un nouveau volume de mémoires. etc.

306 GUIZOT, François-Pierre-Guillaume.

L. A. S. à F. Buloz, directeur de la Revue des deux mondes à Paris; Trouville 27 août 1850. — 2. p. in 8⁰. — Enveloppe à l'adresse autogr. — P.

Belle lettre où il répond à l'invitation de contribuer de nouveau à la Revue; il parle d'un article de M. de Lavergne, qu'il dit être excellent et qui a causé la plus vive satisfaction au roi et à tout Claremont.

307 FIESCHI, Joseph-Marie, le conspirateur contre le roi Louis-Philippe, n. à Marato (Corse) 1790, décapité 19 février 1836.

B. A. S. à M. Peanteau; — timbre de la maison de détention. — P.

Il le prie de descendre un instant à la promenade.

308 THIERS, Marie-Joseph-Louis-Adolphe, célèbre homme d'état et historien, ministre des affaires étrang. 1836 févr.—août, président de la 3e république 1871—73, n. à Marseille 15 avril 1797, m. à St. Germain en Laye 3 septembre 1877.

L. S. à M. de Fabricius, chargé d'affaires des Pays-Bas; Paris 1 avril 1836. — 1 p. in fol. — Tête imprimée. — P.

Renseignements *sur la qualité de nobles des sieurs Rémond.*

309 THIERS, Marie-Joseph-Louis-Adolphe.

> L. A. S. à G. de la Rosière (auteur de la „Soirée d'un diable au bal costumé du prince d'Orange à La Haye 1841") à la légation de France à La Haye; La Haye (1840). — $^3/_4$ p. in 8⁰. — Enveloppe à l'adresse autogr. signée. — Cachet à ses initiales. — P.

> Curieuse lettre où il lui annonce son arrivée à La Haye, après cent aventures, plus ennuyeuses que comiques.

310 CARREL, Armand, l'ardent polémiste et publiciste républicain, n. à Rouen 8 mai 1800, m. dans un duel avec Émile de Girardin 24 juillet 1836.

> L. A. S. à M. Garo, ministre Américain. — 1 p. in 8⁰.

> Il mande qu'il viendra le visiter avec M. Dubartin.

ALLEMAGNE – AUTRICHE

311 HARDENBERG, Charles-Auguste prince de, le grand chancelier et le célèbre réorganisateur de Prusse, n. à Essenrode (Hanovre) 31 mai 1750, m. à Gênes 26 novembre 1822.

> L. A. à la troisième personne en français au baron de Gagern (ambassadeur des Pays-Bas); Paris 31 juillet. — $^1/_2$ p. in 4⁰.

> Demande de faire passer ʺles deux inclusesʺ au roi et à la reine des Pays-Bas.

312 HARDENBERG, prince de

> L. S. avec souscription autogr. au baron de Gagern, ambassadeur des Pays-Bas à Berlin; Berlin 18 juin 1816. — 1 p. in 4⁰.

> Il mande la réception d'un mémoire concernant le règlement des rapports des Pays-Bas à la confédération germanique. Il l'approuve grandement et en prévoit un bon accueil auprès de la diète.

313 MARTENS, Guillaume-Frédéric de, diplomate et publiciste allemand, le célèbre fondateur du ʺRecueil de Traitésʺ, n. à Hambourg 22 février 1756, m. à Francfort 21 février 1821.

> L. A. S. à la librairie de Dietrich à Gottingue; Francfort 7 juillet 1816. — 2 p. $^1/_2$ in 4⁰.

> Intéressante lettre sur la publication du Recueil de Traités; détails curieux.

314 HATZFELDT, François-Louis prince de, ministre de l'extérieur de Prusse pendant l'occpation française de Berlin 1806, ambassadeur aux Pays-Bas et en Autriche, n. 23 novembre 1756, m. à Vienne 3 février 1827.

> L. A. S., en français, à son excellence (A. W. C. baron de Nagell d'Ampsen); (Paris septembre 1824). — 2 p. in 4⁰.

> Il parle d'un projet de note, dont il a écrit au comte de Bernstoff; il le fera adresser à Bruxelles; causeries de familles; il mande que le couronnement du roi (Charles X de France) est fixé au 19 et que la reine n'y sera point admise; cet évènement inspire de l'inquiétude, mais les mesures sont bien prises.

315 GAGERN, Jean-Christophe-Ernst baron de, homme d'état et publiciste, ambassadeur des Pays-Bas au congrès de Vienne et auprès de la confédération

germanique 1818; n. à Kleinniederheim 25 janvier 1766. m. à Hornau (Francfort) 22 octobre 1852.

L. A. S., en français, à (A. W. C. baron de Nagell d'Ampsen), ministre des aff. étrang. à La Haye. — Hornau 30 octobre 1818. — 1 p. in 4⁰.

Envoi d'une lettre sur la régularisation de l'émigration pour M. Adams, secrétaire d'état à Washington.

316 BÜLOW, Henri baron de, ministre de Prusse, ambassadeur à Londres d'une grande influence dans les conférences sur les affaires hollando-belges 1831—39, n. à Schwérin 16 septembre 1792, m. à Berlin 6 février 1846.

Deux L. A. S., I en français, à (M. Dedel, ministre des Pays-Bas à Londres); 1833. — II en allemand; Francfort 14 décembre 1841. — 1 p. in 8⁰. et in 4°.

I Demande de viser le passeport de M. Mendelssohn Bartholdi pour Rotterdam. — II Regrets de ne pouvoir assister à la diète de Francfort etc.

317 BISMARCK, Otto-Edouard-Léopold prince de, l'illustre chancelier de l'empire d'Allemagne, n. à Schoenhausen 1 avril 1815.

Fragment d'une lettre autographe signée (septembre 1865). — ¹/₂ p. in 4⁰.

Il mande qu'un retard l'empêche de venir à temps à Berlin et demande de se faire excuser auprès de sa Majesté par un des ministres.

318 KAUNITZ-RIETBERG, Venceslas-Antoine prince de, le célèbre chancelier et confident de Marie Thérèse, n. à Vienne 2 février 1711, m. 27 juin 1794.

L. S., en français, à M. de Bisschofswerder, gén. maj. d. armées du roi de Prusse à Berlin; Vienne 24 avril 1792. — 2 p. in 4⁰. — Enveloppe et cachet.

Il mande qu'il est en possession de quatre chevaux asiatiques; il en décrit la provenance, les qualités etc., veut s'en débarrasser et lui fait des propositions pour l'achat.

319 GENTZ, Frédéric de, diplomate et publiciste, ennemi de Napoléon I, n. à Breslau 2 mai 1764, m. à Weinhaus (Vienne) 1832.

L. A. S. au prince de.... s. d. — ¹/₂ p. in 8⁰. — P.

Il mande qu'il a trouvé assez remarquables deux essais du "Mercure", rédigé par de Montlosier.

320 METTERNICH, Clément-Wenceslas-Népomucène-Lothaire prince de, le célèbre chancelier de l'Autriche, n. à Coblentz 15 mai 1773, m. à Vienne 11 juin 1859.

L. A. S. à M. Joseph de Crumpipen à Bruxelles; Paris 11 février 1809. — 1 p. in 4⁰. — Enveloppe à l'adresse autogr. et cachet à ses armes. — P.

Superbe lettre en réponse à la notification de la mort de M. de Crumpipen père, qu'il loue fortement.

321 METTERNICH, Prince de.

L. S. à M. von Mieg, ministre de Bavière et envoyé à la Diète; Vienne 11 mai 1834. — 1 p. in 4⁰.

Convocation à la chancellerie.

322 SCHWARZENBERG, Félix-Louis-Jean-Frédéric prince de, capitaine et diplomate célèbre, qui réprima la révolution en 1848, n. à Krumau (Botume) 2 octobre 1800, m. à Vienne 5 avril 1852.

L. A. S., en français, au baron.... 28 janvier. — 1 p. in 8⁰.

Il renvoie une lettre qu'il lui a communiquée.

323 KOSSUTH, Louis, publiciste et ardent orateur, ministre des finances 1848, chef de la révolution en 1849, n. à Monok 27 avril 1802.

L. A. S. au comte François Zichy; Pesth 20 avril 1848. — $^1/_2$ p. in fol.

Belle lettre où il est question d'un contrat de ferme; il requiert hardiment l'arrangement de cette affaire, sous peine d'enquête parlementaire.

ANGLETERRE

324 LEYCESTER, Robert Dudley comte de, le favori de la reine Élisabeth, général des troupes auxiliaires anglaises aux Pays-Bas 1585—87, n. 1533, m. à Londres 4 septembre 1588.

P. S., en hollandais; La Haye 16 octobre 1587. — 1 p. in fol. — P.

Passeport pour le capitaine de vaisseau Jan Mautse pour Cologne.

325 PORTLAND, Jean-Guillaume baron Bentinck comte de, l'ami dévoué de Guillaume III d'Orange, son confident intime et très actif dans son entreprise contre l'Angleterre en 1689, n. à Schoonheten (Pays-Bas) 3 mars 1651, m. à Bulstrode (Buckinghamshire) 4 novembre 1709.

L. A. S., en hollandais, à M. Cuper; Whitehall 2 décembre 1689. — 2 p. in 4⁰.

Lettre historique. Il s'afflige du retard des conférences du congrès, causé principalement par l'empereur; et des querelles qui se présentent de nouveau entre les princes allemands. Il conseille, en vue des évènements qui se préparent, d'éviter toute difficulté.

326 CANNING, George, ministre et diplomate célèbre, orateur, n. à Londres 11 avril 1770, m. à Chiswick 8 août 1827.

P. A. S. sans adresse ni date: excuses de ne pas avoir communiqué la réception d'une lettre. — P.

327 O'CONNELL, Daniel, le plus célèbre des Irlandais du 19ᵉ siècle, n. à Carren (comté de Kerry) 6 août 1775, m. à Gênes 15 mai 1847.

Pièce d'amateur autogr. signée, contenant ces mots: Daniel O'Connell M. P. for the county of Cork, Menin-square, Dublin 7 september 1843. Written for B. M. Tabuteau Esq. (consul des Pays-Bas à Dublin). — P.

328 BROUGHAM, Henry baron, célèbre orateur et publiciste, jurisconsulte et homme d'état éminent, n. à Édimbourg 19 septembre 1778, m. à Cannes 9 mai 1868.

L. A. S., en français, (au baron R. Fagel). — 1 p. $^1/_4$ 8⁰.

Il lui envoie une épreuve de l'ouvrage sur les gouvernements que publiera la Société des connaissances utiles (à Londres) et demande son opinion.

329 BROUGHAM, Henry baron.

L. A. S., en français, au même, à (Paris); (Paris) s. d. — Pièce deux fois signée. Cachet à ses armes.

Lettre amicale pour l'inviter à dîner.

8

330 RAFFLES, Thomas Stamford, gouverneur de Java pendant la domination anglaise de cette île 1811—1815, savant orientaliste, n. à la Jamaïque 6 juillet 1781, m. à Highwood Hill 4 juillet 1826.

L. A. S. à Thomas Horsfield (célèbre naturaliste); Singapore 21 avril 1823. — 1 p. in 4⁰.

Il mande l'envoi de 10 caisses d'objets d'histoire naturelle. — etc.

331 ABERDEEN, George Hamilton Gordon comte, ministre des affaires étrangères, n. à Édimbourg 28 janvier 1784, m. à Londres 14 décembre 1860.

L. A. S. à M. S. Dedel (ministre des Pays-Bas à Londres); Foreign-office 27 avril 1843. — 1 p. in 8⁰.

Il lui promet d'envoyer un ex. du traité de poste et de celui avec la France, aussitôt qu'il sera ratifié.

332 PALMERSTON, Henry-John Temple vicomte, célèbre ministre et diplomate, n. à Broadlands 20 octobre 1784, m. à Brockett-Hall 18 octobre 1865.

L. A. S., en français, au comte de Jennison; 2 décembre 1834. — 1 p. ½ in 4⁰. — P.

Belle lettre où il se plaint vivement de ne pas l'avoir remercié de vive voix avant son départ de Londres, d'une lettre obligeante en réponse à sa circulaire. — etc.

333 PEEL, Sir Robert, un des plus célèbres ministres anglais, orateur et publiciste, n. à Chamber-Hall 5 février 1788, m. à Londres 2 juillet 1850.

L. A. S. à M. S. Dedel, ministre des Pays-Bas à Londres; Draytonmanor 19 octobre 184 . — 7 p. in 8⁰. — P.

Très belle lettre d'invitation pour le prince Alexandre des Pays-Bas (fils du roi Guillaume II) et sa suite; arrangements détaillés pour la réception, après le départ. du grand-duc Michael, son hôte à ce moment.

334 PEEL, Sir Robert.

L. A. S. à M. Smith, New-bond-street, Londres; 15 mai 1835. — ½ p. in 8⁰. — Pièce deux fois signée.

Demande de lui envoyer le "Ruysdael".

335 RUSSELL, John comte, le célèbre chef du parti Whig, savant publiciste, n. à Londres 18 août 1792, m. 28 mai 1878.

L. A. S. au chevalier O. W. J. Berg van Middelburgh, secrétaire de la légation Néerlandaise (Londres); Chesham-place mars 1860. — 2 p. in 8⁰. — Enveloppe à l'adresse autog. signée et avec ses armes.

Belle lettre contenant une invitation à dîner chez la reine Victoria pour le prince Frédéric des Pays-Bas.

336 RUSSELL, John Comte.

L. A. S. au baron A. A. Bentinck à Nyenhuis; 23 octobre. — 1 p. in 8⁰. — Papier timbré: foreign office.

Invitation de venir le voir.

337 CLARENDON, George-William-Frederick Villiers comte de, grand diplomate et ministre, Lord-Lieutenant d'Irlande 1847—52, n. 12 janvier 1800, m. à Londres 27 juin 1870.

L. A. S. au baron A. A. Bentinck à Nyenhuis, ministre des Pays-Bas, Grosvenor Crescent (Londres) 23 juillet 1857. — 4 p. in 8⁰.

Très belle lettre concernant le voyage de la reine des Pays-Bas en Angleterre; il mande l'arrangement fait par la reine Victoria de la recevoir à Osborne, en rapport avec la visite de l'empereur et du prince Napoléon en août.

338 COBDEN, Richard, le célèbre promoteur du libre échange, n. à Dunford (Essen) 3 juin 1804, m. à Londres 2 avril 1865.

L. A. S. à M. J. Buloz, directeur de la Revue des deux Mondes à Paris; Manchester 19 décembre 1845. — 6 p. in 8°. — Tête imprimée: „National anti-corn-law league.

Lettre remarquable. Il répond à une demande du directeur de la Revue de recevoir des matériaux pour un essai historique sur la Ligue; lui donne des renseignements autant que cela est possible, et l'invite à venir le voir à Manchester et à parcourir les archives, qui lui seront tout librement ouvertes. — etc.

ESPAGNE – ITALIE

339 GODOY, don Emmanuel, prince de la Paix, le favori de la reine Louise-Marie, fameux par ses intrigues avec Napoléon I contre l'Espagne, n. à Badajoz 12 mai 1767, m. à Paris 7 octobre 1851.

L· A. S. au Dr. Juan-Ignacio Barril à Madrid; Paris 31 mars 1836. — 1 p. in 8°

Il parle de la suspension en Espagne de ses mémoires traduits du français, de la satisfaction qu'il éprouvera en trouvant un bon accueil en Espagne, ainsi qu'on lui fait entrevoir, mais cette idée flatteuse n'est qu'un rêve, l'air de sa chère patrie est trop envenimé par la calomnie, c'est un rêve de l'âme sans espérance. (Il fut exilé et ses biens confisqués en 1808). — etc.

340 CONSALVI, Ercole, cardinal et célèbre homme d'état, ministre du pape Pie VII, n. à Rome 8 juin 1757, m. à Rome 24 janvier 1824.

L. A. S. à son neveu le comte Brigadier Paryari (?) à Rome; Montopoli 17 octobre 1813. — 1 p. in 4°. — Cachet.

Il regrette de ne pas avoir reçu de nouvelles du colonel Appony. — etc.

341 CONSALVI, Ercole.

L. A. S. au comte Joseph Alborghetti à Bologne; Montopoli 18 octobre 1813. — 1 p. in 4°. — Cachet.

Très belle lettre; il lui mande très affablement la réception de sa lettre, le remercie du contenu et se recommande pour lui être utile.

342 CAVOUR, Camillo Benso comte de, le célèbre promoteur de l'unité italienne, n. à Turin 10 août 1810, m. à Turin 6 juin 1861.

L. S., en français, au comte van der Duyn, chargé d'affaires des Pays-Bas; Turin 15 août 1856. — 1 p. in 8°. — Tête imprimée.

Il le prévient de sa présentation au roi par le doyen du corps diplomatique, M. James Hudson.

RUSSIE

343 ROMANZOW, comte Nicolas, le célèbre chancelier d'Alexandre I, qui négocia avec Napoléon I, lettré savant, n. 1750, m. janvier 1826.

L. A. S., au général.... — 1 p. in 8⁰. — Cachet à ses armes.

Il demande si M. de Felkersam est nommé pour se rendre sous les ordres du pr. de Zizianov. etc.

344 SUCHTELEN, Jean-Pierre comte de, célèbre général et diplomate russe d'origine hollandaise, n. à Grave (Pays-Bas) 2 août 1751, m. à Stockholm 18 janvier 1836.

L. A. S., en français, au comte de Hemricourt; (Stockholm) 1 mai 1834. — 1 p. in 8⁰. — Cachet.

Remerciements pour les pièces autographes qu'il a reçues pour sa collection; il a des doubles qu'il lui enverra et il se flatte de pouvoir le satisfaire.

345 POZZO DI BORGO, Charles-André comte, célèbre ambassadeur de Russie à Paris et à Londres, le diplomate antagoniste acharné de son compatriote Napoléon I, n. à Alala (Corse) 8 mars 1764, m. à Paris 15 février 1842.

L. A. S., en français, au baron de Maltitz, ministre de Russie à La Haye; Londres 22 avril 1838. — 1 p. in 4⁰.

Envoi d'une lettre pour le comte Stroganow (ambassadeur extraord. de l'empereur de Russie, pour assister au couronnement de la reine Victoria) avec prière de la lui remettre à son passage à La Haye.

346 TATICHTCHEW, Démétrius-Paulovitsch, célèbre diplomate, ambassadeur russe à Madrid et à Vienne, n. 1769, m. à Vienne 30 septembre 1845.

L. A. S., en français, à son excellence....; (1 mai 1834). — 1 p. in 8⁰.

Il mande que M. Ancillon (ministre d. aff. étr. du roi Frédéric Guillaume III) est décidé à quitter Vienne; et conseille de mettre à profit le peu de jours qui restent pour mener à bonne fin l'affaire qui les occupe.

347 STROGANOW, Grégroire-Alexandrovitch comte de, célèbre ambassadeur russe à Constantinople, n. à Moscou 1770, m. à St. Pétersbourg 19 janvier 1857.

L. A. S, en français, au prince Dolgorouky, 1ʳ secr. de la légation russe à La Haye; Dresde 21 avril 1836. — 1 p. in 4⁰. — Papier à ses initiales; cachet brisé.

Belle lettre amicale. Il mande que, pendant six semaines, il va prendre les bains de mer (à Schéveningue) et le charge de lui choisir un appartement; «si vous me logez dans une maison parti-«culière mon cuisinier me sera absolument nécessaire, quoique je recule d'organiser un nouveau ménage.»

348 CAPODISTRIAS, Jean-Antoine comte de, diplomate russe, le célèbre président de la Grèce 1828, n. à Corfou 11 février 1776, assassiné à Naupli 9 octobre 1831.

L. A. S., en français, à M. Lobenski; Genève 14 novembre 1825. — 1 p. in 4⁰. — P.

Causeries affables sur q. q. commissions, dont il le charge; il demande des catalogues et cause sur l'achat de livres; sa bibliothèque va être transportée par Le Havre en 11 caisses, il demande des informations. — etc.

349 CAPODISTRIAS, Jean-Antoine comte.

L. S., en français, au vice-amiral comte Heiden; Egine 14 janvier 1829. — 1 p. in 4⁰.

Belle lettre; il envoie des lettres et des objets pour M. Tombazi, et parle de la pénible affaire de M. Daniolo, de la situation du moment, qui est grave et difficile, et mande que l'amiral Malcoln est à Navarin. etc.

350 NESSELRODE, Charles-Robert comte de, célèbre diplomate et ministre russe, n. à Lisbonne le 14 décembre 1780, m. à. St. Pétersbourg 22 mars 1862.

L. A. S., en français, à A. W. C. baron de Nagell d'Ampsen. — 1 p. in 8⁰.

Avis que M. de Clercq n'a pas reçu d'invitation pour son dîner; il faut que la lettre se soit égarée. Envoi d'un second billet.

351 NESSELRODE, Charles-Robert comte de.

L. S., en français, à A. W. C. baron de Nagell d'Ampsen; Laybach 1821. — 1 p. in 4⁰.

Il lui envoie des lettres de la part de l'empereur pour le roi des Pays-Bas et le prince d'Orange pour les faire parvenir à leur destination respective.

352 ORLOFF, Alexis comte, diplomate et général, n. en 1787, m. à St. Pétersbourg 21 mai 1861.

I Deux L. S. et deux L. A., en français, à (P. H.) Marron, pasteur à Paris. — 4 p. in 8ᵉ.
Lettres d'informations amicales.

II L. A. S. à l'amiral Ver-Huell; (Paris) 22 décembre. — 1 p. in 8⁰.

Il lui demande très affablement de pouvoir venir le voir.

353 ORLOFF, Alexis comte.

B. A. S., en français, au prince.... — 1 p. in 8⁰.

Demande de partager une dépêche entre lui et Dannourov.

SUÈDE

354 OXENSTIERNA, Axel comte d', le célèbre chancelier de Gustave Adolphe et de Christine de Suède, n. à Fanoë 16 juin 1583, m. à Stockholm 28 août 1654.

P. S., en latin. — ½ p. in 4⁰. — Cachet à ses armes. — P.

Fragment (postscriptum) d'une lettre où il est question d'un nommé Doão.

355 TOTT, Claude comte de, sénateur, ambassadeur en France, favori de la reine Christine, n. en 1616, m. à Paris 1674.

P. S. Riga 29 décembre 1666. — 1 p. in 8⁰ obl.

Billet d'ordre pour l'achat d'un article d'équipement pour l'armée.

356 GARDIE, Magnus-Gabriel comte de la, grand-chancelier et grand-sénéchal de Suède, favori de la reine Christine, grand protecteur des arts et des sciences, n. à Réval 15 octobre 1622, m. 26 avril 1686.

L. A. S. au professeur Laur. Nortman à Upsala; Wennegarn 20 octobre 1685. — 2 p. in fol. — P.

Très affable lettre où il exprime son grand engouement sur l'intention du professeur de venir faire des conférences sur l'histoire et l'archéologie à Wennegarn.

BELGIQUE

357 SURLET DE CHOKIER, Erasme-Louis baron, un des chefs du parti libéral de la révolution belge, nommé régent (26 février 1831—4 juin 1832) par le gouvernement provisoire, n. à Liège 27 novembre 1769, m. à Gingelom août 1839.

L. A. S. à M. le ministre....; Bruxelles 18 juin 1831. — 1 p. in 4⁰. — Tête imprimée : Cabinet du régent.

TURQUIE - ALGÉRIE

358 FUAD-MEHMED-pacha, homme d'état et littérateur, n. à Constantinople 1814, m. à Nice 11 février 1855.

Belle pièce d'album autographe signée, en langue et caractères Turcs. — 1 p. in 12⁰. — Avec traduction française.

359 AALI-pacha (Mehemed-Emin), grand vizir, célèbre homme d'état qui prit une part active dans les délibérations du congrès de Paris 1856; n. à Constantinople 1815, m. à Erenkeui (Asie-mineure) 6 septembre 1871.

L. A. S., en français, au baron de Heeckeren, ministre des Pays-Bas à Vienne, Constantinople 22 avril 1862. — 1 p. in 4⁰.

Belle lettre très affable.

360 CHADLI, cadi de Constantine.

Belle pièce de vers arabes, autographe signée, dédiés à la princesse Mathilde Bonaparte. — ³/₄ p. in folio. — Avec traduction française.

AMÉRIQUE

ÉTATS-UNIS

361 FRANKLIN, Benjamin, illustre physicien, l'inventeur du paratonnerre, il eut beaucoup d'influence sur l'indépendance des États-Unis, n. à Boston 17 janvier 1706, m. à Philadelphie 17 avril 1790.

L. A. S. à M. le représentant à Paris; 31 mars 1779. — 1 p. in 4⁰.

Lettre en réponse à une invitation qu'on lui a faite.

362 WYTHE, George, le savant et célèbre chancelier et professeur de ″William and
Mary College″ (Virginie), un des signataires de la déclaration de l'Indépendance,
et le premier qui émancipa ses esclaves (1780). n. à Elizabeth-city 1726; m.
empoisonné 8 juin 1806.

L. A. S. à James Madison, member of congress for Virginia (puis président 1809—17)
à New-York; Williamsburgh 8 septembre 1788. — 1 p. in 4⁰. — Cachet à ses initiales.

Affaires domestiques.

363 WASHINGTON, George, l'énergique fondateur de l'indépendanee des États-
Unis n. à Bridge's Creeck (Virginie) 22 février 1732, général en chef 1775,
président de la République 1788—1797, m. à Mount-Vernon 14 décembre 1799.

L. S. au colonel Vanschaick à Albany; Westpoint 22 juillet 1779. — 1 p. ¹/₂ in fol. —
Pièce deux fois signée. — Cachet à ses armes brisé. — 4 P.

Superbe lettre historique; il lui envoie les nominations des officiers du 1ʳ régiment de York,
et mande qu'il enverra celles des autres par une occasion suivante; il raconte la victoire récente
de son armée à Stony-point, poste important pris par assaut dans la nuit du 15 par un corps
d'infanterie légère sous le général Wayne; il nomme les pertes des deux côtés (le gén. Wayne est
blessé); et loue fortement la conduite des troupes et de toute l'entreprise.

364 ADAMS, John, un des principaux promoteurs de l'indépendance des États-Unis,
n. à Braintree (Massachusetts) 19 octobre 1735, membre du congrès, il vint
en Hollande en 1780 où il fut le premier ministre des États-Unis et contribua
beaucoup à l'entraîner dans la guerre contre la Gr. Bretagne, vice-président
de la république sous Washington, à qui il succède comme président 1797—
1801, m. à New-York 4 juillet 1826.

L. A. S. à John Bondfield; Amsterdam 30 avril 1782. — 2 p. in 4⁰.

Lettre remarquable; il le félicite du succès de Gillens, parle d'un vaisseau pris par un
corsaire anglais, et continue ainsi: ″It is with pleasure I am able to inform you, that the
″sovereignty of the United States of America has been acknowledged in the most solemn, unani-
″mous and glorious manner by the bonties of artisans, merchants, citizens and colledges, by the
″cities, provinces, States-General, prince and princess of Orange; a more manly and decided honour
″has never yet been done to our country. I need not entertain you with a detail of the difficulties,
″discouragements and mortifications, through which we have had the good fortune to arrive at
″this honourable result. I should be sorry to tell them to the present age, and think it almost a
″pity they should be known to posterity. Whatever the world may say, this nation has great
″qualities. They lie deep it is true: but when an occasion presents which calls them forth, they
″shew themselves with great eclat.″

365 ADAMS, John, deuxième président des États-Unis.

L. A. S. à son fils John Quincy Adams (plus tard le 6ᵉ président) à La Haye; Paris
12 juin 1783. — ³/₄ p. 4⁰.

Lettre d'introduction pour Eliphalet Fitch: ″a gentleman of fortune and high in office in
″Jamaica; grand-son of Dr. Boylston and consiquently your relation″; il le charge de se vouer
le plus possible à lui et à sa femme pendant leur séjour à La Haye.

366 ADAMS, John, deuxième président des États-Unis.

L. A. S. au président James Madison (1809—17) à Washington; Quincy (Boston) 11
décembre 1814. — 1 p. in 4⁰.

Très belle lettre d'introduction pour Francis Gray (?) (*): ″after two years travels in Europe,
″three years study of the law etc. he has been called to the barr and now has the laudable
″curiosity and noble ambition of seeing his native country; and who should be naturally wish to
″see in it so much as its first Magistrate″ etc.
(*) Déchirure atteignant la première lettre du nom.

367 JEFFERSON, Thomas, un des coryphées de la fondation de la république, le célèbre rédacteur de la déclaration de l'indépendance, né à Shadwall (Virginie) 2 avril 1743, succède comme 3e président à J. Adams 1801—1809, m. à Monticello 4 juillet 1826.

L. A. S. au président James Madison à Montpelier (Orange-city); Monticello 18 septembre 1809. — $^3/_4$ p. in 4⁰.

Il mande qu'il lui est impossible d'aller ensemble à Washington à cause d'une indisposition de son fils Benjamin; il espère cependant de pouvoir venir q.q. jours plus tard.

368 JEFFERSON, Thomas, troisième président des États-Unis.

L. A. S. au même; Monticello 23 juillet 1817. — 1 p. in 4⁰.

Très belle lettre où il lui annonce son arrivée à Montpelier avec le gén. Cocke, M. Cabell et M. Datson, pour délibérer sur le succès „of our subscription paper now amounting to upwards „of 20.000 D„. — (Probablement concernant la régularisation de la fortune de Jefferson; il sortit pauvre de sa présidence.)

369 WASHINGTON, Bushrod, juge de la Cour-suprême, membre de la convention pour ratifier la constitution, n. à Westmoreland 1759, m. à Philadelphia 26 novembre 1829; — neveu de George Washington.

L. A. S. à James Madison, secretary of state, (puis président 1809—17); Baltimore 28 mars 1803. — 1 p. in 4⁰.

Il parle de Forsyth's treatise qu'il lui avait donné à lire, mais que l'occasion lui a manqué de retourner, il loue fortement le livre.

370 MADISON, James, un des rédacteurs principaux de la constitution et quatrième président 1809—17, n. à Port-Conway (Virginie) 16 mars 1751, m. à Montpelier 28 juin 1836.

L. A. S. à Thomas Jefferson (3e président 1801—9) à Monticello; Philadelphie 21 mars 1796. — $^3/_4$ p. in fol.

Lettre d'introduction pour M. de Liancourt, qui se propose de visiter les États du Sud, et en passant, aussi Monticello.

371 MADISON, James, quatrième président des États-Unis.

L. A. S. à M. Rives; Montpelier 2 décembre 1828.

Il lui envoie q.q. n⁰s des Annales du congrès, qu'il vient de trouver sous de vieilles paperasses; ils deviennent rares et peuvent servir à compléter d'autres séries.

372 BARLOW, Joel, homme d'état et poète, il se distingua dans la guerre de l'indépendance, et fut un partisan zélé de la révolution française, ambassadeur à Paris (1811), n. à Reading (Connecticut) 1755, m. à Zarnawicze en Russie (revenant à la suite des débris de l'armée française) 22 décembre 1812.

L. A. S. à (Madame Jefferson); 23 mai 1811. — 1 p. in 4⁰.

Se préparant pour son voyage à Paris, il lui envoie 7 caisses de livres appartenant à M. Jefferson (l'ex-président de la république), que celui-ci a prêtés à Barlow pour ses études; il demande de les garder à la disposition de M. Jefferson ou de lui-même.

373 MONROE, James, cinquième président de la république, 1817—21, ambassadeur à Paris 1794 et à Londres 1803, n. à Monroe's Creek (Virginie) 28 avril 1758, m. à New-York 4 juillet 1831.

L. A. S. à (James Madison); Philadelphie 5 juillet 1797. — 1 p. in 4⁰.

Il mande son retour (de France) et espère qu'il trouvera bientôt l'occasion de le visiter; il est forcé cependant d'aller à New-York, mais mille raisons le pressent de le voir et de s'expliquer.

374 JACKSON, Andrew, général célèbre, le défenseur de la Nouvelle-Orléans contre les anglais en 1814-15, septième président de la République, 1829—37, n. à Waxhaw (Caroline du Sud) 15 mars 1767, m. à Hermitage (Nashville) 8 juin 1845.

L. A. S. au major A. Davesac, avocat (attorney of law) à la Nouvelle-Orléans; Hermitage 24 mars 1827. — 1 p. in 4⁰. — Fatiguée, le feuillet blanc de l'adresse déchiré.

Il mande qu'il accepte sa proposition de venir le visiter à l'Hermitage. "Nothing is more grateful to me than the company of those whose presence will rivive the recollection of those scenes which gave peace and security to our southern borders, and notwithstanding the danger, in these times of *diplomacy and argument* of indulging the recollection, still I must confess it is dear to me, and I hope ever will be, so long as my brave companions can cherish it as honorable to themselves and glorious to their country. My kindest regards to my old friends Maj. Sirod, M. Rouffinac, Genl. Planché" (ses compagnons d'armes de 1814-15). — etc.

375 JACKSON, Andrew, septième président des États-Unis.

L. A. S. au même; Hermitage 16 mai 1827. — 1 p. in 4⁰.

Lettre d'introduction pour M. Delacy, avocat de Roleigh en voyage pour la Louisiane. — Il mande qu'il se propose de venir passer quelque temps parmi ses vieux amis et compagnons de guerre.

376 CLAY, Henry, membre du Congrès homme d'état d'une influence très active, n. à Hanover-Country (Virginie) 12 avril 1777, m. à Washington 29 juin 1852.

L. A. S. à Madame Madison (femme du président); Washington 17 avril 1824. — 1 p. in 4⁰.

Belle lettre d'introduction pour M. Ten Eyk, "member of the H. of R. from the estate of New-York".

377 VAN BUREN, Martin, huitième président de la République, 1837—41, n. d'origine hollandaise à Kinderhoek (New-York State) 5 décembre 1782, m. à sa campagne 24 juillet 1862.

L. A. S. à M. Martini; Albany 23 septembre 1836. — 2 p. ¹/₂ in 4⁰.

Très belle lettre de remerciements pour des services qu'il lui a rendus, et pour ce que lui et sa sœur ont envoyé: "it will assuredly be valued by me, not only as a remembrance of the land "of my forefathers, but as a lasting memento of kindness of friends." — etc.

378 VAN BUREN, Martin, huitième président des États-Unis.

L. A. S. au major A. Davesac; Washington, 16 octobre 1840. — 2 p. ¹/₂ in 4⁰. — Pièce deux fois signée.

Il s'excuse de n'avoir pas encore répondu à ses lettres, mais des affaires pressantes et abondantes l'ont rendu impossible; il parle des appointements de son fils et des affaires politiques.

379 LINCOLN, Abraham, quinzième président de la République, 1861—65, l'illustre promoteur de l'abolition de l'esclavage, n. à Hardincounty (Kentucky) 12 février 1809, assassiné à Washington 14 avril 1865.

L. A. S. à J. R. Doolitle. — ¹/₂ p. in 8⁰. — 2 P.

Dont voici le contenu: Please do not report the case of I. M. Richardson till you hear from me. — Yours truly A. Lincoln.

COLOMBIE - VENEZUELA

380 BOLIVAR Y PONTE, Don Simon, le célèbre promoteur de l'indépendance de l'Amérique du Sud de la domination espagnole, »Libertador presidente de la república de Colombia«, n. à Caracas 28 octobre 1783, m. à San Pedro 17 décembre 1830.

L. A. S. au marquis ....; Trugillo 30 mars 1824. — 3 p. in 4⁰.

Très belle lettre: il parle de la politique du moment et abonde en protestations d'amitié.

381 BOLIVAR Y PONTE, Don Simon.

I. — L. A. S. au colonel T. Heves, à Trugillo; Motil 16 avril 1824. — $^1/_2$ p. in fol. — II. — P. S. Bagota juillet 1816. — Cachet entre deux papiers.

I. Il demande de lui envoyer du vin à la Sierra. — II. Commission pour J. V. P. Calvo comme capitaine de cavalerie; signée aussi par J. A. Paëz et 6 autres.

382 PAËZ, José-Antonio, président et dictateur de Venezuela, n. à Aragua 13 juin 1790, m. à. N.-York 6 mai 1873.

I. — L. A. S. à son ami A. Pardo; N.-York 30 avril 1858. — 1 p. in 8⁰. — II. — P. S. 9 janvier 1830. — Avec 6 autres signatures. — 3 p. in fol.

I. Belle lettre de recommandation pour Pedro J. Rojas. — II. Commission pour José Lopez comme commandant de cavalerie.

HOMMES DE GUERRE

PAYS-BAS

383 **EGMONT**, Maximilien d', comte de Buren Culembourg etc., un des grands
capitaines de Charles V; ce fut lui qui à son lit de mort se fit armer de
pied en cap pour recevoir tous ses officiers et serviteurs et leur faire solen-
nellement ses adieux, m. à Bruxelles 23 décembre 1548; — père de Anna de
Buren; 1e femme de Guillaume le Taciturne.

> P. S. à Jacques de Bey; Coevorden 2 juillet 1542. — 1 p. in 8⁰. obl.

Il lui ordonne de payer une somme ″en tantum et en prest et paiement pour les gens darmes
″de Herman van Melstede, prince au service de l'empereur.″

384 **HOLLARE**, Marinus, marin illustre, vice-amiral de Zélande, célèbre par la
bataille sur le ″Slaak″ (Zélande) en 1631 où il détruisit la flotte espagnole,
n. à Flessingue (vers 1580). m. (vers 1650).

> L. S. à l'Amirauté de Zélande à Middelbourg; Lillo (Zélande) 11 mai 1625. — 1 p. in fol.

Il rapporte ses informations concernant une plateforme flottante de l'ennemi, qu'on a observée
à Anvers et à Bruges et en donne la description.

385 **NASSAU-SIEGEN**, Jean-Maurice comte de, capitaine célèbre, gouverneur du
Brésil sous la domination hollandaise 1636—44, n. à Dillembourg 17 juin
1604, m. à Bergendaal (Gueldre) 20 décembre 1679.

> L. A. S., en français; La Haye 6 février 1666. — 1 p. in 4⁰. — P.

Il recommande M. de Monba, pour remplacer M. de Duvenvoorde, qui veut quitter son régiment.

386 **RUYTER**, Michiel-Adriaenszoon de, célèbre amiral, une des plus grandes gloires
de la marine hollandaise, n. à Flessingue 24 mars 1607, tué dans la baie
de Syracuse 29 avril 1676.

> L. S. (à Hiob de Wildt, secrétaire de l'amirauté d'Amsterdam); Hoorn 1 mars 1672. —
> 1 p. in fol. — 3 P.

Très belle et remarquable lettre, écrite au moment où les hostilités de l'Angleterre et de la
France contre la Hollande commencèrent à éclater. Les amirautés de Hollande chargèrent de
Ruyter de l'équipement d'une grande flotte: l'amiral mande par notre lettre qu'il vient d'envoyer
une liste générale de tous les vaisseaux disponibles au quartier de Hoorn, et qu'il a fait tout son
possible pour activer les travaux pour la navigabilité des bâtiments; il compte sur la même acti-
vité dans les quartiers d'Enkhuizen et de Medemblik et dit qu'il s'empressera d'aller à Amsterdam,
à La Haye et à Rotterdam. — etc.

387 RUYTER, Michiel-Adriaenszoon de.

I. — L. A. S., en latin, de Johannes Snoupius (Jan Snoep), pasteur sur la flotte expéditionnaire sous l'amiral de Ruyter dans la Méditerranée contre les Turcs et les Algériens en 1661—62 (m. 31 décembre 1667); aux membres de la direction des communautés de l'église réformée (classis) de Walcheren (Zélande); en rade de Malaga 19 avril 1622. — 3 p. in folio d'une écriture serrée.

Remarquable lettre où il donne une description détaillée et spirituelle des mœurs et habitudes des matelots et gens de guerre de la flotte: de leur situation morale et religieuse, qui laisse tant à désirer, et des peines qu'il se donnait pour suppléer à la grande ignorance qu'il rencontrait chez eux, même dans les choses les plus ordinaires. — Tableau caractéristique et plein de vie.

II. — P. A., en hollandais, du même aux mêmes; (en rade de Gibraltar avril 1662). — 4 p. in 4⁰.

«Extract uit ons journael, begrypende eenige van de voornaamste dingen die gedurende onze «reize zyn voorgevallen.» — Très curieux document contenant un récit du voyage de l'escadre expéditionnaire sous l'amiral de Ruyter dans la Méditerranée, 10 août 1661—5 avril 1662: combats navals avec les pirates turcs et algériens, négociations avec la Tunisie et l'Algérie, délivrance de 60 esclaves chrétiens néerlandais. etc. — Journal précieux et de valeur historique raconté par un témoin oculaire.

388 WALDECK, George-Frédéric prince de, comte de Pyrmont et Culembourg, maréchal de camp auprès du prince d'Orange et son confident et conseiller intime dans sa politique contre Louis XIV, n. 31 janvier 1620, m. à Arolsen 19 novembre 1692.

L. A. S., en français; Munich 6/16 mai 1684. — 1 p. 4⁰.

Lettre écrite pendant son séjour à Munich où il se trouvait de concert avec le prince d'Orange pour associer l'électeur de Bavière à l'alliance contre la France: Il mande que les intentions sont bonnes, mais les résolutions un peu lentes et peut-être trop pour le secours de Luxembourg. etc. (Prise de L. par Louis XIV 4 juin 1684).

389 BUAT, Henri de Fleury et de Culan seigneur de, gentilhomme à la cour de Guillaume II d'Orange, officier de cavalerie, accusé de haute trahison et décapité à La Haye 11 octobre 1666.

P. S. Cadsant (Zélande) 20 juin 1653. — 1 p. in fol. obl. — Beau cachet à ses armes.

Passeport pour Jacop Leunes van Lacroven. — Belle pièce de calligraphie.

390 NASSAU, Maurice-Louis de, seigneur de Beverweert et Laleck, général de cavalerie célèbre dans les campagnes de Guillaume III, petit-fils de Maurice de Nassau, m. 1683.

P. S. La Haye 23 janvier 1666. — ¼ p. in 8⁰.

Consentement au mariage d'un de ses cavaliers.

391 ATHLONE, Godert comte d', baron de Reede seigneur d'Amerongen, ami intime de Guillaume III et son aide principal dans l'expédition d'Angleterre, n. vers 1644, m. à Utrecht en février 1705.

P. S. Au camp de Gemblours 13 juillet 1696. — Signée aussi par L. Basnage. — Cachet à ses armes.

Passeport pour Pierre Pourbay «notre trompette qui s'en va à l'armée de M. de Boufflers pour «repeter des prisonniers.»

392 RUYTER, Engel de, vice-amiral, n. à Flessingue 2 mai 1649, m. à Amsterdam mars 1683; — fils unique de M. A. de Ruyter.

Pièce d'amateur aut. signée pour Gerardus Croch (?) „pasteur de son esquadre, devant Smyrne" 15 novembre 1675, avec la devise: „pro Deo ac Populo". — 1 p. in 8⁰.

393 EVERTSEN, Geleyn, lieutenant-amiral de Zélande, le quatrième de sa famille honoré de cette grande dignité et le treizième marin de ce nom d'une célébrité héréditaire dans les fastes de la marine Néerlandaise au 17e siècle, n. 22 janvier 1655, m. à Middelbourg 25 juillet 1721.

P. S. Ostende 9 août 1702. — $^1/_2$ p. in 8⁰.

Il ordonne au commandeur Jacob Salm de se rendre avec son vaisseau à Flessingue.

394 BRUNSWICK-WOLFENBUTTEL, Louis-Ernest duc de, feldmaréchal autrichien, lieutenant-capitaine général des Provinces-Unies 1752, le tuteur de Guillaume V d'Orange pendant sa minorité et son conseiller intime sous le stathoudérat, n. 25 septembre 1718, m. à Vechelde (Brunswick) 12 mai 1788.

Trois L. A. S., en français. — I. La Haye 27 oct. 1758. — II. à (Barthold Douwe van Burmania, ambassadeur de Hollande à Vienne); La Haye 15 octobre 1765. — III. Bois-le-Duc 11 mars 1784. — 11 p. in 4⁰. — P.

I. Il exprime l'indignation que lui a inspirée un pamphlet infâme, qui attaque les anglais d'une manière indigne. — II. Belle et intéressante lettre historique où il parle des qualités du prince d'Orange; „sur le pied froid qui subsiste" entre la cour impériale et la république, particularités sur ce sujet et sur ses relations avec Marie Thérèse. — III. Remarquable lettre écrite peu de mois avant sa démission (Oct. 1784). Il se plaint amèrement de la nouvelle attaque violente à laquelle il a été en butte, et se défend d'une manière qui fait honneur à son caractère.

395 KINSBERGEN, Jan-Hendrik van, amiral, une des dernières gloires de la marine hollandaise, n. à Doesburg, 1er mai 1735, m. à Apeldoorn 22 mai 1819.

Deux L. A. S., en français, à Madame la douairière H. C. Serrurier, née de Leeuw à Amsterdam; Apeldoorn 1 nov. 1814 et 7 déc. 1817. — 2 p. in 4⁰. — Cachet brisé à ses armes.

Belles lettres de causeries familières.

396 DAENDELS, Herman-Guillaume, général hollandais et français, gouverneur-général des Indes-Orientales Néerlandaises sous le roi Louis Bonaparte 1806— 11, n. à Hattem 21 octobre 1762, m. à Guiné 2 mai 1818.

I. — L. A. S. à M. Malecotius, avocat; Paris 11 mai 1814. — 3 p. $^1/_2$ in 4⁰. — II. P. S.; Aerztsen (Hanovre) 7 novembre 1806. — $^1/_2$ p. in fol. — 2 P.

I. Belle lettre écrite peu de jours après son retour de la campagne de Russie, à laquelle il prit part. Il parle de la situation politique, des provinces de la Belgique qui seront unies à la Hollande et à la Prusse; des souverains à Paris et des conditions de paix qu'ils imposent à la France et que Louis XVIII ne veut pas accepter. — II. Il charge le contrôleur gén. des Finances van Riemsdijk de s'acquitter de ses fonctions en Ost-Frise. — etc.

397 VER-HUELL, Charles-Henri, amiral de Hollande et de France, très dévoué au service de Napoléon I, pair de France, n. à Doettichem 11 février 1764, m. 26 octobre 1845.

Deux L. A. S. — I. en français; Paris 7 mai 1835. 1 p. 4⁰. — II. en hollandais; Creil 15 août 1843. — 1 p. $^1/_2$ in 8⁰.

I. Il parle de toucher un arriéré de sa pension. — II. Remerciements de la croix d'or de l'ordre militaire de Guillaume qu'il vient de recevoir du roi Guillaume II des Pays-Bas comme un des officiers en vie qui ont assisté à la bataille navale de Doggersbank (1781).

398 CHASSÉ, David-Henri baron de, l'héroïque défenseur de la citadelle d'Anvers contre l'armée française en décembre 1832, n. à Tiel 18 mars 1765, m. à Bréda 2 mai 1849.

I. — L. S. à (M. Fabricius, conseiller de la légation des Pays-Bas à Paris); St. Omer (lieu où il était captif après la reddition de la citadelle) 22 janvier 1833. — 1 p. in 4⁰. — II. P. A. S. au baron van Omphal à La Haye; Bréda 23 septembre 1840. — Cachet à ses armes.

I. Remerciements d'une forte somme reçue des Hollandais résidant à Paris pour les blessés. — II. Envoi de 48 ortolans pour être offerts au roi.

399 GUMOENS, Nicolas-Émanuel-Frédéric de, colonel hollandais, un des officiers qui défendirent la citadelle d'Anvers contre l'armée française en décembre 1832 et qui y furent tués, n. à Orbe (Suisse) 19 avril 1790, m. de ses blessures 29 décembre 1832.

L. A. S., en français, à M. Ramondt (à La Haye); citadelle d'Anvers 2 septembre 1832. — 5 p. in 4⁰.

Très belle et intéressante lettre: causeries sur la politique et les questions du jour.

400 SAXE-WEIMAR-EISENACH, Charles-Bernard duc de, général hollandais sous le prince d'Orange dans la campagne de Belgique 1831, n. 30 mai 1792, m. à La Haye 31 juillet 1862.

Deux L. A. S. — I. en hollandais, au prince d'Orange à Tilburg; La Haye 30 mai 1834. — II. en français; La Haye 25 juin 1848. — 1 p. in fol. et 4⁰.

I. Demande de congé. — II. Il lui demande très affablement de se charger d'une lettre.

401 SPEYK, Jan-Carel-Josephus van, officier de marine, célèbre par sa mort héroïque, n. à Amsterdam 31 janvier 1802, m. à Anvers 3 février 1831.

Trois L. A. S. à J. Dedjen à Amsterdam; Soupa (Célèbes) 1 juillet 1825. — à M. M. Haan à Amst.; Texel, 2 août 1829. — à J. H. Dankelman à Amst.; Brielle 23 juillet 1830. — 4 p. ¹/₂ in 4⁰.

Belles lettres de correspondance familière.

FRANCE

402 ESTRADES, Godefroi comte d', maréchal de France, un des plus habiles diplomates du 17ᵉ siècle, ambassadeur en Hollande et en Angleterre, publiciste, n. à Agen 1607, m. à Paris 26 février 1686.

L. A. S.; Toulon 14 février 1647. — 1 p. in 4⁰.

Belle lettre où il mande qu'il attend le vent pour partir et qu'il a embarqué des suisses, des soldats et des gardes de l'amiral.

403 TURENNE, Henri de la Tour d'Auvergne vicomte de, maréchal de France, un des plus célèbres capitaines de son siècle, n. à Sedan 16 septembre 1611, tué à Salzbach (Bade) 17 juillet 1675; — fils du maréchal duc de Bouillon, petit-fils de Guillaume d'Orange le Taciturne.

L. A. S. à son éminence (le cardinal Mazarin); au camp de Bergue (Berg-Saint-Winnox). 4 juillet au soir (1658). — Cachet à ses armes brisé. — 2 p. ½ in 4⁰.

Très belle lettre historique écrite peu de jours après la bataille des Dunes contre Don Juan d'Autriche et Condé, la capitulation de Dunkerque et la prise de Bergue (14 juin-1 juillet). — Il demande une place d'abbé pour M. de Caderousse, et écrit, en continuation de sa lettre du matin, qu'il a l'intention de marcher le lendemain, laissant Furnes à gauche; il manque partout de blé et prie de désigner de grands magasins de farine et de blé "dans les côtes de Flandres; "il y a desia a Bergue des vaisseaux hollandais qui apportent de la bierre et du fromage; l'ennemi "envoie assez de troupes vers St. Omer; il ne trouve pas raisonnable d'assiéger Line avec un "petit corps." etc.

404 TURENNE, maréchal de.

P. S. Amiens 14 février 1660. — Contresignée par du Han. — ³/₄ p. in 4⁰. — Cachet à ses armes. — Collée.

Commission de .... comme capitaine de la garnison qui doit entrer à Marienbourg.

405 CONDÉ, Louis II de Bourbon prince de, dit le Grand, illustre et intrépide guerrier, le vainqueur de Rocroi et de Senef, n. à Paris 8 septembre 1621, m. à Fontainebleau 11 décembre 1686.

L. A. S. au cardinal Mazarin; Valence 3 avril 1647. — 2 p. in 4⁰. — Cachets à ses armes brisés.

Superbe lettre historique écrite à son arrivée en Espagne, comme vice-roi do Catalogne, et lorsqu'il se préparait à faire le siège de Lérida où il échoua. En parlant des affaires de Catalogne, il mande que les ordres du cardinal "ont été aussi mal exécutés qui se puisse"; les canons sont encore en Bourgogne, les munitions, outils et grenades à Lyon; il se plaint amèrement du retard; la plupart des officiers de l'armée est encore à Paris, il le supplie d'y mettre bon ordre, afin qu'on s'empresse de venir à lui.

406 CATINAT, Nicolas, maréchal de France, illustre guerrier sous Louis XIV, l'Académie française fit écrire son éloge, n. à Paris 1 septembre 1637, m. à St. Gratien 25 février 1712.

L. S.; Brianon 4 mai 1691. — 1 p. in 4⁰.

Il mande qu'il est temps d'ébranler les troupes qui doivent composer son armée et l'invite à venir le voir à Suze; "M. le comte de Tessé très zélé pour la guerre d'Italie est desia arrivé."

407 BOUFFLERS, Louis-François duc de, maréchal de France, le célèbre adversaire de Guillaume d'Orange et d'Eugène de Savoie, n. 10 janvier 1644, m. à Fontainebleau 20 août 1711.

L. A. S. Bayonne 13 novembre 1685. — 1 p. ½ in 4⁰.

Très belle lettre où il lui mande qu'il vient d'être informé que les officiers et cavaliers de son régiment ont fait des "traités excessifs et fort au dela de ce quy a esté reglé." Il le supplie d'y mettre ordre et de ne pas se dispenser de les faire arrêter. — etc.

408 RICHELIEU, Louis-François-Armand Duplessis duc de, maréchal de France, membre de l'Académie française, célèbre par ses succès faciles à la cour, à la guerre et surtout en amour, n. 13 mars 1696, m. 8 août 1788.

L. A. S. à M. Tranchere, procureur-syndic de la ville de Bordeaux; Versailles 10 février 1769. — 1 p. in 4⁰. — Enveloppe à l'adresse autogr., cachet à ses armes.

Très belle lettre où il est question d'un procès et des "mauvaises difficultés de la part du parlement de Bordeaux pour l'enregistrement des lettres patentes des Carmélites." Il écrit e. a. "que les maladie arrivent bien viste et sont quelques foids longues et dificiles à guérir, celles qui "ataquent le cœur sont de ce nombre et le mien a été trop blessé pour revenir si promptement, "vous me croiriez trop léger s'il en était autrement" etc.

409 RICHELIEU, le maréchal duc de.

> P. S.; Paris 20 décembre 1784. — Contresignée par Delacroix. — 2 p. in fol. — Cachet entre deux papiers.

> Droits d'informations de vie et mœurs accordés par le tribunal aux Lieutenants de la Compagnie de la connétablié et du Commis Greffier.

410 CASTIES, Charles-Eugène-Gabriel de la Croix de, maréchal de France, guerrier illustre, qui combattit à Dettingen et à Rosbach, n. 25 février 1727, m. à Brunswick 11 janvier 1801.

> L. A. S. au maréchal de Ségur; 3 mars 1781. — ³/₄ p. in 4⁰.

> Belle lettre avec réponse autogr. de 3 lignes du maréchal de Ségur.

411 KELLERMAN, François-Christophe, duc de Valmy, maréchal et pair de France, général distingué dans les guerres de la révolution et sous Napoléon I, n. à Weiler (Alsace) 30 mai 1735, m. à Paris 12 septembre 1820.

> L. A. S. à la troisième personne, au sénateur Lemercier; Paris 4 frimaire (24 novembre). — 1 p. in 12⁰.

> Jolie lettre d'invitation à dîner.

412 KELLERMAN, François-Christophe.

> L. S. au prince de Neufchâtel (L. A. Berthier) ministre de la guerre; au quartier-gén. à Mayence 6 juillet 1807. — ¹/₂ p. in fol.

> Il mande que M. Kannaker, ancien officier prussien démissionnaire, arrêté pour avoir provoqué en Allemagne des mouvements séditieux, est arrivé à Mayence; on le traitera avec la sévérité prescrite à son égard.

413 BERTHIER, Louis-Alexandre, prince de Wagram et de Neuchâtel, général républicain, maréchal de France, n. à Versailles 20 novembre 1753, m. à Bamberg 1 juin 1815.

> I. L. S. à Languillot, capitaine; Paris 22 ventôse an X (mars 1802). — 1 p. in fol — P.
> Il mande qu'il lui fera obtenir le grade de chef de bataillon.

> II. L. A. paraphée. — ¹/₂ p. in 8⁰.
> Billet d'information.

> III. L. A. S. de Élisabeth de Wagram, sa petite-fille, femme du comte Guy de Turenne d'Aynac, n. 9 juin 1849. — 1 p. in 8⁰. — Papier à ses armes.
> Très jolie lettre.

414 LEFEBVRE, François-Joseph, duc de Dantzig, maréchal de France, l'intrépide officier qui, surtout, assura à Napoléon I son triomphe au conseil des Cinq-cents le 18 brumaire 1799, n. à Ruffack (Alsace) 1755, m. 14 septembre 1820.

> L. A. S. au citoyen directeur (Jean) Rewbell (président du Directoire exécutif 1795—99); (en Souabe), 17 ventôse an V (7 mars 1797). — 2 p. in 4⁰.

> Intéressante lettre historique où il rapporte son arrivée "à la tête des montagnes de la Souabe", lui déclare l'état faible de son armée et demande des renforts considérables.

415 LA FAYETTE, Marie-Jean-Paul-Roch-Yves-Gilbert Motier marquis de, général français et américain, un des grands promoteurs de la révolution française et de l'indépendance des États-Unis, n. à Chavagnac (Haute-Loire) 6 septembre 1757, m. à Paris 20 mai 1834.

Trois L. A. S. — I. Paris 22 janvier 1818. — $^1/_2$ p. in 8⁰. — II. à M. Lambere; Paris 24 mai 1824 — $^1/_2$ p. in 4⁰. — III. à M. Baradère, Paris. — $^1/_2$ p. in 4⁰.

I. Lettre d'introduction pour M. Bonner. — II. Belle lettre où il adresse à M. Lambere son ami M. Scheffer (le peintre célèbre 1795—1858) «donc le tableau représentant ma personne avec une par-»faite ressemblance a été gravé dernièrement; je lui ai dis que M. Lambere avait envoié aux »Etats Unis deux cents exemplaires de cette gravure et qu'il pouvait être à portée d'en faire »passer d'autres» etc. — III. Il demande des nouvelles d'une séance, dont le résultat lui est resté inconnu.

416 LAFAYETTE, marquis de.

L. A. S. au capit. Baudin chez M. Ternaux à Paris; Lagrange 23 juillet 1827. — P.

Très intéressante lettre de causeries amicales, économie agricole, entreprise industrielle, poli-tique: «Il souhaitait de ne pas être condamné aux travaux de cette chambre, j'avoue que les »nouvelles bontés de mes commettants, les obstacles qu'ils ont vaincus et le prix que nos adver-»saires mettaient à leur défaite m'ont réconcilié avec ma nomination.» — etc.

417 VICTOR, Claude, duc de Bellune, maréchal et pair de France, guerrier de grandes qualités, un des héros de Friedland 1807, n. à la Marche (Bar) 7 décembre 1764, m. 1 mars 1841.

L. A. S. au secrétaire de la municipalité de La Haye; La Haye 12 prairial an XI (1 juin 1803). — 1 p. in 4⁰. — P.

Invitation à venir le voir chez M. Vasch van Avezaat (son beau-père).

418 MACDONALD, Étienne-Jacques-Joseph, duc de Tarente, maréchal de France un des plus vaillants généraux de la république et de Napoléon I, n. à Sedan 17 novembre 1765, m. à Courcelles 24 septembre 1840.

L. A. S. au lieut.-général Pujol; Paris 7 septembre 1830. — 1 p. in 4⁰. — P.

Il lui demande très affablement une prolongation de congé pour le jeune Alfred de Richemont, lieut. au 7e de cuirassiers.

419 OUDINOT, Nicolas-Charles, duc de Reggio, maréchal de France, le célèbre guerrier sous la République et sous Napoléon, n. à Bar-le-duc 25 avril 1767, m. à Paris 13 septembre 1847.

L. A. S. à Desandronin à Bar-sur-Ornain; quartier-gén. de Villa Franca 8 nivôse an IX (28 décembre 1801) — 1 p. in 4⁰. — Tête imprimée: Armée d'Italie etc. — Beau cachet d'état-major. — P.

Il mande très affectueusement qu'il répondra aussitôt que l'ennemi lui permettra de s'écarter un instant des occupations sérieuses que son état lui impose.

420 OUDINOT, Nicolas-Charles, duc de Reggio.

I. L. S. à M. Croeze de Vinkveen à Amsterdam; Madrid 26 juin 1823. — 1 p. in 4⁰. — II. L. A. S. à M. l'ambassadeur.....; Paris 11 juin 1839. — $^1/_2$ p. in 8⁰.

I. Il s'excuse très affablement de n'avoir pu intervenir avec fruit dans une affaire pour laquelle on avait réclamé son aide. Signée Ml. Oudinot duc de Reggio. — II. Jolie lettre où il accepte une invitation à dîner. — Signée Ml duc de Reggio.

421 LAMARQUE, Maximilien, général sous la république et sous Napoléon I, il se distingua surtout en Italie, à Wagram et en Vendée, publiciste, n. à St. Sever 22 juillet 1770, m. à Paris 1 juin 1832.

L. A. S. à M. Kruseman, peintre à Amsterdam; Bruxelles 11 novembre. — 1 p. $^1/_2$ in 8⁰. — Cachet à ses initiales.

Très belle lettre où il mande une critique intéressante des tableaux de K. par le peintre David, avec qui il a visité l'exposition de tableaux à Bruxelles. «Il trouve les cheveux trop lourds et trop «travaillés mais vous dessinez bien, en copiant exactement et patiemment la nature vous irez très «loin; c'est la nature et non Rembrandt et van Dyck qu'il faut étudier.» etc.

422 VANDAMME, Dominique-Joseph, comte d'Unsbourg, général fameux par sa bravoure éclatante et grossière, n. à Cassel (dép. du Nord) 5 novembre 1770, m. dans cette ville 15 juillet 1830.

Deux L. A. S. — I. à Monseigneur....; Cassel 5 septembre 1825. — 3 p. in 4º. — II. au comte D. Vandamme (fils) à Lille; Cassel, 4 mars. — 2 p. in 8º. — III. P. A. S. aux officiers des douanes de France. — 1 p. in 4º. — Cachet à ses armes.

I. Lettre détaillée où il est question de «l'hidigage» en Zélande qu'il a projeté et qui est autant dans l'intérêt du domaine du roi (des Pays-Bas) que dans le sien propre. — II. Lettre amicale. — III. Passeport.

423 MAISON, Nicolas-Joseph, maréchal de France, l'intrépide général de la révolution et de Napoléon I, n. à Epinay 19 décembre 1771, m. à Paris 22 mars 1842.

L. A. S. à M. Warague, banquier à Mons (Belgique); Paris 4 octobre 1830. — 3 p. in 4º.

Intéressante lettre sur des affaires pécuniaires.

424 JOMINI, le baron Henri, général français et russe, le célèbre historien du génie militaire de Napoléon, n. à Péterlingen (Suisse) 6 mars 1779, m. à Passy (Paris) 24 mars 1869.

Deux L. A. S. — I. à M. Pierre Labouchère (à Paris); Paris 9 mars. — II. Vérone 25 octobre. — 2 p. in 8º.

I. Très affable invitation à une soirée musicale. — II. Envoi d'une lettre pour sa femme.

425 OUDINOT, Nicolas-Charles-Victor, duc de Reggio, général et représentant français, n. à Bar-le-duc 3 novembre 1791, m. à Paris 7 juillet 1863; — fils du maréchal.

L. A. S. à M. de Cailleux; Paris 24 avril 1839. — 2 p. in 8º.

Il demande de mettre sur la liste civile, pour l'acquisition, un tableau de M. Victor Hermann, qui a obtenu beaucoup de suffrage à l'exposition.

426 CHANGARNIER, Nicolas-Anne-Théodule, général, qui se distingua dans les campagnes d'Afrique, commandant de la garde nationale à Paris 1848, proscrit 2 décembre 1851, n. à Autun 26 avril 1793, m. à Paris 23 février 1876.

L. A. S. à Madame....; 12 février 1851. — 2 p. ½ in 8º.

Belle lettre sur la politique du moment.

ALLEMAGNE – AUTRICHE

427 EUGÈNE prince de Savoie, un des plus grands capitaines de son temps, l'adversaire acharné de Louis XIV, le vainqueur de Malplaquet 1709, n. à Paris 18 octobre 1663, m. à Vienne 21 avril 1736.

L. S., en allemand, à l'assemblée des conseillers et ambassadeurs réunis à Francfort; au quart. gén. de Mühlberg 23 novembre 1713. — 1 p. in fol. — Cachet à ses armes.

Lettre historique où il mande qu'il regrette beaucoup de n'avoir pu remporter plus de succès, mais il se flatte de pouvoir finir bientôt la campagne (la paix ne fut conclue à Rastadt que le 7 mars 1714).

428 BLUCHER, Gebhard-Leberecht von, prince de Wahlstadt, feld-maréchal prussien, guerrier intrépide, qui se signala surtout dans la bataille de Waterloo, n. à Rostock 16 décembre 1742, m. à Krieblowitz 12 septembre 1819.

P. A. S.; Berlin 10 janvier 1793. — $^1/_2$ p. in fol. — Cachet à ses armes.

Acceptation de payer la somme de 100 Th. au baron de Stoessen.

429 RADETZKY, Joseph-Wenceslas comte, feld-maréchal autrichien, un des plus grands caractères militaires de l'époque, n. à Trzebnitz 2 novembre 1766, m. à Milan 2 janvier 1858.

Pièce d'amateur autogr. signée, 31 janvier 1849. — 2 P.

430 WREDE, Charles-Philippe prince de, feld-maréchal Bavarois, capitaine illustre dans les guerres napoléoniennes, n. à Heidelberg 29 avril 1767, m. à Ellingen (Bavière) 12 décembre 1838.

L. A. S.; Münich, 26 juin 1831. — 3 p. in 4⁰.

Intéressante lettre où il est question de l'écoulement de la rivière Altmühl; et où il parle de la politique du moment.

431 MÜFFLING, Friedrich-Ferdinand-Karl baron von, célèbre général-feld-maréchal de Prusse, gouverneur de Paris pendant l'invasion de 1815, n. à Halle 12 juin 1775, m. à Erfurt 16 janvier 1851.

L. A. S., en français, au baron de Constant, maréchal de l'armée des Pays-Bas à Paris; Paris 19 août 1815. — 1 p. in 4⁰.

Belle lettre où il mande qu'il a pris des mesures pour éviter tout ce qui pourrait être désagréable à la position des cantonnements de l'armée des Pays-Bas.

432 HAYNAU, Jules-Jacques baron de, général d'artillerie autrichien, fameux par la manière de terrorisme dont il guerroya contre la Hongrie en 1849, n. à Cassel 14 octobre 1786, m. à Vienne 14 mars 1853.

L. A. S. à....; Gratz 8 février 1852. — 1 p. in 4⁰. — P.

Invitation très affable à une soirée d'environ 150 dames en l'honneur du rétablissement de sa santé.

433 WINDISCH-GRÆTZ, Alfred prince de, feld-maréchal autrichien, qui se signala avec tant de vigueur à Prague et à Vienne en 1848, n. à Bruxelles 11 mai 1787, m. 21 mars 1862.

L. A. S., en français, au général.....; 5 juin. — 1 p. in 4⁰. — P.

Il le remercie d'un mémoire qu'il lui a communiqué et l'invite à venir le voir.

434 RADOWITZ, Joseph de, général et homme d'État de la Prusse, une des personnalités à la diète de Francfort et de la révolution de 1848-51, n. à Altenbourg (Saxe), 6 février 1797, m. à Berlin 1853.

L. A. S. au conseiller secret von Scherff. — 1 p. in 8⁰.

Belle lettre où il s'excuse de ne pouvoir se rendre à son invitation.

435 JELLACHICH DE BUZIM, Joseph comte, général d'artillerie autrichien, Banus de Croatie, qui se distingua dans la révolution hongroise 1848, n. à Péterwardein 16 octobre 1801, m. à Agram 19 mai 1859.

Pièce d'amateur autogr. en langue Croate. — P.

ANGLETERRE

436 MARLBOROUGH, John-Churchill duc de, célèbre guerrier et diplomate, le vainqueur de Ramillies 1706 et de Malplaquet 1709, n. à Ash (Devonshire) 5 juillet 1650, m. à Londres 29 octobre 1744.

L. S., en français, au camp de....; 5 juin 1708. — 1 p. in 4⁰. — P.

Il mande qu'il a donné les ordres nécessaires pour faire sortir de Bruxelles tous les prisonniers et autres personnes suspectes. — etc.

437 SMITH, sir William-Sidney, amiral, marin audacieux et intrépide, il combattit contre Bonaparte à Toulon 1795, et en Égypte 1799, n. à Westminster 1764, m. à Paris 26 mai 1840.

L. A. S. Suflolk-place. — 4 p. in 8⁰.

Belle lettre où il accepte une invitation de venir le voir et lui propose de visiter l'arsenal de Woolwich avec Sadi Bei Omar.

438 WELLINGTON, Arthur-Wellesley duc de, prince de Waterloo, le plus grand capitaine anglais du 19ᵉ siècle, n. à Dublin mars 1769, m. au château de Walmer (Kent) 14 septembre 1852.

L. A. S., en français, à (W. G. Dedel) ambassadeur des Pays-Bas; Londres 29 juin 1829. — 1 p. in 8⁰. — P.

Belle lettre d'invitation. — Signée W. prince de Waterloo.

439 WELLINGTON, Arthur-Wellesley duc de.

L. A. S., en français, à M. le baron (de Zuylen) de Nyevelt; 1 juillet 1833. — 1 p. in 8⁰. — P.

Belle lettre où il le remercie d'une lettre et le félicite de la conduite du général Chassé; il désire beaucoup recevoir des nouvelles du roi. — Signée: Wellington.

440 WELLINGTON, Arthur-Wellesley duc de.

P. S. Londres 9 mars 1835. — 1 p. gr. in fol.

Passeport pour le comte Jenison Wallworth, ambassadeur de Bavière en Angleterre à son passage pour Munich. — Pièce de texte imprimé avec les armes d'Angleterre et celles du duc. — Signée également par Sylvain van de Weyer (l'ambassadeur de Belgique) et 6 autres.

441 CONGRÈVE, sir William, général d'artillerie, ingénieur célèbre, inventeur des fusées qui portent son nom, n. 20 mai 1772, m. à Toulouse 15 mai 1828.

L. A. S. au général comte W. F. de Reede (à La Haye); (La Haye) 15 novembre (1820). ¹/₂ p. in 4⁰.

Demande de lui accorder une audience.

442 ROSS, sir John, l'intrépide voyageur anglais qui séjourna 4 ans dans les mers polaires du Nord 1829-33, n. à Balsarrock (Ecosse) 24 juin 1777, m. à Londres 30 août 1856.

L. A. S. au comte de Lewenhaupt; sans date. — 1 p. in 8⁰.

Il lui envoie des corrections pour les mémoires de Lord Saumarez.

443 FITZ-CLARENCE, George, comte de Munster, n. le 29 janvier 1794, suicidé le 20 mars 1842; — fils du roi Guillaume IV et de Dorothée Jordan, colonel anglais, aide-de-camp de la reine Victoria.

L. A. S. à M. Labouchère chez M. Klaproth à Paris; (23 mai 1828). — 2 p. in 4⁰. — Cachet à ses initiales brisé. — Pièce deux fois signée.

Il est très désireux d'apprendre si son 3e essai, qu'il lui a envoyé et qui plaira sans doute aux orientalistes français, sera publié dans le journal de la société asiatique à Paris, et demande de vouloir payer pour lui son abonnement annuel de cette société.

ESPAGNE

444 MONDRAGON, Christoffle, un des plus illustres guerriers espagnols dans les Pays-Bas; célèbre par ses intrépides et sanglants combats contre les Gueux-de-mer surtout en Zélande; n. à Medina del Campo 1504, m. à Anvers 3 janv. 1596.

L. S., en français, au magistrat de Bois-le-Duc; Stabroeck (Flandre) 6 août 1584. — $^1/_2$ in fol. — Cachet armorié entre deux papiers.

Il demande de lui fournir "les gens que me debves envoyer car de quattre cens qui debvoient "venir de la ne sont venu plus de soixante."

445 ALBE, Fernando-Alvarez de Toledo duc d', un des plus habiles généraux de son siècle, capitaine-général de Philippe II dans les Pays-Bas pour y abolir les privilèges et la religion réformée, entreprise dans laquelle il échoua, n. 1508, m. à Thomar 12 janvier 1582.

L. S., en hollandais, au magistrat de la ville de Tholen (Zélande); Bruxelles 16 juillet 1572. — 1 p. in 4⁰. — Raccommodée et fripée.

Il écrit qu'il a ordonné d'envoyer 30 soldats à Tholen et demande de les recevoir et de les loger comme il faut. — (Après la prise de Brielle par les Gueux (1 avril 1572) la province de Zélande s'était peu à peu délivrée de l'oppression de l'Espagne).

446 MANSFELT, Peter-Ernst comte de, un des grands capitaines de Charles V et de Philippe II, qui se distingua surtout à St. Quentin 1559 et à Montcontour 1569, gouverneur des Pays-Bas espagnols après la mort du duc de Parme (1592); n. 20 juillet 1517, m. à Luxembourg 22 mai 1604.

L. S., en français, au magistrat de Bois-le-Duc; camp de Vlimen (Brabant) 6 juillet 1593. — Contresignée par F. Levasseur. — 1 p. in folio.

Document historique. — Bois-le-duc refuse, après la défaite de Turnhout et la prise de Geertruidenberg par Maurice de Nassau (24 juin 1593), de recevoir l'armée espagnole révoltée sous Mansfelt. En rassurant le magistrat, M. explique sa conduite pendant le siège de G., veut faire recueillir la moisson et les fruits de la terre des environs et les mettre dans leur ville, propose de fortifier Bois-le-duc aux frais du roi contre l'armée hollandaise qui s'avance, et promet d'étouffer la mutinerie, en payant de mois en mois les gages arriérés.

447 MANSFELT, Charles comte de, capitaine célèbre, un des membres de la ligue de la noblesse néerlandaise contre les mesures persécutrices du roi d'Espagne 1566, puis un des généraux en chef sous le duc d'Albe et le duc de Parme dans les Pays-Bas, entre au service de l'empereur Rodolphe et combat les Turcs, n. 1542, m. à Comorn (Hongrie) 24 août 1595; — fils de Peter Ernst de Mansfelt.

L. S., en français, (au magistrat de Bois-le-duc); camp de Baerdwijk (Brabant) 17 mai 1589. -- 1 p. in fol.

Après la reddition de Geertruidenberg (10 avril 1589), l'armée espagnole continue à s'emparer du Brabant. mérid. — Mansfelt mande qu'il a été à Doveren (près Heusden) "pensant par la prince "de ce fort rendre la campagne plus libre. La fortune a voulu que ceulx de dedens se trouvant "estonnes (combien que le lieu estait assez tenable) l'ont rendu entre mes mains."

448 MANSFELT, Charles comte de

L. A. S. de son prénom Carolus, en tête, en latin, à Étienne Battori roi de Pologne, grand-duc de Lithuanie (1576—1586); Anvers. — 1 p. in fol.

Minute autographe avec ratures et corrections d'une lettre ayant servi d'envoi d'un tableau représentant le siège d'Anvers (1585); observation curieuse sur le duc de Parme, à qui il dispute la gloire de la conduite du siège. — (Voir: Étienne Battori).

449 MENDOZA, Francisco de, amiral d'Aragon, chef de l'armée espagnole aux Pays-Bas, 1598—99, l'adversaire de Maurice de Nassau, n. en 1545, m. 1 mars 1623.

L. S., en français, (au magistrat de Bois-le-duc); à son camp (en Brabant) 15 septembre 1599. — ³/₄ p. in fol. — Sceau entre deux-papiers. — P.

Belle lettre où il répond à la demande du magistrat de sauvegarder les villages de Erp, de Vechel et de Berlicum, et s'excuse des désordres arrivés à Uden "mais come la provision de l'argent "tarde tant il est bien malaysé de contenir les soldats en bonne discipline" (après sa défaite au Bommelerwaard).

450 FARNÈSE, Alexandre, prince de Parme et de Plaisance, grand capitaine et fin diplomate, gouverneur des Pays-Bas espagnols, adversaire de Guillaume le taciturne, de Maurice de Nassau et de Henri IV, n. 1546, m. devant Rouen 3 décembre 1592; — petit-fils de Charles V.

L. S., en français, au magistrat de Bois-le-duc; Tournay 5 mars 1584. — 1 p. in fol. — Cachet entre deux papiers. — P.

Il mande que pour satisfaire aux désirs du magistrat, pour remédier aux désordres et ôter toute matière de complaintes, il a envoyé des renforts militaires sous Camillo del Monte, et que ses commissaires s'informeront sur place de tout et mettront ordre par où cela sera nécessaire.

451 GROBENDONCQ, Antonie, fameux guerrier de l'armée espagnole aux Pays-Bas, l'illustre défenseur de Bois-le-duc contre Frédéric-Henri d'Orange 1629, n. vers 1550.

L. S. au bailli de Maeslant (Brabant); Bois-le-duc 17 juin 1597. — ³/₄ p. in folio.

Il requiert des gens et du matériel pour quelques réparations des fortifications autour de Nuland (dans la mairie de Bois-le-duc.)

452 SPINOLA, Ambroise marquis de, célèbre guerrier espagnol sous l'archiduc Albert dans les Pays-Bas, le fameux adversaire de Maurice de Nassau, n. à Gênes 1569, m. à Castel-nuovo di Scrivia 25 septembre 1630.

L. S., en français, aux États du Pays de Limbourg; Bruxelles 27 mars 1626. — ³/₄ p. in fol. — Sceau entre deux papiers.

Il envoie des sommes pour être remises au „Tercio„ de Don Fernando de Gusman.

453 MORILLO, don Pablo, comte de Carthagène, le fameux chef des guérilleros dans la guerre de l'indépendance contre la France 1807, commandant de l'armée espagnole contre Bolivar en Colombie (1815-21); n. à Fuentes de Malsa 1777, m. 27 juillet 1838.

I. — P. S. et 6 lignes autographes; au quartier gén. de Barguisemeto décembre 1820. — Tête imprimée, vignette à ses armes.

Passeport pour le capitaine D. Antonio Jobar.

II. — L. S. à M. Arriens, gouverneur du prince Henri des Pays-Bas, officier de marine; Corima 6 juillet 1833. — 1 p. in 4⁰.

Belle lettre de remerciement.

454 MINA, Françisco Espoz-y-, le redoutable chef de guérilleros contre l'armée d'invasion française 1808—12, puis général, n. à Idozin (Novarre) 1781, m. à Barcelone 24 décembre 1836.

L. A. S. à Maximo Sarro; 2 mars 1833. — 1 p. in 8⁰. — P.

Lettre de remerciements pour des services rendus.

ITALIE

455 GARIBALDI, Giuseppe, général, le célèbre libérateur de l'Italie, n. à Nizza 4 juillet 1807, m. à Capréra 2 juin 1882.

Trois L. A. S. — I. en français; à M. Eustache Gioan à Cannes; Grasse 7 septembre 1848. — II. à Auguste Vecchi à Genova; Capréra 14 juin 1861. — III. Capréra 13 octobre 1861.

Très belles lettres de causeries amicales.

RUSSIE_POLOGNE

456 MÜNCHHAUSEN, Charles-Frédéric-Jérôme baron de, officier de cavalerie russe, qui a rendu son nom fameux comme le type du narrateur dont les récits dépassent toute vraisemblance et tombent dans les exagérations les plus grotesques; n à Badenwerder (Hanovre) 1720, m. dans cette ville 1797.

L. A. S., en français, à son excellence....; Aix-la-Chapelle 31 mai 1749. — 3 p. gr. in 4⁰.

Très belle épître où il est question d'une de ses parentes: madame de Fersen, née Baronne de Heiden, „épouse d'un digne officier du roy mon maître.„

457 KOUTOUZOW, Michel-Larivonovitch-Golenitcheff, prince de Smolensk, illustre guerrier, généralissime des armées russes en 1812, l'adversaire de Napoléon dans les batailles de la Moskowa et de Smolensk, n. 16 septembre 1745, m. à Bunzlau (Sélésie) 28 avril 1813.

L. S. au général-major Potapow, chevalier et chef du régiment de hussards d'Olviopole; Yassi (Turquie) 26 mai 1808. — 1 p. in 4⁰.

Il lui fait savoir que le capitaine de la cavalerie Krovan a la permission de s'absenter pour trois semaines pour Libari. — Signée: général de l'infanterie Koutouzow.

458 PLATOW, général de la cavalerie légère, le fameux hetman des cosaques du Don qui avec ses régiments harcela si terriblement l'armée française pendant sa retraite de Moscou et qui entra deux fois dans Paris, n. 1765, m. à Tscherkask février 1818.

P. S. avec notices autographes. — 1 p. in 4⁰.

Feuille de route pour le régiment de hussards d'Olviopole jusqu'à Soroka.

459 ROSTOPCHIN, le comte Fédor, général d'infanterie, le célèbre commandant de Moscou pendant l'invasion française 1812, qui arrangea et ordonna l'incendie de cette ville au moment de l'entrée de Napoléon, n. à Livna (Oxel) 12 mars 1765, m. à Moscou 12 février 1826.

L. A. S., en français, à Monsieur le comte....; 31 janvier 1801. — ¹/₂ p. 4⁰.

Il demande d'être informé si la femme de Blandon ou da Costa est hollandaise de la famille de Marcellis.

460 TCHICHAGOW, Paul-Wissilevitsch, amiral russe, qui opéra contre Gustave III de Suède et Napoléon, n. en 1767, m. à Paris 10 septembre 1849.

L. A. S., en français, au général....; — 1 p. in 8⁰.

Renvoi d'un livre avec remerciement très affable.

461 ARAKSCHÉIEW, comte Alexei-Andrejevitsch, ministre de la guerre et confident de l'empereur Alexandre I, l'organisateur des colonies militaires, n. 4 octobre 1769, m. à Grusino (Wolchow) 3 mai 1834.

L. S. avec une ligne de souscription autogr. à Pierre Karlinovitch; St. Pétersbourg 30 juin 1799. — 1 p. in 4⁰.

Il lui mande sa nomination comme général-ingénieur; félicitations flatteuses.

462 PHULL, Charles-Louis, général allemand au service de la Russie, le célèbre auteur du plan de campagne contre l'armée française en 1812: reculer devant l'ennemi, les entraîner et les priver de ressources; ambassadeur aux Pays-Bas, n. en 1772, m. à Stuttgard 25 avril 1826.

L. A. S., en français, au baron (A. W. C.) de Nagell (d'Ampsen) ministre des affaires étrang.; Bruxelles 9 janvier 1821. — 1 p. in fol.

Il mande qu'il se trouvera à l'heure fixée au palais pour présenter le baron de Meyendorff au roi des Pays-Bas.

463 HEIDEN, Louis comte de, marin célèbre, qui se signala dans la bataille de Navarino 1827, n. à La Haye 25 août 1772, m. à Reval 5 octobre 1850.

L. A. S., en français, à (J. C.) Gevers, chargé d'affaires des Pays-Bas, à St. Pétersbourg; 29 juillet (1834). — 1 p. in 8⁰. — Cachet. — P.

Belle lettre de causerie familière.

464 MENCHIKOW, Alexandre-Sergeivitch prince, amiral célèbre, un des défenseurs de Sébastopol 1854/55, n. 1789, m. 2 mai 1869.

L. A. S. au comte....; 10 novembre 1859. — 1 p. in 8⁰.

Il demande de donner suite à la requête de son aide-de-camp Panaeff tendant à obtenir sa retraite.

465 TODLEBEN, François-Édouard comte de, l'illustre défenseur de Sébastopol et l'historien du siège 1854/55, le héros de Plewna 1877, n. à Mittau (Courlande) 20 mai 1818, m. à Soden (Wiesbaden) 2 juillet 1884.

L. A. S., en allemand; St. Pétersbourg 7 janvier 1856. — 1 p. in 8⁰.

Très jolie lettre d'adieux.

466 SOLTYK, Roman, général d'artillerie polonais, qui se signala dans la campagne de Russie de 1812, l'illustre défenseur de Varsovie en 1832, n. dans cette ville 1791, m. à St. Germain 22 octobre 1835.

L. A. S., en français, à Mascimo Garvo, ministre des États-Unis Mexicains à Londres; Londres 26 mars 1834. — 1 p. in 8⁰.

Affable lettre d'excuses qu'il ne se trouvait pas chez lui à sa visite.

HAÏTI

467 TOUSSAINT LOUVERTURE, le vaillant et intelligent général noir de Saint-Domingue, n. dans cette île en 1743, prisonnier des français et transporté en France, m. au fort de Joux (Doubs) 27 avril 1803.

L. S., en français, au Gouverneur-Général. — 1 p. in 4⁰. obl. — P.

Il demande de permettre à toutes les femmes qui sont à St. Marc de s'en venir aux Gonaïves, bien entendu qu'elles viendront accompagnées de M. Mac Kellar.

PAYS-BAS

468 LIPSIUS, Justus, le plus grand philologue des Pays-Bas, professeur à Leide
et à Louvain, grand ami de Plantin, n. à Isque (près Bruxelles) 17 octobre
1547, m. à Louvain 23 mars 1606.

L. A. S., en hollandais, à Christ. van Raphelengien (petit-fils de Chr. Plantin) imprimeur de l'université de Leide; ou en son absence à Jan Dresseler (commis de R.); (Leide)
9 avril 1591. — 1 p. in 4°. obl.

Il va se rendre a Francfort, espère y rencontrer Chr. R. et demande de préparer au plus
vite des chambres garnies pour lui et pour q.q. amis, parmi lesquels se trouve C. Cluser (Charles
de l'Escluse, le célèbre botaniste 1526—1609), afin de ne pas être obligés de rester trop longtemps dans une auberge.

469 LIPSIUS, Justus.

L. A. S., en latin, à Corneille d'Aerssen, greffier des États-Généraux (1543—1627,
père de François d'Aerssen) à La Haye; Liège 5 janvier 1592. — 2 p. in fol. — La
feuille en blanc de l'adresse en partie déchirée.

Belle et intéressante lettre historique. — Il répond aux observations d'Aerssen sur le bruit
qui court que, dans une conférence publique, il a dit du mal des Hollandais. Il le nie positive-
ment et n'a qu'à se louer des politesses qu'il a reçues de toutes parts en Hollande. Il parle des
négociations de paix et démontre que la république doit accepter les conditions du roi, et le
croire «de bona fide»; il trouve cependant convenable qu'on fasse la paix avec la république
et prétend que, en vue de l'état politique de l'Europe, il n'est pas difficile d'expliquer les actions du roi. — etc.

470 BERT, Petrus, (Bertius), cosmographe célèbre, professeur à Leide, réfugié en
France pour cause de religion (1620) il embrassa le catholicisme et fut nommé
professeur à Boncourt et cosmographe et historiographe de Louis XIII, n. à
Beveren (Flandre) 14 novembre 1565, m. à Paris 13 octobre 1629.

L. A. S., en latin, à Hugo Grotius à Rotterdam; La Haye 25 mars 1611. — 1 p.
in fol. — P.

Belle lettre où il lui fait communication de ses ouvrages à publier et demande des informations.

471 RAPHELINGIEN, Christophel van, imprimeur de l'université de Leide, n. en
1566, m. à Leide 10 février 1601; — petit-fils de Chr. Plantin d'Anvers.

L. A. S. à son frère François van Raphelingien (à Francfort ou à Basle); Leide 23
novembre 1600. — 1 p. in 4°. — Cachet à ses initiales.

Très belle et amicale lettre où il décrit comment les affaires de la librairie se sont passées pendant son absence: il est tombé sérieusement malade et n'a quitté le lit depuis des semaines; heureusement Ariaen Beys de Breda lui est vaillamment venu en aide, si bien que, en trois jours, il savait se mettre au courant de tous les livres, venus de Francfort par les derniers envois; détails curieux.

472 PONTANUS, Johannes-Isaäc, physicien, historien et philologue, élève de Tycho Brahé, historiographe du roi de Danemark et des États de Gueldre, n. à Elseneur (d'origine hollandaise) 21 janvier 1571, m. à Harderwyck 6 octobre 1639.

L. A. S., en latin, à Arnold Buchelius. — 1 p. in 4⁰. obl. — Légère déchirure atteignant q.q. mots.

473 SCRIVERIUS, Petrus, historien et philologue distingué, n. à Harlem 12 janvier 1576, m. à Oudewater 30 avril 1660.

Fragment de notices autogr. signées. — 1 p. in 8⁰. obl. — 2 P.

474 HEINSIUS, Daniel, célèbre professeur de Leide, grand helléniste, poète latin et néerlandais, n. à Gand 9 juin 1580, m. à Leide 25 février 1655.

Pièce d'amateur aut. signée en latin; souvenir pour son élève Philippus Muncherus, Leide octobre 1647. — 1 p. in 8⁰. obl.

475 EPISCOPIUS, Simon, professeur de théologie à Leide, polémiste érudit et sagace dans les querelles de Gomar et d'Arminius, forcé par le synode de 1618/19 de s'expatrier, n. à Amsterdam 8 janvier 1583, m. dans cette ville 4 avril 1643.

L. A. S. à Jean Uyttenbogaert (ministre remonstrant) à La Haye; (Amsterdam) 10 janvier 1639. — 1 p. ¹/₂ in fol.

Belle et intéressante lettre où il parle amicalement de divers sujets: la banqueroute de son ami sincère et fidèle Adriaen Jacobz. van Noort; la question théologique et sa littérature; affaires domestiques. — etc.

476 GROOT, Hugo de, (Grotius), nommé par ses contemporains "l'oracle de Delphes", docteur en droit à quinze ans, helléniste et latiniste, surtout célèbre par son "Du droit de paix et de guerre", n. à Delft 10 avril 1583, m. à Rostock 28 août 1645.

L. A. S., en latin, à ....; La Haye; Paris 13 décembre 1613. — ¹/₂ p. d'écriture très serrée in 4⁰. — Cachet à ses armes. — Tachée d'eau dans le bas de la lettre. — 4 P.

Très belle et intéressante lettre où il parle des vaisseaux pris à Philippine; observations curieuses sur les querelles religieuses et ses écrits sur ce sujet. — etc.

477 GROOT, Hugo de.

Sonnet latin autogr. de 6 lignes sur Paulus Buis, professeur à l'université de Franeker. — 1615. — 1 p. in 8⁰.

478 GROOT, Hugo de, et Daniel HEINSIUS.

Deux pièces sur une feuille: 12 vers latins autogr. signés de Grotius. — 24 vers latins autogr. de D. Heinsius. — 2 p. in 4⁰.

Le poème de Grotius servit d'envoi à un ex. imprimé de sa tragédie: Adam exul (1601) à Daniel Heinsius, qui lui renvoya le feuillet après y avoir écrit un poème en réponse au sien. — (Voir: Grotius poemata 1639, p. 288.) — Pièce remarquable.

480 PISE, Joseph de la, seigneur de Maucoil, le célèbre auteur de: Tableau de l'histoire des princes et principauté d'Orange (La Haye 1639). in fol.

L. A. S. à Constantin Huygens, conseiller et secrétaire du prince d'Orange, au camp de Bréda; La Haye 7 août 1637. — 1 p. $^3/_4$ in folio. d'une écriture très serrée. — Cachet à ses armes.

Remarquable lettre historique concernant les évènements arrivés en Orange depuis 1625 et les intrigues du gouverneur et de q.q. membres du parlement contre le prince d'Orange, tentées pour livrer la principauté sous le gouvernement immédiat du roi de France. Par le contenu de notre lettre il paraît que De la Pise a transmis au prince des lettres et des remontrances rapportant des particularités de cette affaire peu bienveillantes pour certains membres du parlement; le prince ordonne une enquête et met les pièces mêmes dans les mains du parlement, qui ne tarde pas à intenter une action en injure contre l'auteur et à ordonner par arrêt de brûler publiquement tous ses écrits par le bourreau. De la Pise se plaint amèrement que le prince, à qui il a fait parvenir ses lettres en toute confiance, ne les a pas gardées et demande l'intervention de Huygens pour rétablir son honneur et constater sa véracité.

(Il paraît que les particularités de cette circonstance sont restées inconnues, mais elles s'accordent à ce que De la Pise dans son livre rapporte sur le gouvernement et le parlement de la principauté.)

481 JUNIUS, Franciscus, linguiste et archéologue savant, célèbre par ses publications sur la langue anglo-saxone (Etymologicum anglicarum etc.), bibliothécaire du comte Thomas Howard Arundel duc de Norfolk à Londres, n. à Heidelberg (d'origine hollandaise) 1589, m. à Windsor 19 novembre 1678.

L. A., en latin, à Hugo Grotius: In aedibus Arundellianis (Londres) 30 janvier 1639. — 1 p. in 8°. obl. — 2 P.

Belle lettre où il parle du Codex Argenteus, d'un ouvrage sous presse de Selden sur les Juifs, etc. — Avec le nom de Junius, écrit de la main de H. Grotius.

482 VOET, Gysbert, (Voetius) l'ardent défenseur de l'orthodoxie proclamée au synode de Dordrecht, célèbre par sa polémique contre Descartes, professeur de théologie et de langues orientales à Utrecht, n. à Heusden 3 mars 1589, m. à Utrecht 1er novembre 1676.

Deux L. A. S., en latin. — I. Avril 1840. — 1 p. in fol. — II. à J. H. Hottingerus, professeur à Zurich; Utrecht 4 décembre 1652. — 1 p. $^1/_2$ in fol.

Belles lettres où il parle linguistique et théologie.

483 COCK, Johannes, (Coccejus), savant théologien et polémiste, le grand antagoniste de Voetius, professeur à Franeker et à Leide, n. à Brémen 9 août 1603, m. à Leide 4 novembre 1669.

Deux L. A. S., en latin, à son beau-fils Guljelmus Anslaer, pasteur à Bieslingen (et à Amsterdam 1680—94); Leide 29 décembre 1666 et 3 mars 1667. — 1 p. $^1/_4$ in 4°. et 2 p. in fol. — Cachet à ses armes.

I. Réponse à des objections théologiques. — II. Remarquable et très longue lettre théo-philosophique sur l'état du péché (de la culpabilité) et sur la justification.

484 COCK, Johannes, (Coccejus).

I. L. A. S., en latin, de Martinus Hundius à J. Coccejus à Leide; Duisburg 7 septembre 1665. — $^3/_4$ p. in folio.

Questions théologiques: la célébration du sabbath, le mariage etc.

II. L. A. S., en latin, de Johannes Martinus (pasteur à Groningue m. 1665) au même; Groningue 27 juillet 1665. — 1 p. in 4°.

Belle lettre amicale où il parle d'une épidémie effroyable de petite vérole existant dans sa ville.

III. L. A. S., en latin, de Lucas Gernler (professeur de théologie à Bâle 1625—75) au même; Bâle 28 mars 1667. — 1 p. ½ in 4⁰. — Cachet.

Lettre de causeries amicales et de questions théologiques. — Voir la réponse de Coccejus à cette lettre dans le VIᵉ volume de ses œuvres (Amst. 1673), datée de Leide 5 sept. 1667. (Epistola 146.)

485 GRONOVIUS, Johannes-Fredericus, célèbre philologue et critique, un des plus savants latinistes, professeur à Leide, n. à Hambourg 10 septembre 1611, m. à Leide 28 décembre 1671.

L. A. S. en tête, en latin, à Johannes Smits, pasteur à Nimègue; Amsterdam 17 septembre 1634. — 1 p. in 4⁰. obl. — Cachet à ses armes.

Amicale lettre où il lui fait des excuses de ce qu'il n'a pas répondu plus tôt à ses lettres. etc.

486. VALCKENIER, Johannes, savant théologien, ami de Joh. Coccejus, professeur à Franeker et à Leide, n. à Cologne (d'origine flamande) 2 novembre 1617; m. à Leide 8 décembre 1670.

L. A. S., en latin, à Johannes Coccejus, professeur à Leide; Franeker 11 mars 1667. — 1 p. in fol. d'une écriture très serrée. — Cachet à ses armes.

Belle lettre où il cause très amicalement personnes et choses, questions théologiques du jour, etc.

487 MONTANUS, Arnoldus, historien et ethnographe, pasteur à Schoonhoven, n. à Amsterdam 1625, m. à Schoonhoven 1683.

Belle pièce d'album autogr. signée, comprenant 12 vers latins, 3 décembre 1679.

488 HUYGENS, Christiaan, (Hugenius), un des plus grands initiateurs de la science, célèbre par ses idées sur les forces centrales, par son pendule et son ressort spiral, ses découvertes l'ont placé parmi les astronomes et les géomètres du premier rang, un des sept premiers membres de l'Académie royale des sciences de Paris (1666), n. à La Haye 1629, m. à Voorbourg (Hofwyck) 8 juillet 1695.

L. A., en français, à son frère Lodewijk (1631—97) à La Haye; 27 octobre 1673. — 2 p. ½ in 4⁰. — Adresse autogr. et cachet à ses initiales.

Lettre remarquable où il décrit le nouveau baromètre de son "invention, composé d'un tuyau "de verre double, ou il y a du mercure d'un costé et de l'eau qui ne puisse point geler de l'autre." — Avec un dessin et une légende détaillée. — Intimités familiales.

489 HUYGENS, Christiaan.

Dessin au crayon et lavé à l'encre de chine (tête de vieillard), signé de la main de Constantin Huygens père: „Christiani mei 1645". — Feuilles d'études avec les dates autogr.: 24 juillet 1666 et 24 mai 1667. — etc. 4 pièces.

490 GRAEVIUS, Johannes-Georgus, savant historien et philologue, professeur à Utrecht, l'éditeur du vaste „Trésor des antiquités romaines etc.", n. à Naumbourg (Saxe) 29 janvier 1632, m. à Utrecht, 11 janvier 1703.

Deux L. A. S., en latin. — I. Utrecht 7 juin 1687. — II. Utrecht 31 mai 1698. — 3 p. ½ in 4⁰.

I. Intéressante lettre sur la famille du célèbre Salmasius (Saumaise) émigré de France après la révocation de l'Édit de Nantes. Il lui demande e. a. d'intervenir auprès du prince d'Orange en faveur d'un des fils du savant, pour lui procurer un emploi plus lucratif que la place que celui-ci occupe en ce moment dans l'armée. etc. — II. Lettre d'introduction très affable pour le prince d'Anhalt.

491 LEEUWENHOEK, Antony van, l'illustre naturaliste et mécanicien, qui perfectionna ingénieusement le microscope à l'aide duquel il fit des découvertes

physiologiques merveilleuses, il fut le premier qui observa les infusoires dans une goutte d'eau et qui découvrit les spermatozoa; membre de la Société royale de Londres, n. à Delft 24 octobre 1632, m. dans cette ville 26 août 1723.

L. A. S. à Lambert van Velthuysen (savant médecin à Utrecht 1622—85); Delft 13 juin 1679. — 2 p. $^3/_4$ in fol. — 2 P.

Importante lettre scientifique pas imprimée dans les "Transactions of the Royal Society" ou dans les recueils de lettres de Leeuwenhoek. — Il raconte en détail ses observations récentes faites sur les spermatozoa de l'homme et des animaux, pose des hypothèses sur les facultés germinatrices et en considère les conséquences. Il se plaint amèrement de l'antagonisme des gens rétrécis, qui dédaignent le travail nécessaire à ses observations; mais il leur pardonne aisément parce qu'il a le privilège de se réjouir de l'approbation et du soutien dont des savants tels que M. v. Velthuysen et autres l'honorent. Il mande une visite de Constantin Huygens, qui l'a chargé d'une expérience à faire.

492 MATTHAEUS, Anton, un des plus illustres jurisconsultes Néerlandais, archéologue et savant historien, professeur à Leide, n. à Utrecht 18 décembre 1635, m. à Leide 25 août 1710.

L. A. S. à Corn. van Alkemade (archéologue et historien) à Rotterdam; Leide 14 novembre 1709. — 1 p. in 4⁰. — Cachet à ses armes.

Belle lettre où il est question de (Daniel) de Milan Visconti (chanoine d'Utrecht etc. 1652—1712).

493 CUPER, Gisbert, philologue et archéologue, professeur à Deventer, membre des États-généraux et membre de l'Académie des inscriptions et belles-lettres à Paris, n. à Hemmen (Gueldre) 14 septembre 1644, m. à Deventer 22 novembre 1716.

L. A. S.; Deventer 29 août 1697. — 1 p. in 4⁰.

Il mande qu'il n'aura pas l'occasion de le recevoir à cause de son départ pour Arnhem.

494 BLAEU, Joan, célèbre cartographe et éditeur, n. à Amsterdam 14 août 1650, m. dans cette ville 13 août 1712.

L. A. S.; Amsterdam 31 janvier 1682. — 1 p. in 4⁰.

Sur l'achat d'un globe céleste.

495 ALMELOVEEN, Theodorus-Janssonius van, médecin célèbre, savant philologue et historien, professeur à Harderwyck, n. à Mydrecht (Utrecht) 24 juillet 1657, m. à Amsterdam 29 juillet 1712.

L. A. S. à R. Leers, libraire à Rotterdam; Amsterdam 1707. — 1 p. in 4⁰. obl.

Intéressante lettre sur la publication des lettres de Casaubon (éditées chez Leers en 1709).

496 VITRINGA, Campegius, philologue et théologien, professeur à Franeker, n. à Leeuwarde 16 mai 1659, m. à Franeker 31 mars 1722.

L. A. S., en latin; Franeker 28 juin 1714. — 3 p. in 4⁰.

Lettre testimoniale, pleine de louanges très affables, pour Tiberius Reitsma.

497 BOERHAAVE, Herman, le plus illustre médecin du 18e siècle, botaniste et chimiste, professeur à Leide tout à la fois dans ces trois facultés, n. à Voorhout (Leide) 31 décembre 1668, m. dans cette ville 23 septembre 1738.

L. A. S. à M. Joan de Haas, koopman te Rotterdam; Leide 19 février 1717. — 1 p. in 8⁰. — Cachet à ses intiales. — P.

Consultation médicale.

498 BOERHAVE, Herman.

L. A. S. en tête, en latin, à J. B. Battandus; Leide 1731. — 2 p. in 4⁰.

Belle et amicale lettre où il parle d'un voyage, lui donne des renseignements médicaux, remercie pour un cadeau fait à sa fille, cause sur sa situation physique qui l'empêche de le visiter et fait une belle tirade sur le charme de correspondre avec des amis.

499 BOERHAAVE, Herman.

P. A., en français, — 2 p. in fol.

„Formule pour préparer lazur ou pastel pour oster loutre mer du lapis azuris.‟

500 BYNKERSHOEK, Cornelis van, un des plus savants jurisconsultes modernes, n. à Middelbourg 29 mai 1673, m. à La Haye 16 avril 1743.

L. A. S. à (son beau-fils Pieter van Hoorn à Middelbourg); La Haye 7 février 1736. — 1 p. in 4⁰. — P.

Affaires de justice et de procès; affaires de famille.

501 RIEMER, Jacob de, le célèbre historien de La Haye, n. dans cette ville en 1676.

L. A. S. à son neveu (Cornelis van Alkemade à Rotterdam). — La Haye 7 juillet 1712. — 2 p. in 4⁰.

Communications concernant la publication de son histoire topographique de La Haye. (Van Alkemade fut son collaborateur à cette œuvre.)

502 LOON, Gerard van, le célèbre numismate et historien de la Hollande, n. à Delft 17 janvier 1683, m. 29 août 1758.

Trois L. A. S. I. à Corn. van Alkemade (archéologue et historien savant) à Rotterdam: Delft 14 décembre 1715. 1 p. in fol. — II. au même; Delft 24 septembre 1717. 1 p. in fol. — III. Rotterdam 1 mars 1727. 4 p. in 4⁰. — Cachet à ses armes.

I, II. Envoi d'un livre, causeries amicales. — III. Lettre intéressante traitant de monnaies d'Ost-friese etc.

503 BURMANNUS SEC, Petrus, (Pieter Burman), éminent philologue, poète latin, professeur à Amsterdam, n. dans cette ville 23 octobre 1713, m. à Wassenaer 24 juin 1778.

L. A. S., en latin; Amsterdam 4 juin 1751. — ¹/₂ p. in fol.

Lettre testimoniale pour T. Reitsma.

504 VALCKENAER, Lodewijk-Caspar, un des philologues modernes les plus illustres, professeur à Leide, éditeur de Théocrite, n. à Leeuwarde 4 juin 1715, m. dans cette ville 15 mars 1785.

L. A. S.; Leide 8 septembre 1771. — 1 p. in 4⁰.

Lettre de remerciement pour un livre qu'on lui a prêté.

505 CAMPER, Petrus, célèbre naturaliste, physiologiste et anatomiste, professeur à Amsterdam, à Groningue etc. n. à Leide 11 mai 1722, m. à La Haye 7 avril 1789.

L. A. S. au docteur....; Franeker 30 octobre 1776. — 4 p. in 4⁰. — P.

Remarquable lettre où il mande qu'il n'a pas encore eu le bonheur de faire l'anatomie d'un chameau, mais qu'il a modelé un dromadaire et le fait jeter en moule; observations physiologiques sur des animaux domestiques, sur l'éléphant, la baleine etc.

506 CAMPER, Petrus.

P. A. S., en latin; La Haye 30 juin 1788. — 1 p. in 4⁰. — P.

Déposition d'un examen médical.

507 CRAS, Hendrik-Constantin, célèbre jurisconsulte et professeur à Amsterdam, n. à Wageningen 4 janvier 1739, m. à Amsterdam 5 avril 1820.

L. A. S. à Mr. Hendrik Vollenhoven; Amsterdam 25 novembre 1819. — 1 p. in 8⁰.

Lettre amicale.

508 WATER, Jona-Willem te, archéologue et historien, professeur à Leide, n. à Zaamslag (Zélande) 28 octobre 1740, m. à Leide 19 octobre 1822.

Trois L. A. S. — I. à A. W. Philipse, procureur. gén. à Middelbourg; Leide 2 mars 1807. — 3 p. in 4⁰. — II. (au même); Leide 29 novembre 1806. — 2 p. in 4⁰. — III. à C. J. de Jonge, archiviste-adjoint à La Haye; Leide 9 juillet 1816. — 1 p. in 8⁰. — Cachet.

I. Belle lettre amicale où il parle des professeurs de l'académie, des étudiants etc. — II. Très intéressante lettre où il parle en détail de la catastrophe de Leide (12 janvier). — III. Il parle de deux lettres de Barlaymont qu'il vient de trouver.

509 SWINDEN, Jan-Hendrik van, célèbre physicien et mathématicien, professeur à Amsterdam, il partagea en 1777 avec C. A. Coulomb le prix de l'Académie des sciences pour ses recherches sur les aiguilles aimantées, se distingua surtout comme membre de la commission pour établir le nouveau système métrique (Paris 1798) et en publia des mémoires, n. à La Haye 1746, m. à Amsterdam 9 mars 1823.

Trois L. A. S. — I. à l'agent (ministre) des affaires étrangères (P. Vreede) à La Haye; Paris 10 décembre 1798. — 1 p. $^1/_2$ in 4⁰. — III. à (G.) Vrolik, professeur (à Amsterdam); Amsterdam 12 janvier 1800. — 1 p. $^1/_2$ in 4⁰. — III. Amsterdam 22 avril 1816. — $^1/_2$ in 4⁰. — IV. P. S., en français; Amsterdam 21 octobre 1811. — 3 p. in 4°. — 2 P.

I. Relative aux conférences pour les poids et mesures; signée également par H. Aeneae son codéputé au congrès. — II. Demande de le remplacer dans une commission. — IV. Mémoire pour déterminer sans essai et sans pierre de touche si une pièce d'or est de l'alliage dont elle porte la marque.

510 MARUM, Martinus van, célèbre physicien, l'illustre directeur du cabinet physique de Teyler à Harlem, qui le premier fit construire des machines électriques gigantesques et en donna la description détaillée, 1785, n. à Groningue 20 mars 1750, m. à Harlem 26 décembre 1838.

L. A. S. au baron J. G. Verstolk van Zoelen, ministre des aff. étr. à La Haye; Harlem 21 janvier 1830. — 1 p. in 4⁰. — Cachet à ses armes.

Concernant un envoi à M. F. Wernicke à Berlin.

511 BRUGMANS, Sébald-Justin, célèbre médecin, professeur de botanique, d'histoire naturelle et de chimie à Leide, il se distingua comme médecin à la bataille de Waterloo, n. à Franeker 24 mars 1763, m. à Leide 22 juillet 1819.

Deux L. A. S. — I. en français, à Madame la comtesse de Vay, née de Wartensleben (1815). — 1 p. in 4⁰. — II. en hollandais, à M. Stark, médecin à La Haye. — 1 p. in 4⁰. — Cachet à ses armes.

I. Très affable lettre où il mande son départ pour Bruxelles; causeries amicales. — II. Lettre d'introduction.

512 NIEUWLAND, Pieter, célèbre mathématicien, professeur à Leide, poète distingué, n. à Diemermeer (Amsterdam) 5 novembre 1764, m. à Leide 14 novembre 1794.

L. A. S.; Leide 21 novembre 1793. — 6 p. in 4⁰. — P.

Intéressante lettre où il répond d'une manière très spirituelle à une critique anonyme de son ouvrage sur la navigation maritime. (Zeevaartkunde, Amst. 1793.)

513 SIEGENBEEK, Matthys, un des principaux restaurateurs de la langue hollandaise, dont le système d'orthographe fut adopté par le gouverment, professeur à Leide, n. à Amsterdam 23 juin 1774, m. à Leide 28 novembre 1854.

Deux L. A. S. — I. à (W. J. A.) Jonckbloet, étudiant à Leide; Leide 25 septembre 1840. — 1 p. in 8⁰. — II. au professeur . . . .; Leide 5 octobre 1841. — 1 p. in 8⁰. — III. Pièce de vers autographe signée. — 4 p. in 4⁰.

I. Intéressante lettre où il mande, que la faculté des Belles-lettres de l'université a résolu d'une voix unanime de proposer au sénat de lui décerner pour son ״specimen inaugurale״ le titre de docteur es-lettres (le sénat lui accorda ce titre ״honoris causa.״). — III. Traduction d'un poème de M. Luther.

514 PEERLKAMP, Petrus Hofmann, célèbre philologue, critique novateur et ingénieux, il publia une édition d'Horace, professeur à Leide; n. à Groningue 2 février 1786, m. à Hilversum (Utrecht) 1865.

L. A. S.; 1 octobre 1839. — ¹/₂ in 8⁰. obl.

Envoi d'une oraison.

FRANCE

515 BÈZE, Théodore de, un des plus célèbres réformateurs français, président de la compagnie des pasteurs protestants après la mort de Calvin (1563), et depuis l'organe le plus influent du Calvinisme, n. à Vézelay 14 juin 1519, m. à Genève 13 octobre 1605.

P. S. (signature et 4 lignes autogr.), signée aussi par D. la Rogeraye et Delestang, secrétaires élus. — ¹/₂ p. in fol.

Attestation pour le pasteur de Villiers (Loyseleur seigneur de Villiers et de Westhoven (m. 1593) conseiller ecclésiastique et grand ami de Guillaume le Taciturne et de Maurice de Nassau) par laquelle, ״sur ce que la Roine de Navarre et Monsieur· l'amiral ont proposé״, il est accordé à l'église de Vitray ״à la charge qu'il servira troys moys par an à la Royne, et en seront les églises de ״Bayeulx et Roan adverties par ceste compagnière.״

516 BÈZE, Théodore de.

Pièce d'album autographe signée, en latin: ״Augustinus: Transire nos cogitemus et minus peccabimus. Theodorus Beza Genevae scribebam annu agens huius vitae 82, octobris 13, anno ultimi temporis 1600.

517 SCALIGER, Joseph-Juste, (della Scala), le prince des philologues français, il succéda à Juste Lipse comme professeur à Leide 1593, n. à Agen 4 août 1540, m. à Leide 21 janvier 1609.

Belle pièce d'album autogr. signée, comprenant trois vers latins et 3 lignes de souscription. — Leide 21 juin 1605. — 8⁰. obl. — P.

518 SAUMAISE, Claude (Salmasius), grand philologue et historien, un des plus remarquables érudits de son temps, professeur à Leide, l'apologiste du roi Charles I, zélé protestant, n. à Sémur (Auxois) 15 Avril 1588, m. à Spa 6 septembre 1653.

L. A S. en tête, en latin, à Johannes Smits, pasteur à Nimègue; Leide 3 juillet 1635. — 1 p. in 4⁰. obl. — Cachet à ses armes. — P.

Belle lettre de protestations d'amitié; il parle de Suyderhoef, de son séjour à La Haye, des fouilles près de Nymègue dont Smits s'occupe, etc.

519 SAUMAISE, Claude, (Salmasius).

P. A. S., en latin; Leide 14 juillet 1649. — 1 p. in 8⁰. obl.

Belle pièce d'album pour Jacobus Ravens, signée: Cl. Salmasius eques, in sacro regis christianissimi consult. consiliarius.

520 RANCÉ, Armand-Jean le Bouthillier abbé de, le célèbre réformateur de la Trappe, n. à Paris 9 janvier 1626, m. à Soligny-la-Trappe (Mortagne) 27 octobre 1700.

L. A. S. à Monseigneur....; 11 septembre 1698. — 2 p. in 4⁰.

Témoignages de remerciements et d'attachement; il mande qu'il attendra le retour du roi pour q.q. affaires, parle d'une personne dont il lui a gardé un grand secret. — etc.

521 BAYLE, Pierre, le célèbre auteur du *»Dictionnaire historique et critique»*, n. au Carlat, 18 novembre 1647, m. à Rotterdam 28 décembre 1706.

Notes autographes. — 1 p. in 8⁰.

Observations sur la Vie de St. Bernard de Villefore. Paris 1704.

522 MAUPERTIUS, Pierre-Louis Moreau de, célèbre géomètre qui répandit le système de Newton, philosophe et naturaliste, n. à St. Malo 28 septembre 1698, m. à Bâle 27 juillet 1759.

L. A. S.; Potsdam 9 mai 1751. — $^3/_4$ p. in 4⁰.

Il mande très affectueusement la réception d'un livre qu'on vient de lui envoyer.

523 FORMEY, Jean-Henri-Samuel, philosophe et publiciste, ami de Frédéric le Grand et de Voltaire, n. d'une famille de réfugiés français à Berlin 31 mai 1711, m. dans cette ville 7 mars 1797.

L. A. S. à (Neaulme, libraire à La Haye); Berlin 1746. — 1 p. in 8⁰.

Fragment d'une lettre où il parle de la publication de la Belle Wolfienne, et de ses Conseils pour former une bibliothèque, etc.; curieux détails.

524 ALEMBERT, Jean le Rond d', le savant géomètre, philosophe et littérateur célèbre, membre de l'Académie française, n. à Paris 16 novembre 1717, m. dans cette ville 29 octobre 1783.

L. A. S. à M. van der Meersch, professeur de théologie à Amsterdam; Paris 7 juillet 1770. — 3 p. in 4⁰. — Cachet à ses armes. — P.

Très belle et curieuse lettre: »J'apprends avec la plus grande surprise qu'on a cherché à noircir »auprès de vous M. votre frère par les calomnies les plus indignes; je puis vous protester qu'il »tient à Paris la conduite la plus estimable, qu'il met son temps à profit pour s'instruire à fond, »qu'il y a mérité l'estime de tous ceux qui le connaissent.« — etc.

525 ALEMBERT, Jean le Rond d'.

    L. A. S. à Mandinet, gentilhomme ordinaire du roi; 22 décembre. — 1 p. in 4⁰.

Belle lettre où il est question d'un livre sur l'expulsion des jésuites d'Espagne, il lui recommande de le lire; mais comme il est difficile à trouver à Paris, il lui offre son exemplaire.

526 BOUGAINVILLE, Louis-Antoine de, le premier circumnavigateur-du-monde français, et qui fit d'importantes découvertes, membre de l'Institut, n. à Paris 11 novembre 1729, m. 31 août 1811.

    L. A. S.; Paris 7 frimaire, an VIII (27 novembre 1800).

Belle lettre où il est question d'un jeune élève, qui vient d'être admis, et pour lequel il demande des certificats.

527 LALANDE, Joseph-Jérôme le Français de, le plus célèbre astronome de son temps, n. à Bourg 11 juillet 1732, m. à Paris 4 avril 1807.

    L. A. S. à Jean-Jacques Rousseau; Paris 25 décembre 1770. — 1 p. in 4⁰. d'une écriture très serrée.

Très belle et remarquable lettre où il est question d'une tragédie: "La comtesse de Fayel", imprimée malgré l'auteur, qui craint infiniment d'être connu; particularités curieuses. — Il mande qu'il a visité à Yverdun M. de Félice et vu le travail de la nouvelle Encyclopédie, il le loue fortement et le prend pour meilleur que l'édition de Paris; cependant il a vu avec déplaisir que R. l'a annoncé défavorablement. M. de Félice sera obligé à regret de lui (R.) faire la guerre par une contrefaçon à moitié prix du journal de R., mais il vaut mieux vivre en paix; il lui recommande de nouveau les deux volumes parus de l'Encyclopédie et craint que R. ne se repente pas. "Mille respects à mad. Rousseau j'attens avec impatience qu'elle vienne embellir Paris". etc.

528 SICARD, Roch-Ambroise Cucurron abbé, l'illustre instituteur des sourds-muets, qui développa si ingénieusement la méthode de l'abbé de l'Épée à qui il succéda; sauvé par un hasard au moment d'être massacré en septembre 1792, membre de l'Académie française, n. au Fousseret (Toulouse) 20 septembre 1742, m. à Paris 10 mai 1822.

    L. A. S.; (Paris) 3 mars 1792. — 1 p. in fol. — P.

Superbe lettre où il donne son approbation à un mémoire d'une association de citoyens bienfaisants, contenant un projet de bail de titre de location de tout le terrain de l'établissemeat des sourds-muets et aveugles-nés, dont cette institution peut se passer et dont le prix tournera à son avantage.

529 BERTHOLLET, Claude-Louis comte, célèbre chimiste, qui découvrit le nitrate d'ammoniaque qui porte son nom, ami de Napoléon, qui le fit sénateur, pair et comte, n. à Tallaire (Savoie) 6 novembre 1748, m. à Arceuil 6 novembre 1822.

    L. A. S. à son collègue.... (à Bruxelles); Arcueil 19 vendémiaire an X (9 octobre 1802.) — 1 p. in 4⁰. — P.

Belle lettre d'introduction pour M. Pfaff, jeune chimiste très instruit et très intéressant. (Célèbre physicien et chimiste 1772—1852).

530 LACÉPÈDE, Bernard-Germain-Étienne de Laville comte de, célèbre zoologue, continuateur de Buffon, n. à Agen 26 décembre 1756, m. à Épinay 6 octobre 1825.

    I. — L. A. S. au citoyen Noël (de Rouen) à Paris; (Paris) 2 pluviôse an XI (21 janvier 1803). — ¹/₂ p. in 4⁰. — II. — P. S. 25 novembre 1813.

I. Réponse à une condoléance. — II. Diplôme par lequel le baron van Zuylen v. Nyevelt est nommé officier de la légion d'honneur.

531 ALIBERT, Jean-Louis baron, médecin célèbre, auteur de la "Physiologie des

passions ″ et de nombreux ouvrages étendus et variés, n. à Villefranche 12 mai 1766, m. 6 novembre 1837.

L. A. S. — 1 p. in 4⁰ obl.

Jolie lettre où il mande son intention de rendre visite.

532 FOURIER, Jean-Baptiste-Joseph baron, éminent mathématicien et physicien, auteur de la célèbre ″Théorie analytique de la chaleur″, n. à Auxerre 21 mars 1768, m. à Paris 16 mai 1830.

L. A. S. à M. le président; Paris 31 juillet 1822. — 1 p. in 4⁰.

Il mande très affablement que l'heure proposée pour une séance lui est convenable, et cause sur un motif de discussion.

533 BRUNEL, sir Marc-Isambert, célèbre ingénieur et architecte, le fameux constructeur du tunnel sous la Tamise, n. à Hacqueville (Eure) 25 avril 1769, m. à Londres 12 décembre 1849.

L. A. S. à Monsieur....; Londres 22 janvier 1835. — 4 p. in 4⁰.

Remarquable lettre où il parle en termes enthousiastes de l'impulsion bien prononcée d'aujourd'hui vers toutes les entreprises d'utilité publique; de l'accroissement rapide du commerce; du développement incomparable de l'Amérique, le pays où il a commencé sa carrière d'ingénieur, ″c'était assez ″facile alors, car parmi les aveugles les borgnes sont rois″. — Détails sur son séjour en Amérique.

534 CUVIER, George-Léopold-Chrétien-Frédéric-Dagobert baron de, le plus célèbre naturaliste de son temps, n. à Montbéliard 23 août 1769, m. à Paris 13 mai 1832.

L. S. avec 7 lignes autographes, à (J. J.) Berzelius (le célèbre chimiste) secrét. perp. de l'acad. des sciences à Stockholm; Paris 22 juin 1830. — 1 p. in 4⁰. — Tête imprimée et vignette de l'Institut.

Belle lettre d'envoi d'un volume des mémoires de l'Institut; il y ajoute de sa main des protestations affables et demande de recevoir de nouveau un des ouvrages de B. qu'il a reçu antérieurement, mais qui s'est égaré.

535 GEOFFROY SAINT HILAIRE, Étienne, illustre naturaliste, n. à Étampes (Seine-et-Oise) 5 avril 1772, m. à Paris 19 juin 1844.

L. A. S. à M. Elwert, professeur de musique au conservatoire à Paris; (Paris 1er décembre 1836). — ¹/₂ p. in 8⁰.

Il mande avoir présenté au conseil sa lettre pour sa nomination.

536 AMPÈRE, André-Marie, un des plus illustres mathématiciens et physiciens des temps modernes, il découvrit les phénomènes de l'électro-dynamisme, membre de l'Institut, n. à Lyon 20 janvier 1775, m. à Marseille 10 juin 1836.
Feuille autographe de 2 pages in folio: fragment de son cours à l'école polytechnique.

537 DUPUYTREN, Guillaume baron, anatomiste renommé, l'habile chirurgien de l'Hôtel-Dieu, n. à Pierre-Buffière (Limousin) 3 octobre 1777, m. à Paris 8 février 1835.

Deux L. A. S. — I. à M. le doyen. .... 1 p. in fol. — II. au docteur Biett (?) (Paris 23 novembre 1834). 1 p. in 8⁰. — P.

I. Il réclame hardiment l'original du projet de constitution pour l'académie (?) — II. Il recommande à son attention ordinaire une de ces nièces.

538 ARAGO, Dominique-François, célèbre astronome et physicien, qui découvrit la rotation magnétique, n. à Estogel (Perpignan) 26 février 1786, m. à Paris 2 octobre 1853.

L. A. S. à M. Lipkens, membre de l'Institut des Pays-Bas, à Paris; (Paris) 6 décembre 1838. — 1 p. in 4⁰. — P.

Belle lettre où il donne son opinion au sujet des appareils de filtration de Fonvielle et de Lanet Limecourt et dit que celui de Lanet est la contrefaçon la plus manifeste etc. du système Fonvielle. etc.

539 ARAGO, Dominique-François.

L. A. S. au professeur W. Vrolik (le célèbre physiologue et zoologue) secrétaire perp. de l'Institut des Pays-Bas à Amsterdam; Hôtel de Hull 8 septembre. — 1 p. in 4⁰.

Très affable lettre où il mande qu'il se propose "de venir admirer votre pays" en compagnie de son collègue M. Odilon Barrot; "j'espère user de notre influence pour applanir les diffi- "cultés." etc.

540 ROCHETTE, Désiré-Raoul, célèbre archéologue et critique historique, secrétaire de l'Institut, n. à St. Amant 7 mars 1790, m. à Paris 6 juillet 1854.

I. L. A. S. au Dr. C. Leemans, directeur du musée d'antiquités à Leide; Paris 13 mars 1838. — 3 p. in 4⁰.

Remarquable lettre où il parle d'une stèle antique, nouvellement trouvée qu'il veut comparer à celle conservée à Leide.

II. Deux L. A. S. à J.-Z. Mazel à La Haye; Paris 8 novembre 1842 et La Haye 13 octobre. — 5 p. ¹/₂ in 4⁰ et 8⁰.

Belles lettres de causeries scientifiques et amicales.

541 COUSIN, Victor, le grand philosophe qui fonda l'école éclectique, l'auteur des "Femmes illustres du 17e siècle", membre de l'Académie française, n. à Paris 28 novembre 1792, m. à Cannes 14 janvier 1867.

I. L. A. S. au général Brosin à Paris; (Paris 1835). — ¹/₂ p. in 8⁰. — II. B. A. S. 25 août 1841. — ¹/₄ p. in 8⁰. — P.

I. Il lui demande de ne pas quitter Paris "sans que nous ayons un peu causé ensemble de "mille et mille choses." etc.

542 GEOFFROY SAINT-HILAIRE, Isidore, illustre naturaliste, le célèbre auteur de la "Vie d'Étienne G. St. Hilaire son père", n. à Paris 16 décembre 1805, m. dans cette ville 10 novembre 1861.

L. A. S. à son ami ....; Paris 9 octobre 1858. — 1 p. in 8⁰.

Il demande des ex. d'une brochure en réponse à M. Stéphenson et parle d'une réunion ajournée.

SUISSE

543 HALLER, Albrecht von, célèbre comme anatomiste, physiologiste, botaniste et poète, n. à Berne 16 octobre 1708, m. à Berne 12 décembre 1777.

L. A. S., en français, à Madame Sinner à (Berne); (Bern) 28 juin 1770. — ¹/₂ in 4⁰.

Lettre de remerciement pour un présent qu'elle lui a fait, après la guérison d'une maladie qu'il avait soignée.

544 BONSTETTEN, Charles-Victor de, célèbre philosophe, auteur de nombreux ouvrages politiques, littéraires et métaphysiques, n. à Berne 3 septembre 1745, m. à Genève 3 février 1832.

L. A. S. à son cousin ....; Valeyres 29 octobre 1796. — 3 p. in 4⁰.

Très belle lettre relative à des affaires de famille.

545 LAHARPE, Frédéric-César, le célèbre précepteur de l'empereur Alexandre I, homme d'état et publiciste, n. au Pays de Vaud 1754, m. 30 mars 1838.

L. A. S. à son excellence le comte....; 30 août 1817. — 1 p. in 4⁰.

Très belle lettre où il invoque ardemment son secours pour M (Antoine-Vincent) Arnault (l'illustre écrivain, proscrit en 1815) homme de lettres distingué, qui se trouve porté sur la liste fatale (des prétendus complices du retour de Bonaparte).
M. Arnault fut rappelé en 1819 et rétabli en 1829 comme membre de l'Académie.

ALLEMAGNE

546 BUXTORF, Johannes, hébraïste célèbre, professeur à Bâle, n. à Camen (Westphalie) 25 décembre 1564, m. à Bâle 13 septembre 1629.

L. A. S., en latin, à Conradus Vorstius, professeur de théologie à Steinfurth; Bâle 8 juin 1608. — 2 p. in fol.

Remarquable lettre de causeries linguistiques.

547 FREINSHEMIUS, Johannes, savant philologue, qui publia des éditions célèbres de Quinte-Curce et de Tite-Live, bibliothécaire de la reine Christine de Suède, n. à Ulm 16 novembre 1608, m. à Heidelberg 30 octobre 1660.

L. A. S., en latin, à Joachim de Wicquefort à Amsterdam; 25 février 1640. — 3 p. in 4⁰.

Lettre curieuse; il lui écrit qu'il voudrait bien solliciter à la place vacante de professeur, mais faisant cela il ne veut pas se rabaisser et qu'en outre le salaire ne lui convient pas; cependant il demande son entremise; curieuses observations philosophiques à ce sujet. Il envoie un spécimen de son édition de Q.Curce; et parle de Barlaeus et de Vossius.

548 KANT, Emmanuel, un des plus profonds philosophes, le fondateur de l'école philosophique qui a pris son nom, n. à Koenigsberg 22 avril 1724, m. en cette ville 12 février 1804.

P. A. — Deux pages d'une écriture très serrée in 8⁰, comprenant environ 2 pages in fol.

Notices pour une conférence sur l'élasticité, le magnétisme et la fluidité de la matière.

549 BLUMENBACH, Johann-Friedrich, grand naturaliste allemand, célèbre physiologue et zoologue, n. à Gotha 11 mai 1752, m. 22 janvier 1840.

Deux L. A. S., en français. — I. à C. J. C. Reuvens (professeur de Leide) à Pyrmont; Gottingue 16 juillet (1815) — 1 p. in 8⁰. — II. à (W.) Vrolik (professeur de zoologie) à Amsterdam; Gottingue 2 janvier 1838.

I. Il lui accuse réception de sa lettre et désire faire sa connaissance personnelle. — II. Belle lettre de remerciement pour l'envoi d'un de ses ouvrages.

550 OLBERS, Heinrich-Wilhelm-Matthias, un des plus illustres astronomes de son

temps, il découvrit les planètes Pallas et Vesta et observa de nouveau Cérès, n. à Arbergen (Prusse) 11 octobre 1758, m. à Brême 2 mars 1840.

L. A. S. au chevalier Schumacher, conseiller d'État à Altona; Brême 22 juillet 1831. — 1 p. in 4⁰.

Il lui renvoie q.q. livres hollandais et l'en remercie fortement, surtout pour le traité sur l'invention des lunettes éclaircissant parfaitement l'histoire de cette découverte. — Causeries amicales.

551 HEEREN, Arnold-Hermann-Ludwig, un des grands rénovateurs de la science de l'histoire et de sa critique, n. à Arbergen 25 octobre 1760, m. à Gottingue 7 mars 1842.

L. A. S. au professeur (A. C.) Holtius (à Louvain). — 1 p. in 8⁰.

Lettre d'envoi d'un ex. de son ouvrage: Commentatio de fontibus vitarum Plutarchi; causeries scientifiques.

552 TAUCHNITZ, Karl-Christoph-Traugott, célèbre libraire et imprimeur, qui doit surtout sa réputation à ses éditions d'auteurs classiques d'une correction de texte remarquable, n. 29 octobre 1761, m. à Leipzig 14 janvier 1836.

L. A. S. à M. Wilmans, libraire à Francfort; Leipzig 25 mai 1813. — 1 p. in 4⁰.

Il demande des renseignements concernant M. Roth, qui s'est présenté à lui pour une place vacante dans ses bureaux.

553 HUFELAND, Christoph-Wilhelm, un des médecins les plus savants de son temps, publiciste célèbre, n. à Langensalza 1762, m. à Berlin 25 août 1836.

L. A. S. à Madame Kröse; 12 juillet 1818. — ¹/₂ p. 8⁰. — B. A. S. 17 juillet 1818. — 1 p. in 8⁰.

Consultation médicale.

554 HUMBOLDT, Friedrich-Wilhelm-Heinrich-Alexander von, un des plus illustres esprits philosophiques et explorateurs érudits qui aient jamais existé, n. à Berlin 14 septembre 1769, m. dans cette ville 6 mai 1859.

L. A. S. au docteur Waagen (à Berlin); Berlin 15 avril 1827. — ¹/₂ p. in 4⁰. — P.

Il le prie de conférer avec le ministre Stein, et donne des renseignements.

555 HUMBOLDT, Friedrich-Wilhelm-Heinrich-Alexander von.

L. A. S. au docteur (Philip-Franz) von Siebold (le célèbre explorateur du Japon); Berlin 1830. — 1 p. in 8⁰. — P.

Intéressante lettre où il mande que le prince Albert le (Siebold) prie de venir le voir, que le prince royal a l'intention de l'inviter à dîner et que le roi a manifesté le désir de le rencontrer; causeries sur le bon accueil qui l'attend partout etc.

556 HUMBOLDT, Friedrich-Wilhelm-Heinrich-Alexander von.

L. A. S., en français, au baron A. C. J. Schimmelpenninck van der Oye, ministre des Pays-Bas à Berlin; Potsdam 5 novembre 1852. — ¹/₂ p. in 8⁰. — Enveloppe à l'adresse autogr. signée. — Cachet. — P.

Spirituelle épître dont voici le contenu: "Monsieur le Baron, Les hommes de lettres, depuis 2000 ans, ont la réputation d'être importuns et je ne suis pas né, il y a 83 ans, pour les délivrer de ce blâme. Je demande en grâce à Votre Excellence de déchiffrer le lieu de la résidence d'une personne qui a une malheureuse passion pour moi et qui s'occupe de tout ce que j'aime le moins pendant la vie, ne pouvant l'empêcher après ma mort. Un peu géographe (d'outre-mer il est vrai), je suis très honteux de ne pas lire le nom de la ville où se trouve la place de Zaardam? Agréez je vous supplie, monsieur le Baron, l'hommage de ma haute et respectueuse considération de V. E. l. t. h. et t. o. serviteur A. Humboldt. — Je lis Zouandam?" (La petite ville de Zaandam dans la Hollande septentrionale).

557 HAMMER-PURGSTALL, Joseph baron de, illustre orientaliste, le célèbre auteur de l'"Histoire de l'empire Ottoman", n. à Graz 9 juin 1774, m. à Vienne 23 novembre 1856.

L. A. S. (au baron Ch. Schilling von Canstatt, physicien distingué, à Pétersbourg); Vienne 16 juillet 1829. — 2 p. in 8°.

Belle lettre; il lui envoie le 5e volume de son Histoire de l'empire Ottoman et cause sur des sujets d'histoire orientale.

558 GÖRRES, Jakob-Joseph von, savant et publiciste célèbre, partisan de la révolution qui se manifesta pour le catholicisme 1827, n. à Coblenz 25 janvier 1776, m. à Munich 29 janvier 1848.

L. A. S. à son ami. — 2 p. in 4°.

Intéressante lettre; il mande qu'il a l'intention de publier un journal dirigé principalement contre les journaux révolutionnaires mensongers; il a demandé au ministre Schenk liberté de censure et de port, afin d'avoir la faculté de pouvoir propager plus facilement parmi le peuple; il attend depuis longtemps la réponse et demande son intermédiaire. — Details curieux.

559 GAUSS, Carl-Friedrich, le plus grand géomètre de son temps, physicien éminent qui découvrit l'unité des forces, n. à Brunswick 30 avril 1777, m. à Gottingue 23 février 1855.

Deux L. A. S. à son fils Joseph Gauss à Hanovre; Gottingue 9 juillet 1846 et 3 octobre 1850. — 4 p. in 4°.

Intéressantes lettres de causeries intimes.

560 SAVIGNY, Friedrich-Karl von, célèbre jurisconsulte et archéologue, le savant auteur de l'"Histoire du droit romain au moyen âge", n. à Francfort 1779, m. à Berlin 25 octobre 1861.

I. B. A. S. 30 octobre 1851. — II. L. S., en français; 26 novembre 1847. — 1 p. 3/4 in 8°.

I. Pièce d'amateur (avec notice curieuse comment on a obtenu cet autographe et une L. A. S. de madame G. v. Savigny sur la difficulté de s'en procurer un). — II. Envoi du "Projet de code "pénal" destiné à être soumis aux délibérations des députés.

561 MECKEL, Johann-Friedrich, éminent anatomiste chirurgical, professeur à Halle, publiciste, n. à Halle 17 octobre 1781, m. dans cette ville 21 octobre 1833.

L. A. S., en français, à G. Vrolik, professeur d'histoire nat. très célèbre à Groningue; Halle 6 mars 1830. — Cachet.

Belle et amicale lettre où il donne beaucoup de détails sur l'achat d'un casuar.

562 GESENIUS, Friedrich-Heinrich-Wilhelm, orientaliste et théologien éminent, professeur à Halle, n. à Nordhausen 3 février 1786, m. à Halle 23 octobre 1842.

L. A. S. à Dr. Leemans à Leide; Halle 7 septembre 1839.

Lettre d'introduction pour le prof. Pott (linguiste célèbre) de Halle et le prof. Schwarz de Jena; causeries scientifiques.

563 WAAGEN, Gustav-Friedrich, esthéticien allemand, célèbre auteur d'ouvrages sur l'histoire de l'art, n. à Hambourg 11 février 1794, m. à Copenhague 15 juillet 1868.

L. A. S. à J. W. Holtrop, bibliothécaire de la Bibliothèque royale, à La Haye; Berlin 15 août 1848. — 1 p. in 4°.

Belle lettre d'introduction pour M. Sanford, attaché de la légation américaine à Pétersbourg; observations curieuses sur les évènements du jour.

564 SIEBOLD, Philip-Franz von, célèbre naturaliste et ethnographe, chargé d'une mission du gouvernement néerlandais il fut le premier qui explora l'intérieur du Japon et fit connaître ce vaste empire par des publications savantes, n. à Würtzbourg 17 février 1796, m. à Münster 10 octobre 1866.

Deux L. A. S., en hollandais. — I. Leide 11 octobre 1833. — 1 p. in 4⁰. — II. Bonn 21 janvier 1858. — 1 p. in 8⁰.

I. Belle lettre d'envoi de ses ouvrages: "Nippon-archief" et "Fauna Japonica" pour remettre au ministre de l'intérieur (H. J. baron van Doorn). — II. Belle pièce d'envoi au prince Henri des Pays-Bas, son illustre protecteur, sur du papier au portrait de von Siebold.

565 SIEBOLD, Carl-Theodor von, un des plus célèbres physiologistes et anatomistes modernes, il fonda l'Institut physiologique de Munich, n. à Würtzbourg 16 février 1804; — frère du précédent.

L. A. S. au Dr. (J.) van der Hoeven (professeur de zoologie) à Leide; Münich 21 février 1855. — 1 p. in 8⁰.

Lettre amicale d'envoi de livres et de causeries scientifiques.

ANGLETERRE - ITALIE

566 FARADAY, Michael, l'illustre physicien, le fondateur de la science électrique moderne, n. à Newington (Surrey) 22 septembre 1791, m. à Hampton 25 août 1867.

L. A. S. à (Gérard) Moll (professeur de mathématiques et d'astronomie à Utrecht); Royal Institution (Londres) 2 juin 1837. — 2 p. in 4⁰.

Belle et amicale lettre; il mande qu'il s'est infiniment réjoui à la réception de sa lettre et s'excuse d'etre un correspondant indigne; "But then remember that if I am a slow and rare "writer you are not even quick and exact, but I trust the much better cause for infrequent "writing, great occupation, altogether remove us from each other thoughts. Dr. Vrolik leaves "here in a day; I wish I could have sent some papers by him, for they (if good) are the best "correspondance between scientific men, but rather weak health etc. have prevented this." etc.

567 OWEN, Richard, illustre anatomiste et paléontologiste, le célèbre conservateur du "College of Surgeons" et le président de la "Microscopical Society" n. à Lancaster 20 juillet 1804.

L. A. S. au Dr. (J.) van der Hoeven (professeur de zoologie à Leide); Royal college of surgeons 6 décembre 1844. — 3 p. in 8⁰.

Causeries scientifiques et remerciements pour sa participation à ses travaux anatomiques.

568 WRIGHT, Thomas, le célèbre antiquaire et archéologue, il publia des "Anciens mystères" et nombre de poèmes et chants saxons et normands, auteur de "l'Histoire de la caricature et du grotesque dans l'art", n. 21 avril 1810, m. à Londres 23 décembre 1877.

L. A. S., en français. — 1 p. in 8⁰.

Jolie lettre d'informations amicales.

569 MEZZOFANTI, Joseph, cardinal, célèbre linguiste italien, qui excellait à manier

plus de cinquante idiomes différents, n. à Bologne 19 septembre 1771, m. à Naples 14 mars 1849.

Quatrain en hollandais autographe signé.

SUÈDE

570 LINNÉ, Carl von, le botaniste le plus célèbre, n. à Råshult 13 mai 1707, m. à Upsal 10 janvier 1778.

I. — L. S. au comte (Charles Gustave) Tessin, chancelier de l'académie d'Upsal; Upsal 1 janvier 1770. — 3 p. in fol. — II. Pièce autogr. signée en latin. — P.

I. Superbe lettre où le sénat académique offre au comte ses compliments à l'occasion du nouvel an. — Signée également par 22 professeurs. — II. Dédicace d'un ouvrage à D. de Gorter.

571 BERZELIUS, Jöns-Jacob baron, éminent chimiste qui découvrit l'oxide cérique, plusieurs corps simples, etc. professeur de médecine et de pharmacie à Stockholm, n. à Väfversunda Sörgård 29 août 1779, m. à Stockholm 7 août 1848.

Trois L. A. S. à son frère le prof. G. Wahlenberg à Upsal; Stockholm 23 juin 1834; 19 juin; et sans date. — 3 p. in 4⁰. — Cachet à ses armes. — P.

I. Lettre de recommandation pour le géologue Heeth, jeune savant célèbre. — II. Il parle de l'itinéraire de Hoftadrö et d'un mémoire de Dalmon. — III. Il demande des informations sur une lettre de Brogmart.

572 BERZELIUS, Jöns-Jacob baron.

Deux L. A. S. — I. (au chevalier Carl Hochschild à Paris); Stockholm 13 février 1821. — 2p. ¹/₂ in 4⁰. — II. au même à Copenhague; (Stockholm) 5 juillet. — 2 p. in 4⁰.

I. Il espère que son séjour à Paris lui assurera l'impression de son travail, avant qu'il ait à craindre que les chimistes prennent des essais, comme cela est arrivé en Hollande. Il dit que le prince royal (Oscar) assistera à son cours de chimie et s'en félicite beaucoup parce que le prince est un esprit éclairé et très instruit. Il mande qu'il vient de recevoir l'ordre de Wasa. — II. Belle et spirituelle lettre où il parle très malicieusement du séjour de son ami à Paris; demande des informations sur Gustave Lowenhjelm à Paris et cause de ses amis à Stockholm d'une manière plaisante et très équivoque.

573 AGARDH, Carl-Adolf, le célèbre botaniste et érudit Suédois, professeur à Lund, évêque et membre du parlement, n. à Båstad 23 janvier 1785, m. à Karlstad (?) 28 janvier 1859.

L. A. S. au professeur Wahlenburg; Lund 28 avril 1827. — 2 p. in 8⁰.

Belle lettre de causeries scientifiques.

574 NILSSON, Swen, illustre zoologue et archéologue, professeur à Lund, n. près de Landskrona 8 mars 1787, m. à Lund 30 novembre 1883.

L. A. S. au docteur....; Lund 17 janvier 1832. — 4 p. in 4⁰.

Remarquable lettre où il parle longuement de ses collections paléontologiques, description raisonnée très détaillée.

575 FRIES, Élias, le célèbre botaniste, professeur à l'université d'Upsal, auteur d'ouvrages aussi estimés que nombreux, n. à Femsjo 15 août 1794, m. à Upsal 8 février 1878.

L. A. S. au professeur....; (17 octobre 1829). — 4 p. in 4⁰.

Belle lettre scientifique où il entre dans beaucoup de détails sur ses dernières découvertes botaniques et parle de la mode de les publier dans différents ouvrages.

576 FRYXELL, Anders, le savant et populaire historien de la Suède, poète distingué, professeur à Stockholm, n. à Hesselkog 7 février 1795, m. à Stockholm 21 mars 1881.

B. S. ayant servi de pli pour un poème, mis au concours, intitulé: Môtet på Odins hôg.

DANEMARC

577 OERSTED, Hans-Christian, célèbre physicien, qui fonda la science de l'électromagnétisme, n. Rudkjöbing (île de Langeland) 14 août 1777, m. à Copenhague 9 mars 1851.

L. A. S., en allemand, au Dr. (J.) van der Hoeven, professeur (de zoologie) à Leide; Copenhague 3 avril 1844. — 1 p. in 4⁰.

Il mande la réception d'un livre pour l'académie danoise des sciences.

578 OERSTED, Hans-Christiaan.

L. A. S., en français, à M. Froelick (W. Vrolik) professeur (d'histoire naturelle) à Amsterdam; Copenhague 12 mai 1847. — 2 p. in 8⁰.

Très belle lettre d'introduction pour le célèbre poète et romancier Hans-Christian Andersen «qui passera par votre ville où il ne connaît personne; je suis à peu près dans le même cas, «n'ayant visité Amsterdam depuis 1813; mais comme vous seriez le premier, auquel je voudrais «avoir l'honneur de faire ma visite, si je pouvais encore voir votre ville, je prends la liberté «d'adresser M. Andersen à vous.» etc.

579 SCHUMACHER, Heinrich-Christian, célèbre astronome, qui se signala surtout par ses travaux géodésiques, professeur à Copenhague, n. à Brumstadt (Holstein) 3 septembre 1780, m. dans cette ville 28 décembre 1850.

Deux L. A. S. au Dr. G. Moll (professeur d'astronomie et de physique) à Utrecht. — I. en allemand; Altona 5 mai 1835. — 3 p. in 4⁰. — II. en anglais; Altona 2 septembre 1830. — 1 p. in 4⁰. — Cachets.

I. Remarquable lettre scientifique sur la détermination du kilogramme, les observations faites par le professeur Olufsen de Copenhague avec l'étalon aux Archives à Paris et les résultats acquis; détails. — II. Belle lettre d'invitation à dîner lors de son séjour à Altona.

LITTÉRATEURS

POÈTES ET PROSATEURS

PAYS-BAS

580 CATS, Jacob, poète d'une popularité constante durant deux siècles, grand-pensionnaire de Hollande, n. à Brouwershaven 10 novembre 1577, m. à La Haye (Sorgvliet) 12 septembre 1660.

L. A. S. à Const. Huygens, secrétaire du prince d'Orange; 20 janv. 1627. — $^3/_4$ p. in 4⁰. — P.

Il lui annonce la réception d'un paquet, de la part du prince d'Orange, pour l'amiral Reael (grand navigateur, poète etc.), et mande qu'il ne réussira pas à le faire parvenir à temps à son adresse, son départ ayant été retardé par la mauvaise volonté de l'équipage de son bâtiment.

581 HOOFT, Pieter-Cornelisz, célèbre prosateur qui le premier écrivit l'histoire dans un style animé, pittoresque et artistique; auteur de poèmes admirables de forme; à son château de Muiden (près d'Amsterdam) se réunissaient tous les beaux-esprits de son temps, cercle qui fit époque dans l'histoire de la littérature néerlandaise; n. à Amsterdam 16 mars 1581, m. à La Haye 25 mai 1647.

Pièce de vers autographe signée de ses initiales, intitulée: „Op het Musje van Joffrou S(usanna) B(artolotti)," dont voici le commencement:

T'musje, lusse van myn meijsije,
Plant syn pootjes op het vleijsije
Van haer blancke, poesle krop;
Ende steeckt syn beckijen op,
Om te picken nae de peerlen.

T'schelmtje denckt: Ick wed die kerlen
Moeders syn van 't leckere meel,
Daer men taertjens voor de keel
Van Juppijn en al syn gasten
Af gaet backen. — — —

Pièce superbe d'une écriture calligraphique. — 1 p. in fol. — P.

582 HOOFT, Pieter-Cornelisz.

Pièce autographe de vers, intitulée: ııOp het orghelgebruyk van den Heere van Zuylichem Constantin Huyghens.ıı — Signée de sa devise: ııOmnibus Idemıı. — Poème composé en septembre 1640 et publiée dans: Responsa prudentum ad autorem (C. Huygens) dissertationis de organo, 1641; et dans le livre de C. Huygens: Ghebruik en onghebruik van 't orghel. 1659 et 1660. — 1 p. in fol.

583 VONDEL, Joost van den, le plus célèbre poète néerlandais du 17e siècle, époque illustre de la République; auteur de poèmes, de drames lyriques et de satires rarement surpassés; grand rénovateur de la langue néerlandaise; n. à Cologne (d'origine néerlandaise) 17 novembre 1587, m. à Amsterdam février 1679.

L. A. S. (à Catharina Zuerius, nièce de Constantin Huygens); Amsterdam 21 juillet 1646. — $^1/_2$ p. in 4⁰ obl.; 7 P.

Lettre d'envoi des œuvres de Virgile, qu'il a empruntées à Constantin Huygens. Il la prie de les lui remettre avec ses remerciements.

584 VONDEL, Joost van den.

Pièce d'album autographe signée, en latin, écrite à l'âge de 90 ans. — 1/2 p. 8⁰.

585 BAERLE, Casper van, (Barlaeus), philosophe, théologien et médecin, poète latin et hollandais, professeur à Leide et à Amsterdam, n. à Anvers 12 février 1584, m. à Amsterdam 14 janvier 1648.

L. A. S., en latin, à Hugo Grotius; ambassadeur de Suède à Paris; Amsterdam 28 octobre 1639. — 1 p. in 4⁰. — P.

Très belle lettre où il lui mande la victoire remportée par la flotte hollandaise sous Tromp sur la flotte espagnole près de Duins (Angleterre); observations enthousiastes sur cet évènement; causeries littéraires.

586 BAERLE, Casper van.

Pièce de vers latins autogr. signée de ses initiales. — 1 p. in fol. — P.

Poème curieux intitulé: In tripudium Gallicum (sur la danse des français.) — Satire politique sur les puissances belligérantes (1639).

587 HUYGENS, Constantin, (voir: série des Hommes d'état et personnages politiques).

Belle pièce de vers autographe signée: Constanter Hag. 23 junij 1623. — (Ayant pour titre: Mislukte Muydsche reise vermits het ofwezen van den Drost). — 2 p. in 4⁰.

Poème spirituel avec ratures et corrections écrit à propos d'une visite à Muyden, le château de P. C. Hooft, qu'il ne trouve cependant pas. Il finit en demandant, en grands caractères, de vouloir lui dire le bon soir de sa part: "Segt hem goeden avond van mynent wegen."

588 BRANDT, Gerard, prosateur et poète distingué, l'auteur célèbre de l'"Histoire de la réformation dans les Pays-Bas", n. à Amsterdam 25 juillet 1626, m. à Rotterdam 12 octobre 1685.

I. — L. A. S. en latin, à L. van Velthuisen (médecin et théologien célèbre 1622—1685) doctor in de medicijnen, bewinthebber der West-Indische compagnie te Utrecht; Hoorn 4 juin 1665. — 1 p. $^1/_2$ in 4⁰. — Cachet brisé. — P.

Très belle lettre. — Il lui envoie quelques pièces de poésie e. a.: "Christianum pacificum" et lui demande son opinion. — Observations curieuses sur le sujet de ce poème.

II. — P. A.: Sonnet latin sur Joh. Acronius (théologien savant, m. à Harlem 1627). — $^1/_2$ p. in 4⁰.

589 HAREN, Willem van, poète politique et lyrique, loué par Voltaire, auteur du poème "Friso", épopée estimée pour le style et la composition (imité du "Télémaque" de Fénelon); ambassadeur de Hollande près la cour du duc de Lorraine à Bruxelles; n. à Leeuwarde 21 février 1710, suicidé à Henkenshage (Bruxelles) 4 juillet 1768.

Brouillon autographe, fragment de son poème „Friso", livre IV lignes 60—152, de l'édition de 1758. — 2 p. $^1/_2$ in 4⁰. — 2 P.

590 HAREN, Willem van.

Pièce autographe sauvée de l'incendie de son château à Wolvega. — 3 p. in folio. — P.

Brouillon d'un de ses rapports sur les négociations intern. de la République en 1741/42 aux États de la Frise, comme leur député aux États-Généraux à La Haye: Restitution et frais de guerre à payer par le Danemarc à la Suède. etc.

591 HAREN, Onno-Zwier van, poète, d'une originalité remarquable supérieur à ses contemporains; membre des États-Généraux pour la Frise; accusé de *tentati incestus*, querelle de famille qui fut une des causes célèbres du temps, n. à Leeuwarde 2 avril 1713, m. à Wolvega (Frise) 2 septembre 1779.

P. S. de Willemstad 5 août 1747. — $^{1}/_{2}$ p. in 4⁰. — P.

Ordre de payer; signé en sa qualité de député de guerre du Conseil d'état des Provinces-Unies, pendant la guerre de succession d'Autriche.

592 HAREN, Onno-Zwier van.

L. A. S., en français, à (Anthonie) Patras à La Haye; Wolvega 12 mars 1761. — 1 p. in 4⁰. — P.

Remarquable lettre concernant le délit. — Il annonce son arrivée en Frise et mande qu'il a présenté à la cour de Leeuwarde une requête contre le décret des États-Généraux, par lequel ceux-ci interdisaient à v. H., à cause de son délit, d'assister à leurs sessions jusqu'à nouvel ordre. Il le remercie de la peine qu'il s'est donnée pour ses affaires domestiques ; *si dans l'horrible situation où des enfants dénaturés et leurs furieux complices prennent plaisir de nous mettre mon épouse et moi, tout le monde se joignoit à eux pour nous écraser, il est vrai que cela nous causeroit dans le moment un terrible embarras, mais un peu de tems fera évanouir tout cela.*

593 HAREN, Onno-Zwier van.

L. A. S. à J. van Beucker, son avocat; Wolvega 30 juin 1762. — 1 p. in 4⁰.

Concernant le procès; il approuve son arrangement, lui mande que Coster, un des témoins, n'est pas encore arrivé et explique la cause de ce retard.

594 HAREN, Onno-Zwier van.

L. A. S. à madame (Patras); Wolvega 18 octobre 1765. — 3 p. in 4⁰.

Belle lettre sur affaires domestiques. — Il s'agit d'évaluer et de reprendre les possessions près de Oldelamer et de Blesdycke, qui lui avaient appartenu autrefois; afin d'en savoir la juste valeur, il conseille de les mettre en vente publique. — Détails intimes.

595 BEKKER, Élisabeth, (veuve Adriaan Wolff), n. à Flessingue 24 juillet 1738, m. à La Haye 5 novembre 1804. — Agatha **DEKEN**, n. à Amstelveen 10 décembre 1741, m. à La Haye 14 novembre 1804. — Célèbres romancières et poètes, deux amies qui collaborèrent ensemble à des ouvrages littéraires pleins de verve et d'originalité.

I. — Deux P. A. S.; La Haye 29 août et 9 septembre 1802. — 4 p. in 8⁰. — P.

Belles pièces d'album en prose et en vers.

II. — L. A. S. de A. Deken; (La Haye) 30 mars 1801. — 1 p. in 4⁰.

Jolie lettre.

596 BILDERDYK, Willem, le plus grand poète néerlandais du 19e siècle, n. à Amsterdam 7 septembre 1756, m. à Harlem 18 décembre 1831.

I. — L. A. S. à son ami....; Leide août 1819. — 1 p. $^{1}/_{4}$ in 4⁰. — 6 p. diff.

Intéressante lettre où il donne des nouvelles de sa famille et parle avec tristesse de sa santé et de sa disposition d'esprit.

II. — P. S. Leide 27 avril 1820.

Quittance d'une somme payée par le libraire J. Immerzeel Jun. à Rotterdam.

597 BILDERDYK, Willem.

L. A. S. (à P. den Hengst, libraire à Amsterdam); Harlem 10 février 1830. — $^3/_4$ p. in 4⁰.

Curieuse lettre où il mande que par une coïncidence fortuite il a vendu deux fois le droit d'auteur du même volume de poésies qu'il vient d'achever; il s'excuse sur une faiblesse, une dissipation d'esprit journellement croissante.

598 BILDERDYK, Willem.

Deux pièces de vers autographes. — 3 p. in 8⁰.

I. Fragment de son poème "Fingal" (les vers 114—221). — II. "Stoïcismus", pièce de 18 lignes avec corrections, paraphée, 1827.

599 BILDERDYK, Willem.

Deux dessins à la plume. — in 4⁰.

La parabole des vierges sages et des vierges folles. — Étude d'homme nu.

600 PALM, Johannes-Henricus van der, un des plus célèbres prosateurs et orateurs hollandais, professeur de langues orientales à Leide, n. à Rotterdam 17 juillet 1763, m. à Leide 8 septembre 1840.

Trois L. A. S. — I. au conseiller d'État van Royen à Ryswyk; Leide 23 mars 1819. — II. 3 août 1833. — 3 p. in 4⁰ et 8⁰. — P.

I. Belle lettre où il s'excuse de ne pouvoir le recevoir, causeries amicales. — II. Il recommande très affablement M. Siegenbeek jeune pour une charge qu'il vient de solliciter. — III. Arguments sur une question grammaticale posée par Weiland.

601 KINKER, Johannes, un des poètes les plus philosophes de la Hollande, érudit d'une pénétration et d'un jugement profonds, n. à Nieuwer-Amstel 1 janvier 1764, m. à Amsterdam 16 septembre 1845.

I. — P. A. S.; Liège 17 décembre 1829. — 1 p. $^1/_2$ in fol. — P.

Critique de poèmes mis au concours par la "Société hollandaise des sciences."

II. — Pièce autographe de 13 pages in 4⁰.

Le somnambule. — Conte philosophique très curieux.

602 STARING, Antony-Winand-Christiaan, célèbre poète lyrique, n. à Gendringen 24 janvier 1767, m. à sa campagne Wildenborch (Vorden) 18 août 1840.

I. — L. A. S. à (A. W. C. baron Nagell van Ampsen, ministre des affaires étrangères, à La Haye); Wildenborch 2 juin 1815. — 2 p. $^3/_4$ in 4⁰.

Belle lettre en réponse à sa nomination dans la commission pour les affaires douanières, particularités intéressantes qui l'ont décidé à refuser.

II. — Pièce de vers autographe signée; Wildenborch 14 novembre 1832.

Épigramme sur les flottes anglaise et française réunies contre la Hollande.

603 HELMERS, Jan-Frederik, le poète le plus populaire de son temps, n. à Amsterdam 7 mars 1767, m. dans cette ville 26 février 1814.

I. — L. A. S. à H. Tollens à Rotterdam; 2 novembre 1812. — 1 p. in 4⁰. — P.

Il parle de la censure que son poème "La Nation Hollandaise" a subi à Paris et espère que les vers de Tollens auront moins à souffrir. etc.

II. — Poème autographe signée: De handel. — 24 p. in 4⁰. — Pièce superbe.

III. — Pièce de vers autographe de 14 vers.

Extempore adressé à H. H. Klyn.

604 TOLLENS, Hendrik-Cornelis, célèbre poète, le favori de ses contemporains, n. à Rotterdam 24 septembre 1780, m. à Ryswyk 21 octobre 1856.

Quatre L. A. S. à J.-J.-F. Wap, A. des Amorie van der Hoeven, mad. Bosboom-Toussaint etc. 1828—54. — 3 p. $^1/_2$ in 4⁰. et 8⁰. — 5 P. diff.

Belles lettres de correspondance familière, d'envoi de poèmes. etc.

605 TOLLENS, Hendrik-Cornelis.

Deux pièces de vers autographes signées. — 6 p. $^1/_2$ in 8⁰.

I. Poème adressé à Hugo Beyerman. — II. La romance traduite de W. Scott: De jonker van het Sticht.

606 BOGAERS, Adrianus, poète de grande distinction et d'une originalité supérieure à beaucoup de ses contemporains, n. à La Haye 6 janvier 1795, m. à Spa 11 août 1870.

I. — Deux pièces autographes; signées. — 5 p. $^1/_2$ in 4⁰ et 8⁰. — Beau portrait par J. Bal.

Deux contes en vers: "Schipper de Zwart" 1839; et "Opleggen" 1861.

II. — L. A. S. à (J.-Z. Mazel à La Haye); Rotterdam 27 juin 1839. — 1 p. in 8⁰.

Jolie lettre d'envoi d'une poésie.

607 COSTA, Isaac da, l'illustre poète, n. à Amsterdam 14 janvier 1798, m. dans cette ville 24 avril 1860.

Pièce de vers autographe signée. — 4 p. in 8⁰.

Poème: Geluk en plicht. 1821.

608 LENNEP, Jacob van, le célèbre romancier et poète, conteur inimitable, n. à Amsterdam 23 mars 1802, m. à Oosterbeek 25 août 1868.

I. — Trois L. A. S. à F.-A. van Rappard et J.-Z. Mazel à La Haye; Amsterdam 1846—56. — 5 p. in 8⁰. — 2 P.

Belles lettres de causeries et d'informations amicales.

II. — L. A. S. au (Dr. W.-J.-A. Jonckbloet); Amsterdam 2 septembre 1848. — 4 p. in 8⁰.

Très intéressante et spirituelle lettre où il parle avec grande satisfaction d'une critique de son œuvre: "Onze voorouders" par Jonckbloet dans la revue: "De Tijd"; il se trouve trop flatté et loué, mais cependant il n'en est pas trop fâché, parce qu'il se sent tout-à-fait libre vis-à-vis de lui, qu'il le sait parfaitement impartial et que surtout personne moins que lui (Jonckbloet) peut être accusé d'un penchant à la flatterie; détails curieux.

609 LENNEP, Jacob van.

Deux pièces de vers autographes signées. — 7 p. in 8⁰.

I. La romance: De angst der burchtvrouw. 1832. — II. Poème adressé à son ami Mazel, janvier 1851.

610 LENNEP, Jacob van.

P. A. S. — 2 p. $^1/_4$ in fol.

Essai linguistique sur la signification du mot: Komeny (dépôt de marchandises ou maison de vente), faussement nommé: Kom en eisch. — Pièce spirituelle.

611 POTGIETER, Everhardus-Johannes, célèbre critique, un des plus remarquables poètes et prosateurs modernes de la Hollande, n. à Zwolle 27 juin 1808, m. à Amsterdam 3 février 1875.

I. — L. A. S. à A. Bogaers à Rotterdam; Amsterdam 6 novembre 1833. — 3 p. in 4⁰.

Très belle lettre où il s'excuse de ne pouvoir accepter son invitation pour faire une conférence dans la Société des belles-lettres à Rotterdam; détails curieux sur son refus.

II. L. A. S. à J.-P. Heye à Amsterdam; 5 mars. 1841. — 1 p. in 8⁰.

Invitation d'assister à la lecture d'une nouvelle pièce dramatique de van Hemert.

612 HEYE, Jan-Pieter, poète très populaire, n. à Amsterdam 1er mars 1809, m. dans cette ville 24 février 1876.

Deux pièces de vers autographes signées.

I. "Vriend en vijand"; poème de 24 vers adressé à J.-Z. Mazel. — II. Poésie de 12 vers adressée à M. Aeyelts Jr. Amsterdam 15 mai 1837.

613 CONSCIENCE, Hendrik, le célèbre romancier flamand, n. à Anvers 3 décembre 1812, m. dans cette ville 11 septembre 1883.

I. — Pièce de vers autographe signée, de 8 lignes; Bruxelles 1881. — II. P. S. avec 4 lignes autogr.; Anvers 30 juillet 1844.

614 BOSBOOM-TOUSSAINT, Anna-Louise-Gertrude, la grande romancière, n. à Alkmaar 16 septembre 1812, m. à La Haye 13 avril 1886.

I. — L. A. S. au peintre A.-J. Ehnle à La Haye; Alkmaar 15 février 1847. — 3 p. in 8⁰.

Très jolie lettre où elle parle d'un dessin que le peintre vient de lui envoyer pour servir de frontispice à son roman "Diana", elle l'approuve fortement et espère que la gravure n'en diminuera pas la valeur.

II. — P. A. S. à J.-Z. Mazel; Alkmaar 23 juin 1847. — ¹/₄ p. in 8⁰.

Elle envoie l'autographe de Fred. Bremer.

FRANCE

615 BOSSUET, Jacques-Bénigne, évêque de Meaux, écrivain et orateur illustre par la force et la majesté du style, comme par la grandeur et la solidité de la pensée, membre de l'Académie française, n. à Dijon 28 septembre 1627, m. à Paris 12 avril 1704.

Pièce autographe de 3 p. ¹/₄ in 4⁰.

Fragments avec corrections et ratures de son livre: "Exposition de la doctrine de l'église."

616 ROUSSEAU, Jean-Baptiste, poète lyrique, banni de la France par ses fameuses satires, n. à Paris 6 avril 1670, m. à Genette (près de Bruxelles) 17 mars 1741.

I. — L. A. (à la duchesse d'Aremberg); Bruxelles 15 avril 1731. — 2 p. ¹/₂ in 4⁰. — II. P. A. S. — ¹/₄ p. in 4⁰. — 3 P.

I. Belle lettre de causerie familière; il parle du comte de Luc, de "votre adorable petit prince". etc. — II. Fragment de lettre.

617 PIRON, Alexis, le poète satirique par excellence du 18e siècle, ses épigrammes

et bons mots sont célèbres, n. à Dijon 9 juillet 1689, m. à Paris 21 janvier 1775.

L. A. S. à Monsieur . . . . ; 2 p. in 4⁰. — 2 P.

Belle pièce. — Il mande qu'il lui est impossible de pouvoir se rendre à son invitation à dîner. "Je vous envoye à ma place deux épigrammes dont l'une pourra vous être nouvelle et l'autre est "un rhabillage." — Suivent deux poésies de 18 vers.

618 VOLTAIRE, François-Marie Arouet de, le plus grand écrivain du 18e siècle, membre de l'Académie française, n. à Paris 21 novembre 1694, m. dans cette ville 30 mai 1778.

L. A. S. (à J.-B. Rousseau); Aux délices 20 août. — ³/₄ p. in 4⁰. — 2 P.

Il mande qu'il travaille à l'Histoire universelle autant que sa mauvaise santé le permet et que la publication en aura lieu dans trois mois par les Crammer. — Signée: Voltaire.

619 ARGENS, Jean-Baptiste de Boyer marquis d', le célèbre auteur sceptique des "Lettres Juives", l'ami intime de Frédéric le Grand et de Voltaire, fameux par ses galanteries, n. à Aix 24 juin 1704, m. dans cette ville 11 janvier 1771.

L. A. S. à Neaulme, libraire (son éditeur) à La Haye; Potsdam 27 novembre 1753. — 3 p. in 4⁰.

Intéressante lettre. — Il renvoie deux lettres de Voltaire que Neaulme lui avait envoyées pour en savoir son avis; il répond qu'il les a montrées au roi, mais qu'il "nentre pas volontiers dans "les disputes des auteurs et des libraires, je n'ai aucun sujet de me plaindre de M. de Voltaire, "aucune raison pour m'ingérer de comdaner sa conduite, si elle est bonne tant mieux pour luy, "si elle est mauvaise tan pis." Il le remercie au nom du roi du livre qu'il a envoyé, et se montre très affectueux pour la personne de N. "parce que je vous considère comme un hollandois, nom pour "moy respectable et qui m'est aussi cher que celuy de Jéruzalem l'est aux juifs." — Causeries familières.
Notice autogr. de Neaulme sur la pièce: "Lettre du marq. d'Argens que je joint icy pour preuve, "qu'il m'a estimé et que s'il a detourné son affection de ma maison pendant mon absence, c'est "la faute de ma femme, à ce que je crois."

620 ROUSSEAU, Jean-Jacques, un des écrivains auxquels la langue française est le plus redevable, le "grand sophiste" et l'apôtre de la révolution française, n. à Genève 28 juin 1712, m. à Erménonville 2 juillet 1778.

L. A. à Monsieur Roguin à Yverdun; Chiswick (Angleterre) 15 février 1766. — 2 p. ¹/₄ in 4⁰. — Cachet représentant une lyre. — 2 P.

Remarquable lettre écrite pendant son exil en Angleterre. — Il mande à son "cher Papa" qu'il ne lui a pas été possible d'écrire plus tôt depuis son arrivée parce "qu'on ne m'a pas laissé seul "un instant et quoique je n'aye fait aucune visite j'en ai reçu de si continuelles qu'il a fallu quitter "Londres pour respirer; j'habite un village très agréable sur les bords de la Tamise et je compte "dès les premiers beaux jours m'acheminer dans une province éloignée pour tâcher d'y goûter dans "la retraite, que j'aime, le calme et la paix dont j'ai si grand besoin et à quoi je borne désormais "le bonheur de ma vie." Il parle de Mlle Levasseur "arrivée heureusement, aménée par un gentil-"homme anglois" et le remercie de l'avoir invitée à venir passer l'hiver près de lui, mais excuse la demoiselle d'avoir préféré le venir joindre dans son exil. "Vous aimez trop les œuvres de "miséricorde pour ne lui pas savoir gré de celle là; elle me charge de suppléer à ce que la pré-"cipitation de son départ et son peu de talent pour écrire la empêchée de faire pour vous remer-"cier de vos bontés." — Causeries sur son séjour à Motier. etc.

621 BEAUMARCHAIS, Pierre-Augustin Caron de, l'auteur de comédies vraiment orinales qui lui firent une bruyante célébrité, n. à Paris 24 janvier 1732, m. dans cette ville 19 mai 1799.

L. A. S. à Baudin des Ardennes, membre du conseil des anciens, au palais national des Thuilleries; (Paris) 11 ventôse an VII, (1 mars 1799). — 1 p. in 4⁰. — P.

Intéressante lettre où il le remercie pour l'envoi d'un de ses ouvrages (De l'orgine de la loi etc.
1799) et en témoigne en termes enthousiastes son approbation et son grand engouement.

622 SAINT-PIERRE, Jacques-Henri-Bernardin de, célèbre par son chef-d'œuvre "Paul
et Virginie", membre de l'Académie française, n. au Hâvre 19 janvier 1737, m.
à Éragny-sur-Oise 20 janvier 1814.

L. A. S. à sa femme: La citoyenne de Saint-Pierre; Paris 15 frimaire an IV (5 déc.
1725). — 1 p. in 8⁰.

Très jolie lettre de causeries familières.

623 LA HARPE, Jean-Francois de, le plus célèbre critique du 18e siècle, n. à Paris
20 novembre 1739, m. dans cette ville 11 février 1805.

L. A. S. au libraire Mignaret (à Paris). — 1 p. in 8⁰. — P.

Il demande de lui envoyer un ex. de sa Correspondance et du Fanatisme et le charge d'autre chose.

624 GENLIS, Félicité Ducrest comtesse de, célèbre auteur de romans, contes, ouvrages
d'éducation et d'histoire, n. à Autun 25 janvier 1746, m. à Paris 31 décembre 1830.

I. — L. A. au comte de Forbin. — 1 p. in 4⁰. — II. L. A. S. à Alfred....; 29 janvier 1818. — 1 p. ¹/₂ in 4⁰. — P.

I. Belle et amicale lettre où elle cause sur les œuvres littéraires du moment. — II. Elle lui
envoie une quantité de choses e. a. deux "superbes morceaux de musique deCherubini et de Viotti
"avec des paroles d'elle-même", elle veut les vendre, mais ne le peut pas faire honnêtement à
Paris parce que les auteurs s'y trouvent; elle le charge de vendre d'abord le droit de publication
et ensuite les manuscrits originaux; détails curieux sur le mode d'agir et le prix à demander.

625 MAISTRE, Xavier comte de, conteur aimable et spirituel, auteur du "Voyage
autour de ma chambre", n. à Chambéry, octobre 1763, m. à Saint-Pétersbourg
12 juin 1852.

L. A. S. à Madame la princesse de Schakosinkow. — ¹/₂ p. in 8⁰.

Il lui mande qu'il sera très heureux de l'avoir à dîner.

626 ARNAULT, Antoine-Vincent, poète, auteur de "Marius à Minturnes", membre de
l'Académie française, m. à Paris 1er janvier 1766, m. à Goderville 16 sep-
teptembre 1834.

I. — L. A. S. à M.....; Paris 1 juin 1831. — 3 p. ¹/₂ in 8⁰. — 2 P.

I. Belle lettre de causeries intimes. — II. Pièce de vers autographe signée, de 15 lignes.

627 STAEL HOLSTEIN, Anne-Louise-Germaine Necker baronne de, célèbre auteur
qui eut une grande part au renouvellement de la littérature française au commencement du 19e siècle, n. à Paris 22 avril 1766, m. dans cette ville 14
juillet 1817.

I. — L. A. à ....; Genève 16 décembre (1792). — 4 p. in 8⁰. — II. L. A. S. à M.....; —
¹/₂ p. in 8⁰. P.

I. Belle lettre où elle cause sur les évènements et la politique du moment: elle mande que
l'abbé Dubois a été emprisonné et qu'on a doublé la garde de M. le cte d'Artois "le reste est un
"mystère, mais il y a si peu de choses extraordinaires dans le monde, il est pourtant vrai que
"c'est une suite d'évènements naturels qui ont amené cet incroyable résultat; on annonce sans
"cesse une contre-révolution". Réflexions curieuses: "Tout ce qu'on peut attendre du génie, c'est
"d'avoir assez bien jugé la difficulté par reconnaître l'impuissance de toute autre force, que celle
"du hasard et du temps." etc. — II. Demande de passer chez elle.

628 CHATEAUBRIAND, François-Auguste vicomte de, un des grands initiateurs du mouvement littéraire du 19e siècle, membre de l'Académie française, n. à St. Malo 4 septembre 1768, m. à Paris 4 juillet 1848.

L. A. S. à Monsieur....; Londres 26 août 1822. — 2 p. $^3/_4$ in 4⁰. — P.

Belle et amicale lettre où il cause politique et mande qu'il travaille de son côté "le mieux que "je puis pour le service du roi; j'ai eu le bonheur de réussir et bien au delà de mes espérances. "Vous voyez que je fais aussi mes sacrifices, car c'en est un bien grand pour moi d'être séparé de "ma femme et de mes amis." etc.

629 CHATEAUBRIAND, François-Auguste vicomte de.

I. — Trois L. A.; Berlin 17 mars 1821; Paris 11 août; Rome 27 décembre 1824. — 7 p. in 8⁰. — II. — P. S.; Paris 22 février 1823. — 1 p. $^1/_2$ in fol.

I. Belle correspondance sur des affaires politiques et domestiques. — II. Pièce signée comme ministre de l'intérieur.

630 CHATEAUBRIAND, François-Auguste vicomte de.

B. A. S. de Madame la vicomtesse de Chateaubriand, sa femme, au vicomte de Baulny. — $^1/_2$ p. 8⁰.

Elle lui demande très affablement de vouloir venir chez la duchesse de Levis.

631 SISMONDI, Jean-Charles-Léonard Simonde de, réformateur des études historiques en France, n. à Genève 9 mai 1773, m. dans cette ville 14 juin 1842.

L. A. S. à Madame.... à Florence; Genève 6 janvier 1823. — 1 p. $^1/_2$ in 4⁰.

Belle lettre d'introduction pour M. de Saussure Fabry, le fils du grand naturaliste, et le frère de Mad. Necker.

632 NODIER, Jean-Charles-Emmanuel, une des figures brillantes de la littérature contemporaine par ses contes et nouvelles, célèbre bibliophile, membre de l'Académie française, n. à Besançon 29 avril 1780, m. à Paris 27 janvier 1844.

L. A. S. à (Aimé-Martin); (Paris) 6 avril 1823. — 1 p. in 4⁰. — P.

Intéressante lettre où il demande de faire ses excuses à sa femme: "Vous l'avez sans doute "prévenue de mes bizarreries qu'on peut fort bien attribuer à l'impolitesse, mais qui ne sont dans "mon caractère que le résultat de la gaucherie et de la timidité; la bigarrure d'une vie passée dans "les chartreuses, les casernes et les prisons m'a rendu si étranger au monde que je n'y mets jamais "le pied sans craindre d'offenser involontairement quelques-unes des bienséances." — Il parle avec enthousiasme de l'achat des éditions originales de la Chaumière et de Paul et Virginie, et d'autographes de Bern. de St. Pierre, dont il fait la recherche.

633 NODIER, Jean-Charles-Emmanuel.

L. A. S. à Buloz, directeur de la Revue des deux mondes à Paris; 8 février 1838. — 1 p. in 4⁰.

Remarquable lettre où il parle de son honoraire pour des articles de la Revue; curieux détails sur ce sujet. — Il propose de lui envoyer pour la Revue la nouvelle: La neuvaine de la Chandeleur: "je crois y mettre tout ce qui me reste de grâce et de fraîcheur dans l'imagination, si "j'ai jamais possédé ces qualités précieuses que l'amitié m'accorde un peu légèrement; il y aurait "là beaucoup plus d'amour que dans la Légende de Béatrix, et peut-être plus d'intérêt. Si elle ne "plaît pas aux femmes, j'ai oublié tout ce qu'il falloit pour leur plaire, et je vous dirai entre nous "que j'en suis bien capable." — Il demande des avances pour avoir une indépendance d'argent qu'il n'aura pas de toute l'année.

634 BÉRANGER, Pierre-Jean de, le célèbre chansonnier, n. à Paris 19 août 1780, m. dans cette ville 17 juillet 1857.

Belle pièce de vers autographe de 32 lignes. — 2 p. in 4⁰. — P.

Poème inédit fait pour A. V. Arnault, l'auteur de Marius, à l'occasion de son exil en juillet

1818 comme un des 38 prétendus complices du retour de Bonaparte (en 1815). Avec notice autographe d'Arnault. — Pièce remarquable, dont voici la première strophe:

> L'hiver redoublant ses ravages
> Désole nos toits et nos champs:
> Les oiseaux sur d'autres rivages
> Portent leurs amours et leurs chants.
> Mais le calme d'un autre asile
> Ne le rendra pas inconstant:
> Les oiseaux que l'hiver exile
> Reviendront avec le printemps.

635 BÉRANGER, Pierre-Jean de.

L. A. S. à M. le Camus, compositeur de musique (Paris); (Paris) s. d. 1 p. in 8⁰. — P.

Remerciements très affables d'un morceau de musique composé sur ses paroles.

636 LAMARTINE, Alphonse-Marie-Louis Prat de, le grand poète, membre de l'Académie française, n. à Macon 21 octobre 1790, m. à Paris 28 février 1869.

L. A. S. au marquis....; Florence 17 avril. — 4 p. in 8⁰. — P.

Belle lettre où il parle de son séjour en Italie, décrit les villes qu'il a visitées et les personnes qu'il a rencontrées.

637 LAMARTINE, Alphonse-Marie-Louis Prat de.

Deux L. A. S. — I. à Madame....; Macon 29 juin 1844. — 3 p. in 8⁰. — II. à M. Artauld, secrétaire d'ambassade à Rome. — $^1/_2$ p. in 8⁰.

I. Affaires de famille. — II. Demande de passeport.

638 LAMARTINE, Alphonse-Marie-Louis Prat de.

Poésie autographe signée, de 39 vers, illustrée d'un beau dessin au crayon lavé à l'encre de chine et signé: *Paul Delaroche*. — Une feuille grand in-fol.

Superbe pièce, probablement une des plus belles de Lamartine, dont voici le commencement:

> J'instruis les enfants du village; et les heures
> Que je passe avec eux sont pour moi les meilleures.
> Elles ouvrent le jour et terminent le soir.
> Oh! par un ciel d'été qui n'aimerait à voir
> Cette école en plein champ où leur troupe est assise?
> Aux troncs des vieux noyers, aux portes de l'église,
> Les uns près de leur mère adossés deux ou trois,
> Les autres garnissant les marches de la croix,
> Ceux-là sur les rameaux, ceux-ci sur les racines
> Du noyer serpentant au niveau des ravines. — etc.
> (Jocelyn, 9ₑ époque; avec variations).

639 DESCHAMPS, Émile, poète et romancier, un des promoteurs du mouvement littéraire de la Restauration, n. à Bourges 20 février 1791, m. à Versailles 22 avril 1871.

Trois L. A. S. à J.-Z. Mazel, à La Haye; Versailles 25 novembre 1849, 15 mai 1850; 1 juillet 1854. — 12 p. in 4⁰. et in 8⁰.

Belles lettres où il recommande le compositeur de musique Antonin Guillot et le chanteur Guglielmi qui vont faire une tournée artistique en Hollande et ont besoin de protection; il parle du roi des Pays-Bas comme bon juge et illustre protecteur de l'art musical et ayant déjà remarqué la belle composition de Guillot: Les adieux du martyr; il demande son intermédiaire pour obtenir l'autorisation de dédier un album musical au roi; causeries curieuses sur ce sujet.

640 DESCHAMPS, Émile.

Trois pièces de vers autographes signées: 1838, 1839, 1850. — 7 p. $^1/_2$ in 4⁰ et in 8⁰.

Superbes pièces adressées à J.-Z. Mazel, intitulées: Marine, et Deux paraboles: un coup de filet et la bague d'or.

641 DESCHAMPS, Émile.

Deux L. A. S. à Fréd. Faber et Achille Jubinal. — 2 p. in 8⁰.

Lettres amicales.

642 SCRIBE, Eugène, le plus fécond des vaudevillistes, n. à Paris 24 décembre 1791, m. dans cette ville 26 février 1861.

I. — Deux L. A. S. — 2 p. in 8⁰. — II. — B. A. S. — ½ p. in 8⁰. — P.

I. Belles lettres de demande pour des billets de théâtre.

643 KOCK, Charles-Paul de, auteur de romans d'une réputation populaire universelle, n. à Passy 1794, m. à Paris 29 août 1871.

Deux L. A. S. — I. à (P.-F.-A.) Carmouche (auteur dramatique) à Paris; (Paris) 27 novembre 1858. — 1 p. in 8⁰. — II. à P. Simonet. — ½ p. in 8⁰. — Papier à ses initiales. — P.

I. Il l'invite à assister à une lecture à l'Ambigu d'une de ses pièces «ne me laissez pas seul af-«fronter le terrible tribunal.» — II. Il envoie une maxime (en latin) à méditer.

644 VIGNY, Alfred-Victor de, le célèbre poète et romancier, membre de l'Académie française, n. à Loches 27 mars 1797, m. à Paris 18 septembre 1863.

Cinq L. A. S. au comte Horace de Vieilcastel, à M. de Cailleux; (Paris) 2 mars 1838. — etc. — 7 p. in 8⁰.

Belles lettres de causeries familières, signées de son nom et prénoms.

645 MÉRY, Joseph, poète dramatique et satirique, romancier de grande verve, n. aux Aygalades 21 janvier 1798, m. à Paris 17 juin 1866.

Quatre L. A. S. à (S. H. Berthoud; littérateur, fondateur du „Musée des familles"); 6 juin 1842; 5 décembre 1843. — 5 p. in 8⁰.

Lettres amicales sur des contributions et articles pour le «Musée des familles». etc.

646 BALZAC, Honoré de, le célèbre romancier, la description et l'analyse forment le côté brillant de son génie, n. à Tours 26 mai 1799, m. à Paris 18 août 1850.

I. — P. A. 1 p. in 8⁰. — II. — P. A. S. ½ p. in 8⁰.

I. Feuillet de manuscrit d'un de ses romans, avec ratures et corrections. — II. Fragment de lettre paraphée.

647 HUGO, Victor, l'illustre poète et prosateur, membre de l'Académie française, n. à Besançon 16 février 1802, m. à Paris juin 1885.

Deux L. A. S. à Achille Jubinal (littérateur érudit) à Montpellier; St. Mandé 5 juillet (1842). — et (Paris 1844). — 3 p. ½ in 8⁰. — Signées: Victor Hugo et Victor H. — 2 P.

Belles lettres où il le remercie de l'envoi de ses livres et témoigne sa sympathie pour tout ce qu'il fait; «je lis votre excellente Revue dans la solitude sous les beaux arbres dans le bois de «Vincennes, qui a eu le chêne de St. Louis et qui n'a plus que l'obélisque de Louis XV; autour «de moi on fait le tir au polygone et l'on fortifie Paris; j'entends les coups de fusil et les coups «de canon; mais cela ne me distrait pas du chant des oiseaux et des vers de Virgile.»

648 HUGO, Victor.

Quatre L. A. S. — 6 p. in 8⁰. — P.

Lettres de causeries familières; signatures différentes.

649 DUMAS, Alexandre, l'étonnant producteur de romans historiques, n. à Villers-
Cotterets 24 janvier 1803, m. à Dieppe 5 décembre 1870.

Six L. A. S. à Ch. de la Bouillerie, P.-F.-A. Carmouche etc. — 5 p. $^1/_2$ in 8⁰. — 2 P.

Lettres familières.

650 MÉRIMÉE, Prosper, écrivain délicat et un des plus accomplis de son temps,
membre de l'Académie française, n. à Paris 28 septembre 1803, m. à Cannes
23 septembre 1870.

L. A. S. à M. de Cailleux, directeur des Musées royaux; (Paris 15 février 1840). —
1 p. in 4⁰.

Il recommande M. Durand un des exposants et demande de donner à ses tableaux un peu de
jour et une place qui permette de les voir. etc.

651 GIRARDIN (DELPHINE GAY), Madame Émile de, célèbre poète et auteur dramatique, qui excella aussi comme chroniqueur dans l'art de parler avec esprit
sur des riens et de faire accepter pour des révélations piquantes de gracieuses
banalités, n. à Aix-la-Chapelle 26 janvier 1804, m. à Paris 29 juin 1855.

Deux L. A. S. au comte de Dellisle (à Paris). — 1 p. in 8⁰. — etc.

Jolies lettres d'affaires domestiques.

652 JANIN, Jules-Gabriel, conteur original, célèbre critique dramatique et littéraire,
membre de l'Académie française, n. à St. Étienne 16 février 1804, m. à Paris
20 juin 1874.

I. — Quatre L. et B. A. S.; 1839—58. — II. P. A. — 3 p. in 8⁰.

I. Lettres familières. — II. Entre-filet pour le Journal des débats.

653 SAND, Amantine-Lucile-Aurore Dupin dame Dudevant dite George, la grande
romancière, n. à Paris 5 juillet 1804, m. à Nohant 8 juin 1876.

L. A. S. à M. Buloz, directeur de la Revue des deux mondes; 14 décembre 1847. —
3 p. in 8⁰. — Papier à ses initiales. — P.

Intéressante lettre où elle parle des propositions faites par le directeur de la Revue; elle lui
offre un roman et expose ses conditions: 400 fr. pour chaque volume de 250 pages de son écriture,
soit 7 feuilles de la Revue; ordinairement elle vend aux journaux pour 6 mois, ce qui court à partir
du jour où elle livre le manuscrit; après cela elle a le droit de le vendre à l'éditeur; elle livre
l'ouvrage complet et on la paye comptant. Détails sur un arrangement exclusif pour la Revue.

654 SAND, George.

L. A. S. à M. de Larac; — $^1/_2$ p. in 8⁰. — Papier à ses initiales. — P.

Demande de venir la voir.

655 SAINTE-BEUVE, Charles-Augustin, le célèbre critique, membre de l'Académie
française, n. à Boulogne 23 décembre 1804, m. à Paris 13 octobre 1869.

L. A. S. à M....,; (Paris) 30 avril. — 1 p. $^1/_4$ in 8⁰.

Très jolie lettre où il s'excuse de ne pouvoir se rendre à son invitation.

656 SANDEAU, Léonard-Sylvain-Jules, romancier et peintre de mœurs, auteur de
«Mademoiselle de la Seiglière», membre de l'Académie française, n. à Aubusson
19 février 1811, m. à Paris 24 avril 1883.

L. A. S. au comte....; — 1 p. in 8⁰.

Belle lettre où il répond à une invitation que le prince et la princesse Napoléon lui ont fait adresser.

657 GAUTIER, Théophile, un des poètes et prosateurs de l'école romantique des plus originaux, artiste d'un raffinement incessant de pensée et d'expression, n. à Tarbes août 1811, m. à Neuilly 23 octobre 1872.

Deux L. A. S. — I. à Frantz Liszt (l'illustre compositeur de musique), (à Paris); — $^1/_2$ p. in 8⁰. — II. à M. Boyer. — $^1/_4$ p. in 8⁰.

I. Il a un mal de gorge, qui l'empêche de venir le rejoindre au déjeuner. «Je ferai mon possible pour être guéri et en tout cas je n'ai pas besoin de l'être pour vous entendre.» — II. Demande de lui réserver deux places aux Italiens.

658 PONSARD, François, poète et auteur dramatique, membre de l'Académie française, n. à Vienne (Isère) 1 juin 1814, m. à Passy 7 juillet 1867.

L. A. S. au directeur du Théâtre impérial de l'Odéon. — $^1/_2$ p. in 8⁰.

Il l'a attendu en vain pour la rédaction des lignes en question, et demande quand il le verra.

659 CHAMPFLEURY, Jules Fleury-Husson dit, auteur de romans réalistes, le zélé rechercheur du curieux et l'historien de la caricature, n. à Laon 10 septembre 1821.

L. A. S. à Achille Jubinal à Paris; (Paris 1851). — 1 p. in 8⁰.

Très belle lettre où il le remercie d'une critique de ses livres: «Je viens d'envoyer à l'imprimerie un mot pour ma préface, car j'aime à remercier les personnes qui s'intéressent à moi; on trouvera peut-être cela naïf; mais je suis bâti ainsi. Les dramaturges les plus célèbres remercient bien les drôles de comédiens qui compromettent souvent leurs pièces; pourquoi ne remercierait-on pas des confrères que rien ne force, rien n'oblige de parler d'un petit volume de cent pages.»

660 DUMAS fils, Alexandre, le célèbre auteur dramatique, membre de l'Académie française, n. à Paris 28 juillet 1824.

L. A. S. à Monsieur....; — 1 p. in 8⁰.

Il lui est impossible de se rendre à une invitation du prince Napoléon, et demande de présenter ses excuses au prince.

ALLEMAGNE

661 CLAUDIUS, Matthias, dit Asmus ou le messager de Wansbeck, célèbre auteur spirituel, n. à Reinfeld (Holstein) 2 janvier 1740, m. à Hambourg 21 janvier 1815.

L. A. S. à M. Funck, Consistorial-rath u. Rector, à Magdebourg; Wansbeck 12 janvier 1810. — 2 p. in 4⁰. — Cachet à ses initiales.

Belle et amicale lettre où il donne des nouvelles de personnes et de choses.

662 JUNG STILLING, Johann-Heinrich, célèbre piétiste, écrivain estimé, n. à Im-Grund 12 septembre 1740, m. à Karlsruhe 2 avril 1817.

L. A. S. à son ami....; Marbourg 30 juillet 1800. — 1 p. in 4⁰.

Il demande des informations sur un jeune jurisconsulte qui s'est présenté à lui.

663 GOETHE, Johann-Wolfgang von, le plus grand esprit des temps modernes, n. à Francfort 28 août 1749, m. à Weimar 22 mars 1832.

Am 28 august 1826. — Pièce de vers imprimée avec la signature originale de Goethe. — 1 p. in 8⁰. — P.

664 IFFLAND, August-Wilhelm, célèbre acteur comique, auteur de comédies et de tragédies très estimées, n. à Hanovre 19 avril 1759, m. à Berlin 22 septembre 1814.

L. A. S. à ....; Berlin 25 mars 1803. — 2 p. ¹/₂ 4⁰.

Il parle d'une pièce: Cato, qu'on lui a envoyée pour mettre au repertoire du théâtre à Berlin, il donne son opinion et fait savoir l'arrangement arrêté pour la saison d'été.

665 SCHILLER, Johann-Christoph-Friedrich von, le poète par excellence de l'idéalisme et du subjectivisme, n. à Marbach 10 novembre 1759, m. à Weimar 9 mai 1805.

I. — Belle pièce de notices autographes. — 1 p. ¹/₂ in 8⁰. — P.

II. — L. A. S. de Karl-Friedrich-Ludwig von Schiller, fils aîné du poète, au conseiller de guerre Froenzinger à Carlsruhe; Rottweil 16 décembre 1838. — 1 p. ¹/₂ in 4⁰. — Enveloppe.

Il lui envoie l'autographe ci-dessus et regrette de ne pouvoir mieux satisfaire à sa demande d'une pièce ou lettre autographe de son père; la famille en étant dépourvue elle-même par l'habitude du poète de brûler la plus grande partie de ses manuscrits.

666 HAUG, Johann-Christoph-Friedrich, célèbre poète satirique, n. à Niederstotzingen (Wurtemberg) 19 mars 1761, m. à Stuttgart 30 janvier 1829.

L. A. S. à un libraire; (16 août 1805). — 1 p. in 8⁰.

Il lui demande de publier un recueil de comédies de son frère et s'informe des conditions.

667 KOTZEBUE, August-Friedrich-Ferdinand, célèbre auteur de drames et de romans, publiciste politique, n. à Weimar 3 mai 1761, assassiné à Mannheim 21 mars 1819.

I. — L. A. S., en français, à M. de Beck, conseiller de collège et chevalier de Malte à Pétersbourg; Paris 24 novembre 1803. — 2 p. ¹/₄ in 4⁰. — P.

Belle lettre où il demande des informations et les pièces justificatives d'un procès concernant M. Chevalier; curieux détails.

II. — L. A. S., en allemand; Weimar 14 octobre 1817. — ¹/₂ p. in 4⁰.

665 ARNDT, Enst-Moritz, le grand poète, qui par ses chants patriotiques savait lancer l'Allemagne contre Napoléon I, n. à Schoritz (Rügen) 26 décembre 1769, m. à Bonn 29 janvier 1860.

L. A. S. à F.-H.-W. van Scherff, ambassadeur néerlandais près la Confédération germanique à Francfort; (Francfort 17 août 1848). — ¹/₂ p. in 8⁰. — Enveloppe à l'adresse autogr. signée; cachet.

Réponse à une invitation à dîner.

669 ZSCHOKKE, Johann-Heinrich-Daniel, polygraphe, qui doit sa célébrité surtout à ses romans et contes et à ses écrits de piété, n. à Magdebourg 22 mars 1771, m. à Aarau (Suisse) 27 juin 1848.

L. A. S. au professeur E. Münch à Freibourg (Breisgau); Aarau 9 juin 1836 — 1 p. in 4⁰.

Il lui envoie une lettre du baron de Völderndorf et observe que cette lettre laisse voir comment son influence auprès du roi Maximilien a diminué, que chacun se tourne contre lui et qu'une recommandation de sa part n'atteindra pas son but.

670 SCHLEGEL, Carl-Wilhelm-Friedrich von, le plus grand critique de son temps et le plus parfait représentant de l'école romantique en Allemagne; sa femme Dorothea Mendelssohn prit une grande part à ses œuvres, n. à Hanovre 12 mars 1772, m. à Dresde 12 janvier 1829.

L. A. S. à M.....; Wien 1 octobre 1828. — 3 p. ¹/₂ in 8⁰.

Très intéressante lettre de causeries intimes; envoi de livres, détails curieux sur les persécutions exercées sur sa pauvre amie mad. v. Str.; il mande que le roi a accepté très affablement son livre ''Philosophie des Lebens'' et parle de la publication de la ''Philosophie der Geschichte''. etc.

671 UHLAND, Johann-Ludwig, célèbre poète lyrique, un des plus populaires de son temps, n. à Tubingue 26 avril 1787, m. dans cette ville 13 novembre 1862.

Superbe pièce de vers autogr. signée: „*Die verlorne Kirche*", et „*Sankt Lucas-Stein*". — 4 p. in 4⁰.

672 HOFFMANN VON FALLERSLEBEN, August-Heinrich, poète et célèbre philologue, n. à Fallersleben 2 avril 1798, m. à Corvei 20 janvier 1874.

I. — L. A. S. à son ami.... (à Leide); Breslau 22 décembre 1838. — 2 p. in 8⁰.

Il le charge de régler un achat de livres à la vente Reuvens; causeries amicales. — Signée H. v. F.

II. — Un distique; Berlin 30 mai 1872. — Signé H. v. F. — ¹/₂ p. in 4⁰.

673 GROTH, Klaus, poète et conteur charmant en bas-allemand, ses poèmes lyriques ''Quickborn'' sont célèbres, n. à Heide (Holstein) 24 avril 1819.

P. A. S. — Kiel 14 septembre 1875. — ¹/₂ p. in 8⁰.

Un quatrain.

DANEMARC

674 ANDERSEN, Hans-Christian, poète et conteur d'une richesse d'imagination vraiment originale, n. à Odensée (île de Fionie) 2 avril 1805: m. à Copenhague 5 août 1875.

I. — L. A. S., en allemand, à J. Kneppelhout (le célèbre auteur hollandais), (à Leide); Amsterdam 3 mars 1866. — 1 p. ¹/₂ in 8⁰. — II. — P. A. S. — ¹/₂ p. in 8⁰.

I. Belle lettre de causeries familières. — II. Distique en hollandais.

ANGLETERRE

675 ROGERS, Samuel, poète distingué, n. à Newington-Green 30 juillet 1763, m. à Londres 18 décembre 1855.

L. A. S. à Washington Irving. — ¹/₂ p. in 8⁰.

Lettre d'invitation à dîner.

676 SCOTT, Walter, l'illustre romancier et poète, qui a fourni le modèle du roman
historique et créé toute une école, tout un art, n. à Édimbourg 15 août 1771,
m. à Abbotsford 21 septemhre 1832.

L. A. S. à Samuel Egerton Bridges, (à Londres); Édimbourg 20 février (1808). — 2 p.
in 4°. — Cachet. — La pièce est piquée de vers. — P.

Très belle lettre où il lui offre très affablement son poème nouvellement paru: »Marmion«, pour
des services rendus à propos de recherches concernant la vie de Dryden.

677 CAMPBELL, Thomas, poète célèbre, n. à Glasgow 27 juillet 1777, m. à Boulogne
s. mer 15 juin 1844.

L. A. S. au général . . . .; — $^1/_2$ p. in 8°.

Lettre d'invitation à dîner.

678 BYRON, Lord George-Noel Gordon, le grand poète, n. à Douvres 22 janvier
1788, m. à Missalonghi 19 avril 1824.

Enveloppe de lettre à l'adresse autographe signéé; London 22 mars 1816. — Beau cachet
à ses initiales. — P.

679 LYTTON, Edward-George earl Bulwer-Lytton first lord, le célèbre romancier,
poète et auteur dramatique, n. à Heydon-Hall 25 mai 1803, m. à Torquay
18 janvier 1873.

I. — Pièce autographe de poésie de 16 lignes. — 1 p. in 4°.

Chant d'hommage pour Pausanias de Sparte, dont voici le commencement:

> Multitudes backward! Way for the Dorian;
> Way for the Lord of rocky Laconia;
> Heaven to Hercules opened
> Way on the earth for his son.

II. — L. A. S., en français, de Edward Robert Lytton, (poète, vice-roi des Indes,
n. 8 novembre 1831; — fils du précédent); La Haye 22 juillet1856. — 3 p. in 8°.

Il lui envoie l'autographe mentionné ci-dessus: »Je viens ce matin de recevoir de mon père
»quelques vers qu'il a dernièrement écrits en imitation des lyriques grecs et qui se trouvent dans
»un livre qu'il n'a pas encore publié sur la chute de Pausanias, général de Sparte, je vous l'en-
»voie ci-joint«. etc. — Détails curieux.

680 DICKENS, Charles, le célèbre romancier et inimitable conteur, qui a peint la
vie nationale de l'Angleterre avec une réalité pleine de sentiment et de satire
gaie et sereine, n. à Portsmouth 7 février 1812, m. à Londres 9 juin 1870.

L. A. S. à M . . . ., à (Londres); Devonshire terrace 30 septembre 1845. — 2 p. in 8°.

Curieuse lettre où il répond à une demande de secours pour une personne inconnue; il mande
que presque pas un jour ne se passe sans avoir reçu de pareilles supplications, souvent si
nombreuses, qu'il n'a le temps d'y répondre que très brièvement, et que s'il lui arrive d'être
premier ministre il aura bientôt épuisé toutes les ressources de son département. — etc.

681 DICKENS, Charles.

L. A. S. à Edward Robert Lytton (fils du célèbre romancier), (à Paris); Avenue des
Champs-Élysés, 23 novembre 1855. — 1 p. in 8°.

Belle lettre d'invitation à dîner.

ITALIE

682 MONTI, Vincenzo, poète et historien, n. à Alfonsine 19 février 1754, m. à Milan 13 octobre 1828.

L. A. S. au comte Giacomo Leopardi (l'illustre poète) à Recanati; Milan 20 février 1819. — $^3/_4$ p. in 4⁰.

Belle lettre. — Leopardi lui a dédié un recueil de poésies qu'il vient de publier et de lui envoyer; Monti le remercie très affablement et mande qu'il a lu le livre avec grande satisfaction; observations sensibles sur la complaisance inattendue de lui dédier le volume.

683 PELLICO, Silvio, poète célèbre par sa captivité et son livre *Le mie prigioni*, n. à Saluzzo 24 juin 1788, m. à Turin 31 janvier 1854.

Deux L. A. S. — I. à M. le chevalier....; 10 février 1835. — 1 p. in 8⁰. — II. en français, à la comtesse Octavie-Masin de Mombello née Borghese, à Turin; Vigne Barel 18 septembre 1841. — 1 p. in 4⁰. — P.

I. Il lui envoie une pièce autographe de sa main pour une dame. — II. Très belle lettre en réponse à une notification de décès d'une amie.

II. Pièce de vers autographe signée, de 14 lignes (Rome, avril 1852). — 1 p. in 8⁰.

AMÉRIQUE

684 IRVING, Washington, un des plus illustres auteurs américains, conteur spirituel, historien, n. à New-York 30 avril 1783, m. à Tarrytown 28 novembre 1859.

Deux L. A. S. au prince Dolgorouki; (Londres) 27 juin 1830 etc. — 2 p. $^1/_4$ in 8⁰. — Une L. A. S., en français, au baron de Grovestins; (Madrid) 14 mai — $^1/_2$ p. in 8⁰.

Belles lettres amicales, d'invitations etc.

685 MOTLEY, John Lothrop, le célèbre historien, auteur de *Rise of the Dutch Republic* etc., n. à Dorchester (Massachusetts) 15 avril 1814, m. à Dorchester (Dorsetshire) 29 mai 1877.

L. A. S., en français, à son excellence....; (La Haye) 28 septembre 1858. — 1 p. in 8⁰.

Il demande d'avoir l'honneur d'être présenté au roi et au prince Henri des Pays-Bas.

RUSSIE

686 KARAMSIN, Nikolai-Michailovitsch, l'historien célèbre de la Russie, poète et conteur, n. à Michailovka 12 décembre 1765, m. à Tsarkoe-Selo 3 juin 1826.

L. A. S. à M. de Boulgakow, directeur des postes à St. Pétersbourg; Tsarkoe-Selo 24 septembre 1824. — 1 p. in 4⁰.

Demande de lui fournir par ordre écrit quatre chevaux de poste pour ses courses à Potehino et retour.

687 JOUKOVSKI, Vasili-Andrejevitch, célèbre poète, directeur des études du grand-duc Alexandre (Alexandre II), n. à Biélef 1783, m. à Stuttgart 1851.

Deux L. A. S., en français, à M. Falsing. — etc. — 2 p. in 8⁰.

Lettres d'invitation et d'excuses.

688 PUSCHKIN, Alexander-Sergejevitsch, le plus grand poète russe, n. à Pskof 26 mai 1799, m. en duel à St. Pétersbourg 10 février 1837.

B. A. paraphé — $^1/_2$ p. in 8⁰.

Il lui envoie son portrait.

ARTISTES

PEINTRES, GRAVEURS, ARCHITECTES, SCULPTEURS

PAYS-BAS

689 SOUTMAN, Pieter, peintre et graveur d'histoire et de portraits, élève de Rubens, n. à Harlem 1580, m. dans cette ville 1657.

L. A. S.; Harlem 5 janvier 1643. — $^3/_4$ p. in fol.

Belle lettre où il demande à une personne de distinction la permission de lui dédier une gravure, qu'il vient d'achever, d'après un des principaux tableaux de Rubens.

690 BRAY, Salomon de. peintre, graveur et architecte, il enrichit de précieuses peintures la Salle d'Orange (palais au bois de La Haye), n. à Amsterdam 1597, m. à Harlem 11 mai 1664.

L. A. S. (au magistrat de Harlem); 1661. — 1 p. in fol.

Belle et intéressante lettre. — Annotations et corrections de son Projet pour l'agrandissement de la ville de Harlem, publié dans cette même année.

691 COPPENOL, Lieven van, le célèbre artiste-calligraphe, ami de Rembrandt, qui l'immortalisa en peinture et en gravure, nommé par J. v. Vondel: //De fenix der vedervechteren//, n. 1598, m. à Amsterdam 1665.

P. A. S.; Amsterdam 1651. — 1 feuille grand in-folio obl. — P.

Superbe pièce de calligraphie. — 4 vers hollandais et 2 maximes.

592 VERWER, Abraham de, peintre de marine et d'histoire, n. à Amsterdam vers 1605, m. après 1660.

L. A. S. à Constantin Huygens, secrétaire du prince d'Orange; Amsterdam 9 janvier 1636. — $^1/_2$ p. in folio. — Cachet aux armes.

Il parle de tableaux achetés par le prince d'Orange et remercie pour le payement large et royal. etc. (Dans le catalogue Bovet, 1878, de Verwer a le prénom Adrien, le facsimile de la signature correspond cependant à celle de notre lettre.)

693 RIJN, REMBRANDT HARMENSZOON VAN, le prince des peintres et des eaux-fortistes de l'école hollandaise et un des plus illustres dans toute l'histoire de la peinture et de la gravure, n. à Leide 15 juillet 1607, m. à Amsterdam, inhumé 8 octobre 1669.

L. A. S. à Constantin Huygens, conseiller et secrétaire du prince Frédéric-Henri d'Orange à La Haye; (Amsterdam) 13 février 1639. — 1 p. in folio. — Adresse autogr. sur la quatrième page, cachet brisé. — 4 P.

Précieuse lettre faisant partie d'une correspondance du peintre avec Huygens sur l'achat de deux tableaux: "La mise au tombeau" et "Jésus sortant du tombeau", pour le prince d'Orange; correspondance publiée par M. Vosmaer dans sa monographie sur Rembrandt. — (Les tableaux se trouvent à la Pinacothèque de Munich, nos 330 et 329). — Voici la traduction de la lettre:

Cher Monsieur,

Je vous confie tout et en particulier la rémunération pour ces deux derniers tableaux, assuré que si tout se passait selon votre faveur et selon le droit, il n'y aurait rien à redire quant au prix nommé. Et pour ce qui regarde les pièces vendues auparavant, elles n'ont pas été payées plus de 600 florins carolus chacune. Et si Son Altesse ne peut être persuadée d'un façon convenable de donner plus, quoiqu'elles le méritent pleinement, je me contenterai pour chacune de 600 florins carolus; pourvu qu'on ordonnance en même temps ce que j'ai avancé pour les cadres en bois d'ébène et pour la caisse, ensemble 44 florins. Je prierais beaucoup, monsieur, que je puisse recevoir le payement aussitôt que possible ici à Amsterdam, confiant que par la faveur qu'on me fait, je recevrai un de ces jours mon argent, et je resterai reconnaissant pour tant d'amitié. Et après mes salutations cordiales à monsieur et à vos amis intimes, que tous soient recommandés à Dieu en bonne santé.

Votre dévoué et affectionné serviteur
Rembrandt.

le 13 février 1639.

(Une des sept lettres autographes connues de Rembrandt, elle provient du célèbre amateur Verstolk van Soelen.)

694 DOES, Jacob van der, (le vieux), peintre et eau-fortiste de paysages et d'animaux, un des fondateurs de la société de peinture (Pictura) à La Haye 1656, n. à Amsterdam 4 mars 1623, m. à Slooten (près d'Amsterdam) 17 novembre 1673.

P. A. S.; La Haye 26 novembre 1667. — 1 p. in 4º. obl.

Il déclare avoir reçu une somme d'argent de M. Jacob Graeff.

695 MAES, Nicolaas, peintre d'intérieurs et de portraits, talent vigoureux, naïf et profond, élève de Rembrandt, n. à Dordrecht 1632, m. à Amsterdam 1693.

P. A. S.; 31 juillet 1665. — $\frac{1}{2}$ p. in 4º.

Belle pièce. — Reçu d'une somme à lui due pour des travaux qu'il avait exécutés. — Sur la même feuille des notes et calculs de prix de tableaux. etc.

696 HOUBRAKEN, Arnold, peintre et graveur à l'eau-forte, auteur d'une Vie des peintres flamands et hollandais 1718, n. à Dordrecht 28 mars 1660, m. à Amsterdam 14 octobre 1719.

Beau dessin à la plume et lavé à l'encre de chine (Romulus et Rémus) in 4º, avec envoi autogr. signé de 8 lignes à M. de la Court, Amsterdam 16 mai 1710.

697 MIERIS, Frans van, (jeune), peintre distingué, historien et savant archéologue, n. à Leide 24 décembre 1689, m. dans cette ville 19 mai 1763.

L. A. S. (à Corn. van Alkemade à Rotterdam); Leide 13 novembre 1726. — 2 p. in 4º.

Il lui renvoie des médailles et jetons qu'il a reçus à l'examen, lui offre son ouvrage sur les monnaies et sceaux épiscopaux d'Utrecht et parle de la publication d'un ouvrage pour faire suite à celui de van Loon.

698 HOLTZHEY, Martinus, célèbre médailleur, maître-monnayeur de Gueldre et de Zélande, n. à Ulm 1697, m. à Middelbourg 1er novembre 1764.

L. A. S. à Johannes van Musschenbroek (physicien) à Leide; Amsterdam 5 mars 1738. — 1 p. in folio et 1 p. in 4⁰. — Beau cachet.

Intéressante lettre où il parle de l'exécution de trois médailles et en décrit amplement la composition en or et en argent.

699 HOUBRAKEN, Jacobus, graveur au burin, portraitiste célèbre, n. à Dordrecht 25 décembre 1698, m. à Amsterdam 14 novembre 1780.

L. A. S. à Frans van Mieris (le jeune); Amsterdam 19 avril 1719. — 1 p. in 4⁰. — P.

Il lui envoie des gravures.

700 SWART, Pieter de, architecte, n. à Rotterdam vers 1700, m. à La Haye 1772.

P. A. S.; La Haye 27 novembre 1766. — 1 p. ¹/₂ in fol. — Dessin à l'encre de chine. in fol. obl.

Il déclare avoir construit l'hôtel de Antonie Patras, député aux États-Généraux pour la Frise, au Voorhout à La Haye (plus tard le palais du prince Henri des Pays-Bas) et l'avoir exécuté conformément au dessin original. — Ce dessin se trouve joint à la pièce.

701 GUNKEL, Friedrich-Ludwig, architecte, constructeur du palais du prince de Nassau-Weilbourg à La Haye (depuis le théâtre royal) etc., n. à Grossdorf (Weilbourg) 1726, m. à La Haye 1818.

L. A. S., en hollandais, aux États de Hollande; La Haye, 17 mars 1791. — 3 p. in fol.

Projet pour la reconstruction d'une partie du palais du stathouder (het stadhouderlyk-kwartier) au "Binnenhof" à La Haye.

702 PLOOS VAN AMSTEL, Cornelis, graveur et amateur distingué, il inventa la gravure en imitation de dessin, art dont la technique s'est perdue depuis, n. à Weesp (Hollande) 14 janvier 1726, m. à Amsterdam 20 décembre 1798.

Deux L. A. S. — I. à J. de Byer; Amsterdam 10 septembre 1777. — 1 p. in 4⁰. — II. à J.-H. Carrée, secrétaire etc. à La Haye; Amsterdam 13 août 1795. — 1 p. in 4⁰. — Cachet à ses armes. — P.

I. Il lui envoie 4 dessins pour être coloriés et en indique le prix. — II. Affaires administratives.

703 SPAENDONCK, Gerard van, célèbre peintre de fleurs, dont les tableaux d'une couleur pleine de fraîcheur et d'harmonie attirent toujours l'admiration, professeur d'iconographie au Muséum d'histoire naturelle à Paris, membre de l'Institut, n. à Tilbourg 23 mars 1746, m. à Paris 11 mai 1822.

Trois L. A. S. à sa mère la veuve J.-A. van Spaendonck à Tilbourg; Paris 3 août 1776; 3 septembre 1794; 9 août 1795. — 6 p. in 8⁰. et 4⁰. — Cachets. — P.

Belles lettres de causeries familières; il mande une visite de la reine Marie-Antoinette à Moulin Joli, la maison de campagne de Watelet (peintre et écrivain), et l'honneur qu'il a eu de la conduire. — etc.

704 LANGENDYK, Dirk, peintre de batailles et de genre, graveur, un des plus grands dessinateurs de la Hollande au 18e siècle, n. à Rotterdam 1748, m. dans cette ville 1805.

Deux P. A. S.; Rotterdam, 27 avril 1789 et juin 1790. — 2 p. in 8⁰. obl. — P.

Reçus de sommes à lui dues pour des dessins qu'il avait exécutés.

705 SCHELFHOUT, André, grand peintre de paysage et d'hivers, un des artistes les plus considérés de son école, n. à La Haye 16 février 1787, m. à La Haye 22 avril 1870.

17

Trois L. A. S., avec croquis au crayon et à l'aquarelle, à A.-D. Schinkel à La Haye; La Haye 21 février 1823, et 14 octobre 1842. — 4 p. in fol. et 8⁰.

Lettres d'informations et de causeries familières.

706 TAUREL, André-Benoit-Barreau, un des plus célèbres graveurs français, résidant en Hollande, directeur de l'art de la gravure à l'Académie des Beaux-arts à Amsterdam (1827), n. à Paris 6 septembre 1794, m. à Amsterdam 12 février 1859.

Deux L. A. S. à J.-Z. Mazel à La Haye; Amsterdam 23 septembre 1836. — 7 à 9 mars 1839. — 4 p. in 4⁰.

I. Il lui envoie des autographes. — II. Belle et très remarquable lettre sur une discussion dans une séance de la Direction de l'Académie, par laquelle Taurel se sentait blessé; il se plaint à M. Mazel "d'un ton de véhémence", mais se calme cependant, voyant que l'affaire vient de se terminer en sa faveur.

707 KOEKKOEK, Barend-Cornelis, l'illustre paysagiste, il se distingua par une grande réalité et par une conception poétique exceptionnelle, n. à Middelbourg 11 octobre 1803, m. à Clèves 5 avril 1862.

I. L. A. S. (au colonel de Ceva à La Haye); Hilversum octobre 1833. — 1 p. ¹/₂ in 4⁰.

Il envoie un tableau et parle d'une toile de grande dimension dont il a conçu la composition.

II. L. A. S. à A.-A. Weimar à La Haye; Clèves 9 janvier 1845. — 1 p. in 8⁰. — P.

Envoi de tableaux.

708 BAKKER KORFF, Alexander-Hugo, le spirituel peintre de genre, une des plus originales illustrations de l'école hollandaise moderne, n. à La Haye 1824, m. à Leide 28 janvier 1882.

L. A. S. à A.-D. Schinkel (le célèbre collectionneur) à La Haye; Anvers 18 novembre 1847. — 2 p. ³/₄ in 4⁰. — P.

Belle et remarquable lettre où il parle longuement de son séjour à l'Académie d'Anvers, de ses progrès, de l'impression que ses condisciples ont faite sur lui, de ses relations avec Nicaise de Keyser, professeur etc.; il donne deux croquis, à la plume, de dessins dont il s'occupe et cause des tableaux qu'il a vus dans les églises d'Anvers.

709 ALMA TADEMA, Laurens, célèbre peintre anglais, d'origine néerlandaise, dont les œuvres se distinguent par leur caractère archéologique et par un soin de composition de dessin et de coloris particulier, n. à Dronryp (Frise) 8 janvier 1836.

I. L. A. S. à Monsieur....; (Londres) Regents-park 12 janvier 1871. — 4 p. in 12⁰. — II. au même; ibid. 30 octobre 1873. — 1 p. in 8⁰.

Très belles lettres de causeries familières.

BELGIQUE

710 RUBENS, Pierre-Paul, un des plus grands génies de la peinture, n. à Siegen (Nassau) 29 juin 1577, m. à Anvers 30 mai 1640.

L. A. S., en italien; Anvers 22 avril 1627. — 4 p. in fol. — P.

Superbe lettre. — Il remercie de l'envoi d'un livre et répond aux demandes, qu'on lui a adressées ; il parle de la situation financière embarrassante des princes chrétiens en s'étonnant grandement du fait que presque tous se trouvent réduits à l'extrémité, qu'ils ne savent plus prolonger leur crédit ; les artifices, dont ils se servent, ne sont pas faits pour eux, mais pour le vulgaire ; particularités sur un nouvel emprunt qui se prépare et le manque d'argent dans les Pays-Bas Espagnols ; causerie d'économie politique singulière. Il contredit le bruit qui circule sur le mariage du marq. de Spinola avec la duchesse d'Aerschot, et mande le mariage de la duchesse de Croy et du marquis de Renthi. Les États de Hollande interviendront entre la Suède et le Danemarc, ainsi que entre la France et l'Angleterre. — etc.

Pièce remarquable par la diversité des faits et par la façon particulière, dont elle traite les personnes et les choses.

711 **JORDAENS, Jacques**, peintre d'un coloris chaud et brillant, un des talents les plus originaux de l'école flamande, n. à Anvers 19 mai 1593, m. dans cette ville 18 octobre 1678.

Pièce autographe signée, en français, adressée à la princesse Amélie d'Orange, veuve du prince Frédéric-Henri d'Orange (1652). — 3 p. in folio.

Document précieux dont voici le titre : "Explication du grand tableau triumphal du feu très "illustre prince Frédéric-Henry de Nassau, prince d'Orange de louable mémoire. — Pour Madame son "Altesse, la princesse douairière." — Ce tableau, le chef-d'œuvre du maître, est la partie principale de la décoration intérieure de la Salle d'Orange (le palais au bois de La Haye) et représente l'apothéose allégorique du prince. Par son explication le peintre nous fait connaître tous les détails de l'allégorie, et donne des éclaircissements sur beaucoup de points inconnus jusqu'à nos jours. — Pièce curieuse pour l'exagération du style.

(Les autographes de cet artiste, comme tous ceux des peintres flamands ou hollandais du 17e siècle, sont extrêmement rares ; une pièce de 3 pages in folio comme la nôtre doit être unique).

712 **JORDAENS, Jacques.**

L. A. S., en flamand, à Pieter Engels ; Anvers 28 octobre 1649. — 1 p. in 4⁰ obl.

Il le charge d'aller visiter M. de Zuilichem (Const. Huygens) à La Haye et de lui demander des nouvelles concernant la peinture de q.q. armoiries pour la Salle d'Orange (palais au bois de La Haye). — Lettre signée de ses nom et prénom : Jacques Jordaens.

713 **OMMEGANCK, Balthazar-Paul**, célèbre peintre de paysage et d'animaux d'une originalité manifeste, un des régénérateurs de la peinture flamande, n. à Anvers 26 décembre 1755, m. dans cette ville 18 janvier 1826.

I. L. A. S., en français, à M. Roelants, inspecteur de l'université à Louvain ; Anvers 12 avril 1825. — 1 p. in 4⁰. — II. L. S., en flamand, à M. Myin, peintre à Anvers ; Anvers 13 nov. 1818, signée aussi par les peintres : J. Herreyns et M.-J. van Brée. — 1 p. in 4⁰.

I. Il répond à une demande de donner des renseignements à un jeune homme, qui a des dispositions pour la peinture. — II. Demande d'envoyer des tableaux pour être exposés devant l'impératrice de Russie, qui va passer à Anvers.

714 **ODEVAERE, Joseph-Denis**, peintre d'histoire et de marine, son tableau la "Mort de Phocion" remporta le prix de Rome en 1804, élève de David, n. à Bruges 2 octobre 1778, m. à Bruxelles 9 février 1830.

L. A. S. à Monsieur.... ; Bruxelles 15 novembre 1825. — 1 p. in 4⁰.

Il mande qu'un commissionnaire chargé de faire la souscription du portrait du roi a eu l'impudence de demander de l'argent d'avance ; il vient d'apercevoir cette friponnerie et s'en excuse.

715 **MADOU, Jean-Baptiste**, peintre d'histoire et de genre, renommé par la correction de son dessin et par le choix heureux de ses sujets, lithographe, son livre "Scènes de la vie des peintres flamands et hollandais" est célèbre, n. à Bruxelles 24 janvier 1796, m. dans cette ville 5 avril 1877.

Deux L. A. S. au peintre Nicaise de Keyser à Anvers; Bruxelles 12 mars 1838, et 18 août 1855. — 2 p. $^1/_2$ in 8⁰. — P.

Il demande un dessin pour un album de lithographie qu'il se propose de publier. — II. Il s'excuse pour une séance de l'Académie des Beaux-arts à Anvers.

716 VERBOECKHOVEN, Eugène-Joseph, célèbre peintre, qui savait reproduire des scènes empruntées aux habitudes des animaux avec une vigueur d'exécution étonnante, n. à Warneton (Flandre) 8 juin 1799, m. à Bruxelles 19 janvier 1881.

Trois L. A. S. — I. à M. de Bast, graveur à Gand; Bruxelles 22 juillet 1821. — II. au col. de Ceva à La Haye; Brux. 1 mars 1833. — III. à M....; 10 sept. 1837. — 3 p. in 4⁰ et 8⁰.

I. Curieuse lettre sur divers travaux. — II. Il entre dans beaucoup de détails sur l'échange de tableaux. — III. Lettre amicale où il demande des informations sur diverses personnes. etc.

717 WAPPERS, Gustave, grand peintre d'histoire et de portraits, considéré comme un des fondateurs de l'école belge, n. à Anvers 22 août 1803, m. à Paris 9 décembre 1874.

L. A. S. au colonel de Ceva à La Haye; Anvers 21 décembre 1833. — 3 p. in 8⁰. — 2 P.

Belle lettre amicale où il cause du sujet d'un tableau commandé, d'un tableau acheté par le prince d'Orange et qu'on est en train de graver en manière-noire; informations familières. etc.

718 WIERTZ, Antoine-Joseph, une des grandes figures de l'école belge moderne, ses tableaux forment le musée Wiertz à Bruxelles, n. à Dinant 22 février 1806, m. à Ixelles 18 juin 1865.

L. A. S. à M. le curé de l'église St. Dénis à Tilbourg; Liège. — 1 p. in 8⁰.

Il mande qu'il lui enverra sous peu de jours le tableau demandé, représentant le "Martyre de "St. Dénis", et finit par cette phrase: "L'art pour moi, n'est et ne sera jamais une question d'argent, c'est par conséquent à titre de don que je vous prie d'accepter mon œuvre."

719 WIERTZ, Antoine-Joseph.

L. A. S. à M. Richard; 21 février 1850. — $^1/_2$ p. in 8⁰.

Remerciement pour une "Méthode de dessin" qu'il vient de recevoir.

720 GALLAIT, Louis, peintre d'histoire, son tableau: "Derniers hommages rendus aux comtes d'Egmont et de Hornes" est célèbre, n. à Tournay 10 mai 1810.

Trois L. A. S. à J.-Z. Mazel, à La Haye; Bruxelles 20 avril 1847; 19 mai 1851 etc. — 6 p. in 8⁰. — Papier à ses initiales. — P.

Correspondance amicale. — Il parle de tableaux pour l'exposition à La Haye, d'un tableau acheté par le Roi. etc.

721 LEYS, Jean-Auguste-Henri, un des chefs de l'école de peinture flamande moderne, dont les tableaux se laissent prendre pour d'anciennes peintures par une touche grasse et facile dans la manière de Jean Steen et de Metsu, n. à Anvers 18 février 1815, m. dans cette ville 26 août 1869.

Deux L. A. S. sans date. — 2 p. in 8⁰.

I. Il envoie une liste des tableaux de Wouters. — II. Il mande qu'on l'attend depuis deux heures et fixe un temps pour une autre réunion, afin de pouvoir arranger une affaire urgente.

722 PORTAELS, Jean-François, peintre d'histoire, qui emprunta beaucoup de sujets de son voyage en Orient, élève de P. Delaroche, n. à Vilvorde 1er mai 1818.

Trois L. A. S. à J.-Z. Mazel à La Haye; Bruxelles 23 avril 1849; La Haye 15 décembre 1861; La Haye 16 mars 1861. — 5 p. in 8⁰.

Correspondance concernant l'envoi de tableaux pour l'exposition à La Haye et des dessins qu'il veut soumettre à son jugement.

723 O'CONNELL, Frédérique Miethe dame, célèbre peintre d'histoire et de portraits de l'école flamande, n. à Berlin 1828, morte récemment.

L. A. S., en français, à J.-Z. Mazel; Bruxelles 3 mai. — 2 p. in 8⁰.

Elle vient d'être informée du retard de la réception de ses tableaux pour l'exposition à La Haye et espère qu'ils arriveront avant le terme fatal.

FRANCE

724 POUSSIN, Nicolas, l'illustre peintre, n. à Villers (Andelys, en Normandie), juin 1594, m. à Rome 19 novembre 1665.

Lettre en italien et en français, écrite et signée par son secrétaire. — A l'abbé de Cavore à Rome; Paris 29 juin 1641. — 1 p. in fol.

Il parle d'une affaire sur laquelle il est en correspondance avec M. Chambrai de Chanteloup.

725 MAROT, Daniel, célèbre architecte et graveur, collaborateur de son père Jean Marot, constructeur de l'hôtel de Wassenaer Obdam (depuis le palais du prince d'Orange) et de celui de Groen van Prinsterer à La Haye, architecte de Guillaume III d'Orange, n. à Paris vers 1660.

Dessin à la plume avec légende autogr. signée, en français; La Haye 28 décembre 1700. — 1 feuille in folio.

Table et miroir dorés pour le château "Het Loo", achevés et placés en août 1701. — Très belle pièce.

726 MARIETTE, Pierre-Jean, dessinateur et graveur, collectionneur célèbre, directeur de la Galerie impériale de Vienne, membre honoraire de l'Académie française, n. à Paris 7 mai 1694, m. dans cette ville 10 septembre 1774.

L. A. S. à Jean Neaulme, libraire à Amsterdam; Paris 17 janvier 1763. — 2 p. in 4⁰. — Cachet brisé.

Intéressante lettre sur son œuvre "Recueil de peintures antiques d'après les dessins de Pietro Sante "Bartoli. Paris 1757—60." Détails curieux sur la vente des ex., liste des noms des souscripteurs au nombre de 30 (nombre total du tirage), dont 6 ex. pour la Hollande; il mande que les planches sont effacées et hors d'état de servir. etc.

727 BOISSIEU, Jean-Jacques de, célèbre graveur à l'eau-forte, dont les compositions et le style rappellent les grands maîtres hollandais, n. à Lyon 29 novembre 1736, m. dans cette ville 1er mars 1810.

L. A. S. au citoyen Daudet, graveur à Paris; Lyon 15 septembre 1795. — Avec un dessin au crayon représentant le portrait du peintre Teniers. — 3 p. in 4⁰.

Très belle et intéressante lettre où il cause amicalement des eaux-fortes de van de Velde et de Potter qu'il lui a procurées, de ses occupations artistiques et des déceptions domestiques causées par les "circonstances impérieuses"; observations remarquables sur la vente de ses estampes. "Le croquis que vous trouverez cy-joint est la grandeur de ma tête de Teniers, il y a de plus "les mains l'une sur l'autre." Il loue fortement un tableau de Metzu du cabinet de M. Dargenson. etc.

728 BOISSIEU, Jean-Jacques de.

L. A. S. au même; Lyon 11 juin 1808. — 2 p. in 4⁰. — Cachet à ses initiales.

Il lui envoie avec une liste des prix notés q.q. de ses dessins et de ses estampes et remarque que ces dernières deviennent rares, parce qu'il n'est plus à même d'en faire comme autrefois: il s'étend sur les sujets, les prix etc., et parle de la mort du graveur Wille.

729 DAVID, Jacques-Louis, le chef de l'école académique, le grand peintre histo-rique et une des gloires de la France, député de Paris à la convention 1792, membre de l'Institut, n. à Paris 30 août 1748, m. en exil à Bruxelles 29 décembre 1825.

L. A. S. à (Michel-Jean Sedaine, l'auteur dramatique); Nantes 16 avril 1790. — 4 p. in 4⁰. — P.

Spirituelle et remarquable lettre où il fait une relation vive et pleine d'esprit narquois d'un séjour à Nantes. — Le magistrat de cette ville lui avait commandé un tableau de grande dimen-sion et l'invitait à venir à Nantes pour en établir les conditions. Il raconte l'accueil que lui firent le maire te des «commerçants ne s'occupant toute leur vie que de gagner de l'argent» et se trouve confondu par les démonstrations d'hommage qu'il reçoit partout et a peine de ne pas s'en enor-gueillir; cela ne l'empêche cependant pas de plaisanter un peu sur le grand empressement qu'on lui fait sentir par des visites, des invitations à dîner sans fin et des assemblées où il est obligé d'assister etc. Détails curieux sur la famille où il est logé. — Il finit par cette observation: «comme «je jette à la volée ce que j'écris et principalement ce que je pense ne le rélisant jamais, vous «y supléerez.»

730 DAVID, Jacques-Louis.

L. A. S. à (Joseph-Denis) Odevaere, peintre (élève de David) à Gand; (Bruxelles) 22 août 1820. — 1 p. in 8⁰.

Il demande très affablement des renseignements sur les blessures arrivées à lui et à sa femme dans la Course de chevaux à Gand; il parle des derniers tableaux de Odevaere, dont il a entendu l'éloge de tout côté.

731 ISABEY, Jean-Baptiste, le célèbre miniaturiste de Napoléon I, ordonnateur des fêtes de la cour, n. à Nancy 11 avril 1767, m. à Paris 18 avril 1855.

Deux L. A. S. — I. à M. de Cailleux, secrétaire général de la musique royale; 18 avril. — 1 p. ¹/₂ in 8⁰. — II. à Madame P. de Labouchère à Paris; château de Pont-chartrain 21 décembre 1842. — 1 p. in 8⁰. enveloppe et cachet. — P.

I. Il mande qu'il sera impossible de lui porter toute sa bucolique au temps fixé, et parle de l'arrangement. — II. Jolie lettre où il est question de construire une petite planche.

732 INGRES, Jean-Auguste-Dominique, l'illustre peintre, qui se distingue par l'ex-quise perfection de son dessin et son bon goût, et qui savait unir l'étude de la nature aux plus pures traditions de l'antiquité, membre de l'Institut, n. à Montauban 29 août 1780, m. à Paris 13 janvier 1867.

L. A. S. à (A.-B.-B.) Taurel (directeur de la gravure à l'académie royale des Beaux-arts d'Amsterdam); Paris 14 Octobre 1828. — 2 p. in 8⁰. — P.

Très belle et amicale lettre de causeries affables relatives à des affaires de famille; on y re-marque cette phrase: «Je vous remercie cher ami de la bien bonne lettre que vous m'avez faite; «elle m'est aussi honorable que précieuse pour le cœur, car si je connaissais un plus honnête «homme et par son caractère, la beauté de ses sentiments, sa franchise, son esprit, enfin un autre «Taurel, je devrais le dire. Votre modestie s'effarouchera peut-être, mon amitié à part, c'est ce «que je pense et vous savez que je n'aime pas tout le monde et que j'aime bien mes amis, heu-«reux mon cher M. Taurel de vous compter le premier, sans oublier votre chère épouse.» etc.

733 DAVID, Pierre-Jean, dit d'Angers, le grand sculpteur, membre de l'Institut, n. à Angers 12 mars 1789, m. à Paris 5 janvier 1856.

L. A. S. à M.... — 2 p. in 8⁰. — P.

Belle lettre où il est question de l'achat d'un tableau et d'un buste.

734 VERNET, Antoine-Charles-Horace, le célèbre peintre d'histoire, des actions militaires et des mœurs de l'époque, membre de l'institut, n. à Paris 3 juin 1789, m. dans cette ville 17 janvier 1863.

I. L. A. S. à Monsieur....; Versailles 29 octobre 1838. — 1 p. in 8°· — II. B. A. S. à M. Jazet à Yerres; Versailles 18 juillet 1841. — 1 p. in 8°. — III. L. A. S. du gén. Atthalin; Palais des Tuileries 22 septembre 1838, avec 3 lignes aut. signées de H. Vernet. — IV. L. A. S. de Madame L. Vernet (femme de H. Vernet) à M. le comte....; 14 février. — 1 p. in 8° — P.

I. Très belle et spirituelle lettre d'acceptation à dîner. — II. Introduction pour le peintre Kruseman. — IV. Jolie lettre d'invitation à dîner où elle parle de son mari, de Delaroche. etc.

735 CHARLET, Nicolas-Toussaint, le célèbre peintre de scènes de mœurs militaires, élève de Gros et ami intime de Géricault, il se distingua aussi par les dessins lithogrophiés de son œuvre, n. à Paris 20 octobre 1792, m. dans cette ville 29 décembre 1845.

L. A. S. à M le directeur....; (Paris) 28 avril 1840. — 1 p. in 4°.

Belle lettre de recommandation pour M. Canon (1787—1852) son élève "qui a exposé cette "année plusieurs portraits en pied et deux tableaux; en ne demandant rien contre la justice je "reviens à la charge pour cet estimable et modeste artiste." etc.

736 SCHEFFER, Ary, l'illustre peintre romantique, qui au lieu de regarder la nature en face, la contemplait réfléchie dans les chefs-d'œuvre des poètes, n. à Dordrecht 10 février 1795, m. à Argenteuil 15 juin 1858.

L. A. S. à J.-Z. Mazel commissaire de l'exposition royale à La Haye; Paris 28 avril 1847. — 2 p. in 4°. — Adresse et cachet. — P.

Belle lettre où il mande qu'il lui a expédié le portrait de madame J., qu'il désire exposer à La Haye; remerciements très affables pour son intermédiaire à l'occasion du royal encouragement accordé à M. de Mare (le célèbre graveur) "qui mettra cet artiste à même de produire un "œuvre qui honorera et le noble protecteur (le roi Guillaume II) et le protégé"; expressions de reconnaissance pour d'autres services rendus. etc.

737 SCHEFFER, Ary.

L. A. S. au gén. (R.) Fagel, ministre des Pays-Bas à Paris; Paris 14 septembre 1849. — 2 p. in 4°.

Belle lettre de remerciement pour l'envoi du brevet et des insignes de commandeur de l'ordre de la couronne de chêne, grade que le roi des Pays-Bas lui a conféré, il exprime sa reconnaissance pour la bienveillante intervention du général, à qui il croit devoir cette nomination.

738 SCHEFFER, Ary.

L. A. S. à (W. von Weckherlin, secrétaire de la reine Sophie des Pays-Bas, à La Haye); Rotterdam 7 (novembre 1849). — 1 p. in 8°. — Papier à ses initiales.

Il demande de présenter ses excuses à la reine du retard qu'il a mis à se rendre à ses ordres; une douleur de poitrine l'en a empêché, il se rendra le jour suivant à La Haye pour savoir s'il lui sera permis de se présenter à S. M.

739 SCHEFFER, Ary.

L. A. S. à (J.-Z. Mazel à La Haye); Paris, sans date. — 2 p. in 8°.

Lettre d'introduction pour M. (Felix—Hyppolite) Lanoue (1812—72) jeune artiste fort distingué, chargé de copier le chef-d'œuvre de P. Potter au Musée de La Haye; il demande des informations si le règlement permet de copier les tableaux de la même grandeur.

740 SCHEFFER, Ary.

L. A. S. à Monsieur..... — 2 p. ¹/₂ in 8⁰.

Observations critiques sur le dessin pour la gravure d'après son tableau "Mignon".

741 HENRIQUEL-DUPONT, Louis-Pierre Henriquel dit, un des plus célèbres graveurs du 19ᵉ siècle par son travail consciencieux et perfectionné, il a reproduit la grande fresque de Delaroche: l'Hémicycle des Beaux-arts, membre de l'Institut, n. à Paris 13 juin 1797.

L. A. S. à (A.-B.-B.) Taurel (1794—1859), directeur de la gravure à l'académie royale des Beaux-arts d'Amsterdam; Paris 17 janvier 1830. — 3 p. in 4⁰. — P.

Remarquable lettre où il donne très amicalement des nouvelles de famille. Il parle longuement d'une proposition qu'il a reçue de la maison du roi pour graver une grande estampe mémorative du "Sacre"; on lui offre 60 mille francs avec l'engagement d'achever l'estampe en 4 années; détails intéressants sur les négociations et les raisons qui l'ont amené à refuser; il demande 80 mille, mais se décide enfin à accepter les conditions proposées, cependant le roi refuse de son côté; "j'ai donné mon désistement juste assez à temps pour ne pas recevoir l'acceptation de ma "proposition dernière; dans toutes ces affaires je me suis trouvé très heureux de ma position, j'ai "reçu les témoignages les plus flatteurs de toutes les personnes avec qui je me suis trouvé en "contact. C'est Garnier qui va mordre, il m'a fait sottement mystère de tout, quoique je l'aie "mis dans mes confidences." — Il mande: "quant au mariage c'est ce qu'il y a de moins avancé, car "ma prétendue est encore pour moi une belle inconnue et mon imagination peut encore se donner "carrière et la créer tout à sa fantaisie." etc.

742 HENRIQUEL-DUPONT, Louis-Pierre Henriquel dit.

L. A. S. à M....; sans date. — 1 p. in 12⁰.

Lettre d'invitation à dîner.

743 DELAROCHE, Hippolyte dit Paul, le célèbre peintre d'histoire, dont le talent excella surtout dans l'arrangement dramatique admirable et la couleur locale souvent très précise de ses compositions, membre de l'Institut, n. à Paris 17 juillet 1797, m. dans cette ville 4 novembre 1856.

L. A. S. à H. Delaborde (son élève, historien d'art) à Meudon; (Paris 25 avril 1832). — 1 p. ¹/₄ in 8⁰

Il lui mande l'état décroissant du choléra dont son frère semble avoir été atteint; causeries sur un tableau, dont il s'occupe présentement.

744 DELAROCHE, Hippolyte dit Paul.

L. A. S. à P. Labouchère à Paris; (Le Havre, bains Frascati 22 août 1842). — 2 p. in 8⁰. — Cachet brisé.

Belle lettre où il parle longuement d'une visite qu'il a reçue du marquis de Hertford "visite que "je vous dois, car je n'aurais jamais osé l'ennuyer une seconde fois de mon nom; je vous remercie "mille et mille fois de m'avoir procuré l'occasion de lui montrer un ouvrage qui ne lui fera pas "regretter, j'espère, de m'avoir demandé un tableau. Vous me dites que vous seriez heureux de "voir mon "Hérodiade" chez lui, moi j'en serais fier; des spéculateurs français à l'étranger m'ont "déjà demandé ce tableau, mais je n'ai pu me résoudre à le vendre, désirant par dessus toute "chose que mes ouvrages soient noblement logés." — Réflexions curieuses sur l'achat probable du tableau par le marquis.

745 DELAROCHE, Hippolyte dit Paul.

L. A. S. à (J.-Z.) Mazel; 21 rue Tronchet Paris. — 1 p. in 8⁰. — Cachet à ses initiales.

Il lui remet un portrait "que vous avez été assez bon pour me confier" et envoie comme un témoignage de ses remerciements une épreuve du portrait de M. Guizot, que M. Calamatta vient d'exécuter d'après son tableau.

746 DELAROCHE, Hyppolyte dit Paul.

L. A. S. à M. de Cailleux au Louvre; (Paris mars 1845). 1 p. in 8°.

Jolie lettre où il est question d'une statue de M. Wolff, destinée pour l'exposition, mais qui se laisse attendre — etc.

747 DELACROIX, Ferdimand-Victor-Eugène, le grand rénovateur de la peinture en France par ses compositions éclatantes et superbes, si diverses et si pleines de feu et de génie; membre de l'Institut; n. à Saint-Maurice (Seine) 26 avril 1798, m. à Paris 13 août 1863.

L. A. S. à M....; 20 février. — 1 p. in 8°. — P.

Il lui rappelle sa permission de "donner dans ma notice sur le portrait d'Abderahmann quel- "ques détails qui me paraissent très nécessaires pour le faire comprendre et pour établir en outre "ce qu'il peut avoir d'authentique; je l'ai faite aussi courte que possible pour tout ce que je serai "forcé d'y détailler."

748 DELACROIX, Ferdinand-Victor-Eugène.

I. L. A. S. à (Gustave) Wappers (un des fondateurs de l'école de peinture Belge, 1803— 1874); 8 février. — 1 p. in 8°.

Belle lettre d'invitation à dîner: "j'ai deux ou trois amis à dîner avec moi et sans façon, vous "seriez bien aimable de vous joindre à eux. etc.

II. L. A. S. à M. Buloz, (le fondateur de la Revue des deux mondes); Paris 7 septembre 1850. — ¹/₂ p. in 8°. — Enveloppe à l'adresse autographe.

Il demande de faire passer son article au plus tard le 15: "je serais vivement contrarié qu'il "fût renvoyé et j'espère que vous ne l'oublierez pas."

749 BELLANGÉ, Jean-Louis-Hippolyte, le célèbre peintre des faits mémorables de Napoléon I, ses types militaires sont populaires, n. à Paris 18 février 1800, m. dans cette ville 10 avril 1866.

Deux L. A. S. à....; Rouen 7 septembre 1839. — Paris 23 mars 1845. — 2 p. in 8°.

Relatives à l'achat d'un tableau. etc.

750 JOHANNOT, Charles-Henri-Alfred, peintre d'histoire et graveur, célèbre par ses illustrations de livres, n. à Offenbach 21 mars 1800, m. à Paris 7 décembre 1837.

I. L. A. S. au colonel Schoitz (à Paris). — 1 p. in 4°.

Il recommande un jeune homme; détails curieux.

II. L. A. S. de Tony Johannot, son collaborateur (1803—52). — 1 p. ¹/₄ in 8°.

Il parle d'un tableau de son frère, vendu après son décès.

751 GAVARNI, Guillaume-Sulpice Chevalier dit, le grand dessinateur au crayon fin, léger, railleur, si plein d'esprit de bon aloi, de critique amusante et de verve intarissable, n. à Paris 13 janvier 1801, m. dans cette ville 23 novembre 1866.

L. A. S. à M. Goupil (le marchand et éditeur d'estampes à Paris); Paris 30 mars 1837. — 1 p. in 8°.

Il mande que "votre pierre est faite et archi-faite, mais il pleut, je n'ose vous l'envoyer, "veuillez la faire prendre." — Signée G. — Sur la même pièce: "Reçu la somme de 200 francs, "montant du premier dessin." — Signée: Gavarni.

752 GAVARNI, Sulpice-Paul Chevalier dit.

L. A. S. au directeur A. Joly (à Paris). — ¹/₂ p. in 4°.

Demande de lui donner une loge, qu'on avait oublié de lui envoyer.

753 ROQUEPLAN, Camille-Joseph-Étienne Rocoplan dit, peintre d'histoire et de paysage, élève de Gros, un des chefs de l'école romantique, n. à Malemort 18 février 1802, m. à Paris 15 octobre 1855.

L. A. S. au colonel de Ceva, aide-de-camp du pr. Frédéric des Pays-Bas, à La Haye; (Paris) 14 août 1834. — 2 p. in 4⁰.

Il mande qu'il va faire un voyage en Hollande et lui demande sa protection pour passer les frontières et les avant-postes; il parle de ses compagnons de voyage, et cause des tableaux qu'il emportera.

II. L. A. S.; — 1 p. in 8⁰.

Il recommande M. Danesi restaurateur de tableaux.

754 CALAMATTA, Luigi, graveur français, d'origine italienne, d'une élégance et d'une sévérité digne des plus grands éloges, n. à Civita-Vecchia 12 juillet 1802, m. à Milan 8 mars 1869.

L. A. S. à A.-B.-B. Taurel (graveur célèbre à Amsterdam; La Haye 4 juillet). — 1 p. in 4⁰.

Belle lettre de causeries amicales; personnes et choses.

755 GUDIN, Théodore, célèbre peintre de marines, le meilleur de l'école française moderne, n. à Paris 15 août 1802, m. à Boulogne-s.-Seine 12 avril 1880.

Cinq L. A. S. à J.-Z. Mazel, et au comte....; 1840—49. — 15 p. in 4⁰. et in 8⁰.

Belle correspondance relative à des expositions de tableaux à La Haye, de ventes de tableaux à Paris et ailleurs; détails curieux.

756 DECAMPS, Alexandre-Joseph, peintre de scènes et de mœurs orientales, coloriste original, n. à Paris 3 mars 1803, m. à Fontainebleau 22 août 1860.

Deux L. A. S. à M. Delahaye à Paris. — I. 12 mai 1839. — 1 p. in 4⁰. — II. Sans date. — 1 p. in 4⁰.

I. Il parle d'une question avec M. de Ceva et mande "que ce qui m'arrive avec lui a lieu pour "la première fois depuis que je tiens une palette." — II. Il s'excuse de ne s'être pas présenté chez lui "étant dans un état de fatigue que ma chétive santé vous fera concevoir."

757 DECAMPS, Alexandre-Joseph.

L. A. S. à M. Petit, commissaire-priseur à Paris; Fontainebleau 25 janvier 1858. — 1 p. in 4⁰.

Il lui mande qu'il a l'intention de venir à Paris et qu'il espère le rencontrer.

758 BRASCASSAT, Jacques-Raimond, célèbre peintre, qui a introduit dans l'école française la peinture d'animaux et excella surtout dans le dessin et le choix de leurs formes, de leurs gestes et de leurs attitudes; membre de l'Institut; n. à Bordeaux 28 août 1805, m. à Paris 28 février 1867.

L. A. S. au colonel de Ceva à La Haye; Musignis 2 janvier 1836. — 2 p. ¹/₂ in 4⁰.

Belle lettre où il s'excuse de ne pas avoir encore achevé un tableau commandé et en donne des raisons détaillées; il parle de son séjour en Hollande: "le souvenir de tout ce beau pays m'est resté "bien gravé, je profiterai de la moindre circonstance pour y retourner et me retremper des beaux "cabinets que j'étais si avide de voir."

759 FLANDRIN, Jean-Hippolyte, l'illustre peintre d'histoire religieuse, ses tableaux et fresques d'une belle ordonnance et d'un style austère figurent comme des chefs-d'œuvre dans la peinture contemporaine, n. à Lyon 22 mars 1809, m. à Rome 21 mars 1864.

L. A. S. à M. de Cailleux, directeur du Louvre; Paris 3 novembre 1840. — 1 p. in 8⁰.

Il l'informe du portrait de Diane de Poitiers qu'il vient de terminer.

760 MEISSONNIER, Jean-Louis-Ernest, l'illustre peintre de tableaux de genre et d'histoire, dont le dessin net et décidé et l'extrême simplicité d'effet et de couleur font les rares mérites, membre de l'Institut, n. à Lyon 21 février 1815.

L. A. S. à „Mon cher Richard"; Poissy 3 février 1871. — 2 p. in 8⁰. — Papier à ses initiales. — P. photogr. avec sign. autogr.

Belle lettre écrite peu de jours après son retour à Poissy et après l'évacuation des Allemands des environs de Paris; il mande qu'il a retrouvé tout en ordre et qu'on ne lui a enlevé qu'une vache: "dont je dois la perte à une française qui l'a signalée aux prussiens en disant qu'on pou-"vait me la prendre, que j'etais assez riche". Il parle de ses impressions le long de la route. etc.

761 MEISSONNIER, Jean-Louis-Ernest.

L. A. S. à (Eugène) Fromentin (le célèbre peintre); Poissy 23 février 1873. — 2 p. ³/₄ in 8⁰. — Papier à ses initiales.

Très remarquable épître en réponse à une lettre où Fromentin se détermina à renoncer à sa nomination de membre du jury à l'exposition internationale de Vienne; il le supplie hardiment de revenir sur cette résolution et tâche de réfuter les griefs que Fromentin a exposés: "comme "vous n'êtes pas de ceux qui font les choses à la legère, en consentant à être du jury, vous avez "admis le principe d'intérêt national, vous avez compris que plus notre chère patrie avait été "malheureuse, quand il s'agissait de barbare destruction, moins elle devait l'avouer amoindrie, alors "qu'il s'agissait des arts, qui sont quoi qu'on en dise, la vie et la gloire de la nation; et quand "vos confrères, qui ne sont pas sans valeur vous ont choisi, comptant sur vous, pour être des "meilleurs combattants dans cette lutte de l'intelligence, aucune considération personnelle ne devait "vous faire décliner cet honneur. Pardonnez-moi de vous le dire et je ne me le permettrais pas "s'il ne s'agissait de l'honneur de notre pays, et vous ne pouvez regarder le mot comme trop grand: "vous avez accepté notre cause, aujourd'hui vous la désertez." — etc.

762 BONHEUR, Rosalie dite Rosa, femme artiste, célèbre par sa peinture étudiée et admirablement consciencieuse, pleine d'un charme naïf et d'un sentiment profond, n. à Bordeaux 22 mars 1822.

L. A. S. à M....; Paris 29 octobre 1851. — 1 p. in 8⁰. — P.

Elle lui annonce le départ d'un tableau, commandé par lui et désire savoir s'il en est content: "j'ai fait mon possible pour qu'il soit à votre goût et je désire avoir réussi."

763 BONHEUR, Rosa.

L. A. S. à (Nicaise de Keyser, directeur de l'Académie d'Anvers); By 27 juin 1876. — 2 p. in 8⁰.

Elle mande qu'elle se trouve extrêmement flattée de l'invitation personnelle pour l'exposition d'Anvers, et remercie; elle va terminer une des toiles appartenant à M. Gambaud et a peur que le temps ne lui manque pour exposer, cependant elle essayera.

764 GÉROME, Jean-Léon, le célèbre peintre ethnographe, qui a peint l'antiquité et les temps modernes, les mœurs de l'orient et celles de l'occident, membre de l'Institut, n. à Vesoul 11 mai 1824.

Deux L. A. S. — I. à son beau-père; Vesoul 17 avril 1871. — 2 p. in 8⁰. — II. à M....; Paris 9 novembre 1875. — 1 p. in 8⁰. — Papier à son initiale.

I. Très jolie lettre d'affaires domestiques; causeries sur l'achat d'une voiture et d'un cheval etc. — II. Réponse à une demande de recevoir des épreuves de ses eaux-fortes: "après de nombreuses recher-"ches, il m'a été impossible de retrouver soit des épreuves soit les planches en cuivre", excuses de ne pouvoir le satisfaire "les petits travaux n'étaient d'ailleurs que des essais assez grossiers et "qui manquaient complètement d'intérêt."

765 DORÉ, Paul-Gustave, le génial illustrateur de Dante et de Cervantès, artiste d'une verve et d'une facilité de dessin incomparables, n. à Strasbourg 6 janvier 1832, m. à Paris 23 janvier 1883.

L. A. S. à M. Doussault (architecte); (Paris). — 2 p. $^1/_4$ in 8⁰.

Belle lettre où il lui demande de fixer le lieu et le jour pour comparer ensemble: »Où et quand? »voilà ce que vous oubliez de me dire dans votre aimable lettre et ce qui me semble l'essentiel; »si c'est jeudi impossible, si c'est demain, il faudrait que ce ne fût pas dans la matinée. Je doute »bien fort que je puisse, car je suis diablement pris; et merci pour l'affectueuse pensée que vous »avez eue de me signaler l'article de L.Ulbach.» — etc.

766 DETAILLE, Jean-Baptiste-Édouard, le célèbre peintre de genre militaire, dont les tableaux et les dessins ont été popularisés par la gravure, n. à Paris 5 octobre 1848.

L. A. S. à (J.-Z. Mazel); Paris rue Legendre, Parc-Monceau, 18 mars 1874. — 2 p. $^1/_2$ in 8⁰.

Très belle lettre où il répond à une demande de recevoir son portrait: »Je n'ai que des por- »traits-cartes faits il y a longtemps, mais je dois avoir bientôt de nouvelles photographies et je »m'empresserai de vous en envoyer une, en même temps que la seule eau-forte que j'ai jamais »faite et qui n'est qu'un essai très incomplet; je ne m'en suis jamais occupé, mais si cette épreuve »peut vous intéresser, je m'empresserai de vous l'offrir, trop heureux de répondre à la demande »que vous m'avez faite». — etc.

SUISSE

767 ROBERT, Louis-Léopold, l'illustre peintre qui exprima l'Italie avec ses types caractéristiques et ses costumes de fêtes, n. à la Chaux-de-Fond (Suisse) 13 mai 1794, m. de mort volontaire à Vénise 20 mars 1835.

L. A. S. à Monsieur....; Rome 27 février 1831. — 2 p. in 4⁰.

Intéressante lettre où il demande de vouloir recevoir plusieurs de ses tableaux pour l'exposition de Paris et d'en soigner l'explication; il parle de son ami Schnetz, et des malheureuses circon- stances où le gouvernement romain se trouve.

768 TŒPFFER, Rodolphe, l'illustre conteur et caricaturiste original, son livre »Menus propos d'un peintre génevois» est célèbre, n. à Genève 17 février 1799, m. dans cette ville 8 juin 1846.

L. A. S.; 28 décembre 1842. — 1 p. in 4⁰.

Belle lettre où il mande qu'il l'a recommandé à M. Patry-Aubert, qui cherche un maître pour son fils cadet; détails sur cette affaire.

769 CALAME, Alexandre, le célèbre peintre de la nature alpestre, graveur à l'eau- forte très recherché, n. à Virey 28 mai 1810, m. à Menton 3 avril 1880.

L. A. S. à M. de Labouchère à Paris; Genève 22 avril 1842. — 3 p. in 4⁰.

Très belle lettre d'introduction pour M. Hébert »jeune peintre génevois, qui fait le voyage de »Paris pour voir le salon et les galeries de la capitale.» — Causeries amicales; il se plaint de sa mauvaise santé, parle de la vente de ses tableaux au salon et des commandes qu'il vient de rece- voir. — etc.

770 CALAME, Alexandre.

L. A. S. à (J.-Z. Mazel); Genève 29 avril 1846.

Superbe lettre en réponse à la notification de sa nomination de Chevalier du Lion néerlandais : «L'étonnement, le ravissement et la reconnaissance que j'ai éprouvés à la lecture de votre lettre, «dépassent d'autant ce que je puis exprimer que la distinction qu'il a plu à Sa Majesté de m'ac-«corder, dépasse mes espérances les plus hasardées et mes rêves de gloire les plus doux. Ma dette «envers la Hollande est devenue immense et je désespère de pouvoir mériter jamais l'honneur qui «vient de m'être fait.» Témoignages affectueux et pleins de reconnaissances affables.

771 CALAME, Alexandre.

L. A. S. à M.... ; Genève 17 juillet 1846. — 1 p. $^1/_2$ in 4⁰.

Accusé de réception d'une lettre et réponse à une commande d'un tableau : «je puis d'avance «vous assurer que je mettrai tous mes soins à le finir autant qu'il me sera possible, comprenant «très bien que pour une collection de cette nature ce n'est pas une esquisse qu'il vous faut. Mon «prix pour une œuvre soignée est de fr. 800, c'est ce qu'on me paye généralement à Paris, «Bruxelles et Amsterdam.» — etc.

ALLEMAGNE

772 SCHMIDT, Georg-Friedrich, le merveilleux graveur au burin et à l'eau-forte, n. à Berlin 24 janvier 1712, m. dans cette ville 25 janvier 1775.

L. A. S., en français, à Monsieur.... ; 12 décembre 1767. — 1 p. in 4⁰.

Curieuse lettre où il cause de divers travaux et mande que le prince de Grappendorff lui a ôté deux douzaines d'épreuves du portrait de Mad. G., «néanmoins j'en escamotai 6, dont j'ai vendu «4 à Pétersbourg, ainsi il m'en reste deux que je veux bien par amitié pour vous partager.»

773 CHODOWIECKI, Daniel-Nicolas, peintre et célèbre graveur au burin, artiste original et observateur plein de finesse de la société de son siècle, n. à Dantzig 16 octobre 1726, m. à Berlin 7 février 1801.

L. A. S. à Fried. Willmann à Brême; Berlin 20 juillet 1799. — 1 p. in 8⁰. — P.

Curieuse lettre où il mande l'expédition de 3000 épreuves d'un calendrier; détails sur le tirage, déclarations des frais d'impression.

774 KOBELL, Ferdinand, peintre de paysage et célèbre eau-fortiste d'une pointe fine et spirituelle, son œuvre publiée par Frauenholz en 1809 est recherchée, n. à Mannheim 7 juin 1740, m. à Munich 1799.

L. A. S. à son éditeur Frauenholz à Nurnberg; Munich 3 décembre 1795. — 3 p. in 8⁰. — Cachet armorié.

Remarquable lettre où il parle de l'effet produit par le bombardement et la prise de sa ville natale, Mannheim, par les alliés sur l'armée révolutionnaire; causerie sur l'art et le mauvais goût des collectionneurs et amateurs à propos de gravures italiennes récentes que F. vient de lui envoyer; il les désapprouve et regrette que les artistes travaillent d'après ce que la mode du moment leur inspire; il lui répugne de nommer beau ce qui réellement ne l'est pas; il souhaite que l'artiste éclaire et dirige le goût public au lieu de le suivre dans son mauvais penchant; observations sur des gravures hollandaises du 17e siècle. — etc.

775 MORGHEN, Raffaello, illustre graveur au burin dont les reproductions des tableaux des classiques italiens sont célèbres, n. à Florence 19 juin 1758, m. dans cette ville 8 avril 1833.

L. A. S., en italien, à Josef Calendi à Florence; Paris 10 avril 1812. — 1 p. in 4⁰.

Belle lettre où il mande que l'empereur lui a conféré l'ordre impérial de la Réunion et parle de l'honneur qu'il a eu d'assister à un déjeuner avec S. M., dont il loue fortement l'amabilité ״e non pare me di parlare a un Imperatore.״

776 SCHADOW, Johann-Gottfried, célèbre sculpteur, auteur du quadrige sur la porte de Brandenbourg à Berlin, publiciste, n. à Berlin 1764, m. dans cette ville 20 janvier 1850.

L. A. S.; Berlin 21 mai 1843. — 2 p. in 8⁰.

Il donne des informations sur un différend survenu à propos d'un buste en marbre du roi Frédéric-Guillaume III offert à la société des beaux-arts de Königsberg.

777 RAUCH, Christian-Daniel, un des plus illustres sculpteurs du siècle, n. à Arolsen 3 janvier 1777, m. à Dresde 3 décembre 1857.

L. A. S. à son excellence....; Berlin 23 juillet 1851. — 2 p. in 4⁰. — P.

Intéressante lettre où il donne des renseignements sur son œuvre, le célèbre monument de Frédéric le Grand à Berlin.

778 SCHINKEL, Karl-Friedrich, l'illustre architecte-peintre, créateur de l'école néogrecque dans l'achitecture allemande, et dont les compositions des fresques qui ornent le péristyle à escalier du musée de Berlin sont célèbres, n. à Neuruppin 13 mars 1781, m. à Berlin 9 octobre 1841.

L. A. S. (1809). — 2 p. in 4⁰.

Intéressante lettre où il parle de son diorama: ״Vue de Palerme״ qu'il vient d'achever et dont il veut ouvrir l'exposition au public.

779 CORNELIUS, Peter von, le maître de la peinture allemande, qui se proposa de joindre la beauté antique aux aspirations modernes, n. à Düsseldorf 23 septembre 1783, m. à Berlin 6 mars 1867.

I. L. A. S. au comte de Jenison, ministre de Bavière à Paris; Paris 3 novembre 1838. — 1 p. in 8⁰. — II. Fragment de lettre; 15 août 1820. — ³/₄ p. in 4⁰.

I. Il se plaint de n'avoir pris avec lui rien de convenable pour montrer aux artistes et autres personnages distingués de Paris; mais il lui enverra cependant ce qu'il a promis.

780 PASSAVANT, Johann-David, peintre d'histoire, célèbre critique d'art, n. à Francfort 18 septembre 1787, m. dans cette ville 12 août 1861.

L. A. S. au profeseur (Eduard) Bendemann (le célèbre peintre de fresques) à Dresde; Francfort 10 janvier 1839. — 3 p. in 8⁰.

Intéressante lettre où il donne des renseignements détaillés sur la peinture d'un portrait de l'empereur Lothaire II, dont la ville de Francfort vient de charger Bendemann.

781 SCHNORR VON KAROLSFELD, Julius, peintre d'une grande pureté de dessin et d'une scrupuleuse exécution des détails, ses illustrations de la Bible sont célèbres, n. à Leipzig 26 mars 1794, m. dans cette ville 24 mai 1872.

L. A. S. au professeur (Eduard) Bendemann à Dresde; Dresde 24 août 1853. — 3 p. in 8⁰.

Intéressante lettre où il parle de l'exposition et de l'achat d'un tableau de J. C. Dahl (1788—1857).

782 SCHWANTHALER, Ludwig-Michael, sculpteur, qui composa les statues colossales du Walhalla et celles des peintres à la Pinacothèque de Munich, n. à Munich 26 août 1802, m. 15 novembre 1848.

I. L, A. S. à son cousin Xavier Schwanthaler à Carlsruhe; (Munich) 15 mars 1841. — 1 p. in 4⁰. — II. à (G.-F.) Waagen; Munich 2 avril 1847. — 1 p. in 8⁰.

I. Renseignements sur des travaux dont il s'occupe. — II. Lettre d'informations.

783 KAULBACH, Wilhelm von, un des plus grands artistes modernes, maître dans la peinture autant que dans le dessin et la composition, n. à Arolsen 15 octobre 1805, m. à Munich 7 avril 1874.

L. A. S. au conseiller (G.-F.) Waagen. — 1 p. in 4⁰. — P.

Lettre amicale.

784 ACHENBACH, Andreas, peintre de paysage et de marine, qui a demandé ses inspirations aux natures si diverses des bords du Rhin, de la Hollande, de la Norwège, des Alpes et de l'Italie, n. à Cassel 29 septembre 1815.

L. A. S.; Düsseldorf 21 février 1855. — 1 p. in 8⁰.

Il mande l'envoi d'un tableau pour La Haye; renseignements sur le prix et le mode d'exposition.

ANGLETERRE

785 HODGES, Charles-Howard, peintre de portraits, graveur en manière noire, n. à Londres 1764, m. à Amsterdam 24 juillet 1837.

L. A. S. à J.-Z. Mazel à La Haye; Amsterdam 15 décembre 1836. — 1 p. ¹/₂ 4⁰.

Il mande qu'un de ses amis a l'intention de visiter La Haye avec une belle collection de gravures et d'en faire la vente en forme de loterie, et le prie de lui prêter appui.

786 LAWRENCE, Sir Thomas, le grand peintre de portrait, estimé surtout pour son coloris harmonieux et brillant, n. à Bristol 4 mai 1769, m. à Londres 7 janvier 1830.

L. A. S. à Monsieur....; (Londres) Russell-square. — 1 p. ¹/₂ in 8⁰. — P.

Il demande de restituer le tableau de (Th.-C.) Hoffland, que celui-ci a envoyé pour l'exposition.

787 WILKIE, David, peintre de genre et de paysage, d'une observation spirituelle et d'une exécution fine et soignée, n. à Cultus (Fifeshire) 18 novembre 1785, m. à Gibraltar 1er juin 1841.

L. A. S., en français, au prince Dolgorowki; Madrid 7 février 1828. — 1 p. ¹/₂ in 4⁰. — Pièce deux fois signée. — P.

Belle lettre de remerciements de tout ce qu'il a fait pour rendre facile son voyage en Espagne; détails sur ce voyage.

788 WIKIE, David.

L. A. S. à Abr. Cooper (Londres); Kensington 28 mars. — 1 p. in 8⁰. — Cachet.

Il mande de venir le voir et en assigne le temps,

789 LANDSEER, Sir Edwin, un des plus grands peintres d'animaux des temps modernes, graveur et sculpteur, n. à Londres 7 mars 1802, m. dans cette ville 1er octobre 1873.

L. A. S. à Ackermann, éditeur à (Londres); 8 août 1836. — 1 p. in 8⁰. — Cachet.

Il demande de lui restituer un tableau dont la gravure a servi pour un "Annual".

ITALIE

790 CARRACCI, Lodovico, l'illustre peintre de l'école bolonaise, n. à Bologne 1555, m. dans cette ville 1619.

L. A. S. à Don Ferrante Carlo à Crémone; Bologne août 1610. — 1 p. in 4⁰.

Il mande la réception d'une petite caisse de "salami", et en exprime très affectueusement sa reconnaissance.

791 CANOVA, Antonio, un des plus illustres sculpteurs des temps modernes n. à Passagno 1er novembre 1757, m. à Vénise 12 octobre 1822.

I. L. A. S. à Antonio Deste, à l'atelier de A. Canova à Rome; Passagno 12 février 1797. — $^1/_2$ p. in 4⁰. — II. Pièce signée. 4⁰. — P.

I. Il prie de garder la statue d'Hébé à l'atelier, et de ne la remettre au comte d'Albrizzi qu'à nouvel ordre.

792 CANOVA, Antonio.

L. A. S. au pape Pie VII (1800—23). — $^1/_2$ in fol.

Il demande pour W. Hamilton (le célèbre philosophe 1788—1846) et sa famille la permission de visiter le cimetière des pères-capucins, le cloître de la Chartreuse. etc. — Pièce avec 5 lignes autogr. signées du card. Galleffi et son sceau entre deux papiers.

793 LONGHI, Giuseppe, célèbre graveur au burin, il excella surtout par la reproduction des Épousailles de la Sainte-Vierge de Raphaël, n. à Monza (Milan) 13 octobre 1766, m. à Milan 2 janvier 1831.

L. A. S., en français, à M. Jacoby, négociant à Berlin; Milan 16 décembre 1826. — 1 p. in 4⁰.

Intéressante lettre où il lui envoie diverses gravures avec indication des prix; il mande qu'il commencera à graver le Jugement dernier de Michel-Ange, en deux pièces, et qu'il en a porté le prix de souscription de 172.50 à 200 livres italiennes. Causeries sur d'autres travaux.

DANEMARC

794 THORWALDSEN, Albert-Bertel, l'illustre sculpteur, n. à Copenhague 19 novembre 1770, m. dans cette ville 24 mars 1844.

Deux P. A. S., en français et en italien; Rome 21 juin 1830, et 22 janvier 1838. — 2 p. in 8⁰. — P.

Certificat donné à Pietro Galli Romano. etc.

MUSICIENS

795 GRÉTRY, André-Ernest-Modeste, compositeur d'opéras comiques et d'intermèdes, auteur de mélanges et d'essais musicaux, n. à Liège 8 février 1741, m. à Montmorency 24 septembre 1813.

L. A. S. à Mlle Desbordes à Rouen; Paris 20 novembre 1806. — 1 p. in 8⁰. — P.

Curieuse lettre pleine de protestations d'amour et d'amitié et finissant ainsi: «J'ai brûlé votre «lettre; ainsi quand vous m'en écrivez une autre, qu'elle soit faite de manière que je puisse la «garder; adieu petite Boudeuse, je vous embrasse cent fois de toute mon âme.«

796 CHERUBINI, Luigi, compositeur d'opéras et de musique religieuse, directeur du Conservatoire de musique à Paris, n. à Florence 14 septembre 1760, m. à Paris 15 mars 1842.

I. L. S., en français, à A.-C.-G. Vermeulen, secrétaire de la Société néerl. pour l'encouragement de l'art musical à Rotterdam; Paris 26 mars 1836. — 1 p. in 4⁰. — II. L. A. S., en italien, à M. Pavuzzi; Paris 18 juillet 1837. — 1 p. in 8⁰.

I. Il mande qu'il lui est impossible d'accepter la proposition de la Société d'examiner les ouvrages de musique, qu'on veut lui adresser, à cause de ses nombreuses occupations. — II. Très jolie épître d'envoi de deux lettres pour Florence.

797 PAËR, Ferdinando-Francesco, compositeur d'opéras, directeur de la musique du roi (Louis Philippe), membre de l'Institut, n. à Parme 1er juin 1771, m. à Paris 3 mai 1839.

L. A. S., en français, à Masi, maître de musique à Rouen; Paris 2 novembre 1834. — 2 p. ¹/₂ in 4⁰. — Tête imprimée. — P.

Belle lettre sur un engagement de Madame Masi pour un concert devant le roi à Fontainebleau; détails et causeries curieuses.

798 RODE, Pierre, célèbre violoniste, surnommé le «Corrège du violon«, professeur au Conservatoire de musique, n. à Bordeaux 26 février 1774, m. dans cette ville 27 novembre 1830.

L. A. S. à M. Poignet (à Bordeaux); — 1 p. in 8⁰.

Invitation de venir faire un peu de musique et d'apporter des pièces.

799 HUMMEL, Johann-Nepomuk, compositeur et pianiste, élève de Mozart, n. à Presbourg 14 novembre 1778, m. à Weimar 7 octobre 1837.

I. L. A. S. à Madem. Gertrude van den Bergh, artiste très célèbre à La Haye; Weimar 16 décembre 1823. — 2 p. in 4⁰. — Cachet à ses initiales. — P.

Jolie lettre de causeries amicales où il mande son arrivée à Weimar et ses impressions de voyage en Hollande.

II. L. A. S. à A.-C.-G. Vermeulen à Rotterdam; Weimar 24 août 1830. — 1 p. in 4⁰.

Il accepte la charge de critique que la Société néerlandaise pour l'encouragement de l'art musical vient de lui offrir.

800 SPONTINI, Gaspare, comte de Sant-Andrea, l'illustre compositeur de la «Vestale« et de «Fernand Cortez«, membre de l'Institut, n. à Majolati (États romains) 15 octobre 1779, m. dans cette ville 24 janvier 1851.

I. L. A. S., en français, à (A.-C.-G. Vermeulen à Rotterdam); Paris 1er novembre 1848. — 1 p. in 4⁰.

Belle lettre amicale où il fait la relation de ses tournées artistiques en Allemagne, et mande qu'il est retourné à Paris «très souffrant et en triste santé et atteint même hélas, de surdité! que «j'espère momentanée»; il parle du temps présent si sinistre et contraire aux beaux-arts: Au milieu des circonstances menaçantes de toutes parts, les inspirations abandonnent le génie ainsi que le courage, il pense à dire adieu à la musique et à la composition.

II. P. A. S., en italien. — $1/2$ in 8⁰.

Devise de son écusson en quatre vers italiens. — Carte de visite à ses armes. — 2 pièces.

801 SPONTINI, Gaspare, et sa femme C. Spontini-Érard.

L. A. S., en français, sur une feuille, à Émile Deschamps (le poète célèbre); La Muetta (maison de campagne) 17 juillet 1848. — 2 p. in 8⁰.

Jolie lettre où ils invitent Monsieur et Madame Deschamps à venir les visiter à leur maison de campagne.

802 AUBER, Daniel-François-Esprit, le célèbre compositeur d'opéras, directeur du Conservatoire de musique à Paris, n. à Caen 29 janvier 1782, m. à Paris 13 mai 1871.

Deux L. A. S. — I. (au gén. R. Fagel) à Paris; 20 novembre 1847. — $3/4$ p. in 8⁰. — II. à la Société néerl. pour l'encouragement de l'art musical à Rotterdam; Paris 31 janv. 1848. — 1 p. in 4⁰.

I. Il mande qu'il a reçu une lettre du prince d'Orange (depuis le roi Guillaume III) avec une partition d'une ouverture de sa main sur laquelle le prince daigne appeler son jugement; il remercie d'une confiance si flatteuse et rendra compte de l'examen de cette œuvre. — II. Remerciements pour l'envoi d'un ouvrage publié par la société pour la bibliothèque du Conservatoire.

803 KALKBRENNER, Friedrich, pianiste célèbre, compositeur et écrivain, n. à Cassel 1784, m. à Enghien (Paris) 11 juin 1849.

L. A. S. en français, au général (R. Fagel); 24 avril 1840. — 1 p. in 4⁰. — P.

Il demande de faire passer à la princesse d'Orange un ex. d'une composition dont elle a agréé la dédicace.

804 SPOHR, Ludwig, célèbre compositeur d'opéras et d'oratorios, n. à Brunswick 5 août 1784, m. à Cassel 22 octobre 1859.

I. L. A. S. à M. Kleine, directeur de musique à Amsterdam; Cassel 9 décembre 1835. — 2 p. $1/2$ in 4⁰.

Belle et intéressante lettre où il parle de ses publications musicales et de la vente à Amsterdam; il mande qu'il va se remarier avec Mlle Pffeiffer, pianiste fort distinguée et artiste de tout cœur; causeries familières.

II. L. A. S. à A.-C.-G. Vermeulen à Rotterdam; Cassel 27 octobre 1845. — 2 p. $1/2$ in 4⁰.

Belle lettre de recommandation pour M. Tessel, artiste intelligent et très honorable; causeries amicales.

805 RIES, Ferdinand, pianiste et compositeur distingué, n. à Bonn 29 novembre 1784, n. à Francfort 14 janvier 1838.

I. L. A. S. à Madem. van den Bergh à La Haye; Berlin 12 janvier 1827. — 1 p. in 4⁰. — P.

Belle lettre de causeries et d'informations amicales.

II. L. A. S. à A.-C.-G. Vermeulen à Rotterdam; Francfort 13 avril 1830. — 2 p. in 4⁰.

Intéressante lettre où il cause musique et accepte la charge de critique de la Société de musique à Rotterdam.

806 PAGANINI, Nicolo, le plus illustre des violonistes, n. à Gènes 18 février 1784, m. à Nice 27 mai 1840.

L. S., avec une ligne et l'adresse autographe en français, à Monsier et Madame Pavuzzi à Paris; Paris 25 novembre 1837. — 1 p. in 8⁰. — P.

Lettre d'invitation pour la répétition générale d'un concert pour l'inauguration du Casino Paganini.

Pièce de musique autographe signée. — Monaco 26 novembre 1829. — 1 p. in 4⁰.

Air napolitain, pour le piano-forte.

807 WEBER, Carl-Maria-Friedrich-Ernst von, l'illustre compositeur de *Euryanthe* et *Freyschütz*, n. à Eutin (Holstein) 18 décembre 1786, m. à Londres 5 juin 1826.

L. A. S. à M....; 1822. — 2 p. in 8⁰.

Remarquable lettre faisant honneur au caractère du célèbre artiste: il refuse d'une manière aussi affable que péremptoire un cadeau, dont les circonstances cependant lui donnent assez d'occasion de pouvoir s'en servir. — Détails sur les motifs de sa détermination.

808 SCHMIDT, Aloys, célèbre pianiste et compositeur, n. à Erlenbach 1789, m. à Hanovre 25 juillet 1866.

L. A. S. à M. Koning, à Rotterdam; Francfort 4 septembre (1831). — 3 p. in 4⁰. d'une écriture fine et serrée.

Intéressante lettre où il parle de la théorie de la musique, de l'art de l'enseigner et de la méthode qu'il suit avec ses élèves. — Causeries amicales.

809 MEYERBEER, Jakob Beer dit Giacomo, le célèbre compositeur de *Robert le diable* et de *Les Huguenots*, n. à Berlin 5 septembre 1791, m. à Paris 2 mai 1864.

L. A. S. à S.-P. Schmidt à Berlin; 20 novembre 1819. — 2 p. ¼ in 8⁰. — P.

Très belle lettre amicale: "Ich habe mit grösserer Freude vernommen, dass Ihre neue Oper "so glücklich ausgefallen ist; obgleich ich meist davon überzeugt bin dass Ihre Musis, allen wahren "Kenner zu gefallen verdient, so ist der Succes im Theater so vielen Zufälligkeiten und Hinder-"nissen unterworfen, dass man auch den verdienstesten Künstler, gratuliren kann, wenn er auf "dieser schlüpferigen Bahn, ohne zu gleiten, das ziel erreicht." — etc. — Détails intéressants.

810 MEYERBEER, Giacomo..

L. A. S., en français, à M....; (Paris). — 1 p. in 8⁰. — Papier à ses initiales.

Il demande, pour des étrangers de sa connaissance intime, une bonne première à la représentation des "Huguenots."

811 MEYERBEER, Giacomo.

L. S., en français, à A.-C.-G. Vermeulen à Rotterdam; Berlin 2 novembre 1851. — 1 p. in 4⁰.

Il lui exprime très affablement le bon souvenir qu'il a conservé de leur rencontre à Spa et espère l'y retrouver l'année prochaine; il s'excuse de ne pas écrire lui même, mais une maladie dont il n'est pas encore rétabli le force de se servir d'une main étrangère.

812 MEYERBEER, Giacomo.

Pièce de musique autographe signée. — ½ p. in folio.

Introduction à la marche célébrée au centième anniversaire de Friedrich von Schiller. — Signée: "Giacomo Meyerbeer, Ems 24 August 1861."

813 ROSSINI, Gioachino-Antonio, un des plus célèbres compositeurs italiens, auteur du *Barbier de Séville* et de *Guillaume Tell*, n. à Pesaro 29 février 1792, m. à Paris 14 novembre 1868.

L. A. S. à Giovanni..., éditeur classique; (Milan 1837). — 1 p. $^3/_4$ in 4⁰. — Pièce deux fois signée. — P.

Demande de lui envoyer q.q. partitions.

814 MERCADANTE, Saverio, célèbre compositeur d'opéras, directeur du Conservatoire de musique à Naples, n. à Altamura septembre 1795, m. à Naples 18 décembre 1870.

L. A. S. à T. Ricordi, marchand de musique à Milan; Novara 12 décembre 1837. — $/_4$ p. in 4⁰.

Lettres d'informations sur un arrangement à faire pour l'acquisition d'un piano pour le Casino à Novara.

815 DONIZETTI, Gaëtano, compositeur très populaire d'opéras, auteur de «Lucie de Lammermoor» et «La favorite» qui sont célèbres, n. à Bergamo 25 septembre 1798, m. dans cette ville 8 avril 1848.

L. A. S. à G. Ricordi, éditeur de musique, à Milan; 18 mai 1837. — 1 p. $^1/_4$ in 4⁰. — Les marges tachées.

Curieuse lettre de causeries et d'informations familières.

816 HALÉVY, Jacques-Fromental Lévi dit, le célèbre compositeur de «La Juive», professeur au Conservatoire de musique à Paris, n. à Paris 27 mai 1799, m. à Nice 17 mars 1862.

I. L. A. S. à son confrère....; (Paris 1844). — 1 p. in 8⁰.

Belle lettre de recommandation pour M. Bernard, jeune statuaire.

II. L. A. S. au directeur....; — 1 p. in 8⁰.

Il demande une autorisation écrite pour un concert qui aura lieu avec son concours et celui de MM. Roger et Bunin.

III. P. S. — (Paris) 22 février 1860. — 1 in fol.

Liste de présence des professeurs du conservatoire de musique et de déclamation; signée aussi par 7 autres professeurs, entre autres: Joseph Isidore Samson, le célèbre acteur du Théâtre français (1793—1871.)

817 KALLIWODA, Johann-Wenzel, compositeur et violoniste, n. à Prague 21 février 1801, m. à Karlsruhe 3 décembre 1866.

L. A. S. à (A.-G.-C. Vermeulen à Rotterdam); Donaueschingen 30 octobre 1833. — 1 p. in 4⁰.

Remerciements pour le diplôme de membre de mérite offert par la Société néerlandaise pour l'encouragement de l'art musical.

818 ADAM, Adolphe-Charles, le spirituel compositeur du «Postillon de Longjumeau», n. à Paris 24 juillet 1803, m. dans cette ville 3 mai 1856.

Deux L. A. S. — 1 p. $^1/_2$ in 8⁰.

Il donne des rendez-vous pour divers jours.

819 BERLIOZ, Louis-Hector, le célèbre compositeur et auteur musical, membre de l'Institut, n. à La-côte-St.-André 11 décembre 1803, m. à Paris 9 mars 1869.

L. A. S. à A.-G.-C. Vermeulen à Rotterdam; Paris 21 octobre 1848. — $^3/_4$ p. in 8⁰.

Il remercie très affablement pour l'envoi du diplôme de membre correspondant de la Société néerlandaise pour l'encouragement de l'art musical.

820 BERLIOZ, Louis-Hector.

L. A. S. à M. Maurice. — 1 p. in 8⁰.

Il lui envoie pour la Gazette musicale: »un grand article sur un sujet intéressant, je crois qu'il »n'est pas aussi vide que beaucoup de ceux que nous sommes souvent obligés d'écrire.»

821 MENDELSSOHN-BARTHOLDY, Félix, un des plus illustres compositeurs de son temps, n. à Hambourg 3 février 1809, m. à Leipsick 4 novembre 1847.

L. A. S., en français, à Mlle Elisa Meerti; Leipzig 9 novembre 1839 (?). — $^1/_2$ p. in 8⁰. — P.

Jolie lettre où il propose d'essayer le duo de la Norma à une soirée où il aura le plaisir de la rencontrer.

822 SCHUMAN, Robert, compositeur distingué, critique d'art musical très considéré, polémiste ardent, il fonda la revue: »Neue Zeitschrift für Musik, n. à Zwickau 8 janvier 1810, m. à Bonn 29 juillet 1856.

L. A. S. à (A.-C.-G. Vermeulen à Rotterdam); Leipzig 19 février 1843. — 2 p. in 4⁰.

Belle et intéressante lettre où il parle de sa revue musicale. — etc.

823 LISZT, Franz, le brillant pianiste, compositeur, auteur d'essais de littérature et d'art, n. à Raiding 22 octobre 1811, m. à Bayreuth 31 juillet 1886.

L. A. S., en français, à M. Maurice. — 2 p. in 8⁰. — 2 P.

Il parle d'une de ses compositions dont la Gazette musicale n'a pas encore donné de nouvelles et se recommande si faire se pouvait.

824 LISZT, Franz.

L. S. en allemand, à A.-C.-G. Vermeulen à Rotterdam; Weimar 13 décembre 1851. — 1 p. in 4⁰.

Belle lettre de remerciements pour l'envoi du diplôme de membre d'honneur de la société pour l'encouragement de l'art musical à Rotterdam. — Jointe une carte de visite autographe signée, et avec cachet à ses armes.

825 VERDI, Giuseppe, compositeur, célèbre par ses pièces »Il Rigoletto» et »Il Trovatore», n. à Roncole (Parme) 9 octobre 1814, m. récemment.

L. A. S. à son ami . . . .; Busseto-St. Agata, 1ᵉʳ septembre 1864. — 1 p. in 8⁰.

Jolie lettre d'affaires domestiques.

826 DUNKLER, François, le célèbre chef d'orchestre militaire néerlandais, il reproduisit les chefs-d'œuvre musicaux pour son orchestre d'une manière admirable, n. à Namur 24 février 1816, m. à La Haye 16 septembre 1878.

I. L. A. S., en français, à M . . . .; La Haye 14 juin 1864. — 1 p. in 8⁰. — Fragment de lettre 1 p. — P.

Il répond à une demande concernant des symphonies et parle de concerts militaires à faire.

II. Pièce de musique autographe signée. — 3 p. $^1/_2$ in 4⁰.

Fantaisie sur Gille Ravisseur. — Euphonium in C.

827 VERHULST, Johannes-Josephus-Herman, compositeur et célèbre directeur d'orchestre néerlandais, n. à La Haye 19 mars 1816.

L. A. S. à J.-P. Heye à Amsterdam; La Haye 21 juillet (1850). — 1 p. $^1/_2$ in 4⁰.

Belle lettre sur l'accompagnement de musique de trois poèmes enfantins; détails sur le mode de publication de toute une série, désir de composer la musique pour d'autres, plus grands, poèmes.

828 LITOLFF, Henri, pianiste et compositeur, auteur de *«La Belle au bois dormant»*,
n. à Londres (d'origine française) 6 février 1818.

Quatre L. A. S.; Amsterdam, Brunswick etc., 1852—57. — 7 p. ^{1}/$_2$ in 8⁰.

Belles lettres de causeries familières contenant d'intéressants détails sur des œuvres musicales.

829 SCHUMANN-WIECK, Clara-Joséphine, la célèbre pianiste, compositeur de pièces
lyriques, n. à Leipzig 13 septembre 1819; — femme de Robert Schumann.

L. A. S. à Monsieur....; Düsseldorf 28 janvier 1860. — 3 p. in 8⁰.

Belle lettre où elle décrit le programme d'un concert de pièces composées par son mari, qu'elle
se propose de donner à La Haye (ou à Amsterdam).

830 VIEUXTEMPS, Henri, célèbre violoniste, une des gloires de la Belgique musicale, n. à Verviers 17 février 1820, m. à Mustapha (Algérie) 5 juin 1881.

L. A. S. à M. Croese; Rotterdam 21 janvier 1842. — 4 p. in 8⁰.

Belle et intéressante lettre sur l'arrangement d'un concert, il donne au choix deux programmes
et entre dans beaucoup de détails. — etc.

831 VIEUXTEMPS, Henri.

L. A. S. à M. le baron..... à La Haye; Rotterdam 21 janvier 1842. — 2 p. in 8⁰.

Il demande s'il n'y aurait rien de déplacé d'envoyer une liste de souscription à la famille royale
pour le concert prochain au Théâtre-royal.

ARTISTES DRAMATIQUES

832 LEKAIN, Henri-Louis, le seul acteur vraiment tragique de son époque, n. à
Paris 14 avril 1728, m. dans cette ville 8 février 1778.

P. S.; 31 décembre 1776. — 2 p. in folio.

Beau document: État des sommes dues par le roy à ses comédiens français. — Contenant les
noms des pièces jouées en 1776 et les dates des représentations. — Avec 16 autres signatures
d'artistes du Théâtre-français: Dessessarts, Brizard, Jauberval, Dugazon, Molé, Augé, Préville,
Bouret, Mad. Drouin-Préville, Mad. Dugazon, Mlle d'Oligny, Mlle Fanier, Mlle Suin. etc.

833 TALMA, François-Joseph, l'illustre tragédien, n. à Paris 15 janvier 1763, m.
dans cette ville 19 octobre 1826.

L. A. S. à M. Dangeville, directeur du Théâtre-français à Amsterdam; Bruxelles 5
mai (1821). — 1 p. ^{1}/$_2$ in 4⁰. — P.

Intéressante lettre sur l'arrangement d'une représentation à Amsterdam, il nomme son réper-
toire dans lequel on peut choisir les pièces les plus capables de plaire au public, et parle des rôles
qu'il jouera, des changements à faire dans les pièces. — etc.

834 WATTIER, Johanna-Cornélia, (Mad. Ziesenis), la célèbre tragédienne du Grand-
théâtre d'Amsterdam, elle joua *«Phèdre»* avec Talma devant Napoléon I à
Paris, n. à Rotterdam 13 avril 1764, m. à Voorburg (près La Haye) 23
avril 1827.

L. A. S. à l'avocat A. de Bruine à Amsterdam; Velp 20 juillet 1821. — 2 p. ^{1}/$_2$ in 4⁰. —
Cachet. — P.

Causeries amicales et d'affaires domestiques.

835 DUCHESNOIS, Catherine-Joséphine Rafin dite, grande tragédienne, une des plus dignes interprètes de Corneille et de Racine au Théâtre-français, n. à St. Saulve 5 juin 1777, m. à Paris 8 janvier 1835.

L. A. S. à Granville; 1er février. — 1/2 p. in 8⁰. — P.

Elle demande la faveur de remettre une pièce à un autre jour.

836 CATALANI, Angelica, une des plus célèbres cantatrices, directrice du Théâtre-italien sous Louis XVIII, n. à Sinigaglia 1779, m. à Paris 12 juin 1849.

L. A. S. à Monseigneur Zacchia à Rome; Florence 25 mars 1836. — 1 p. in 4⁰.

Lettre d'introduction pour la famille Seguin, qui se rendra à Rome pour célébrer la semaine sainte. — Très jolie épître d'une tournure distinguée.

837 MARS, Anna-Françoise-Hippolyte Bouchet-Monvel, dite Mlle, la célèbre actrice du Théâtre-français, n. à Paris 9 février 1779, m. dans cette ville 20 mars 1847.

L. A. S. à M. le comte.... à Bruxelles 182...; — 3 p. 1/2 in 8⁰. — P.

Elle demande d'être son intermédiaire pour l'arrangement de q.q. représentations à Bruxelles où la cour séjourne cette année, et où elle désire passer une partie de son congé; elle veut contracter un fixe de 1000 fr. par représentation, un jeton de 40 fr. par jour à dater de celui de son arrivée, et au bout d'un certain nombre de représentations un bénéfice pour les frais de voyage.

838 GEORGE, Marguerite-Joséphine-Georges Weimer dite Mlle, la célèbre interprète de Racine et de Hugo, sa beauté imposante n'avait pas de rivale, n. à Bayeux 23 févier 1787, m. à Passy 12 janvier 1867.

L. A. — 1/2 p. in 8⁰. — P.

Jolie lettre d'une tournure vive où elle fixe un rendez-vous.

839 LABLACHE, Louis, célèbre chanteur italien, n. à Naples (d'origine française) 6 décembre 1794, m. dans cette ville 23 janvier 1858.

L. A. S., en italien, à Madame Malibran (la célèbre diva). — 1 p. in 8⁰.

Jolie lettre où il s'excuse de ne pouvoir chanter avec elle l'Othello de Rossini; il a peur de son rôle, parce qu'il y a déjà trop longtemps qu'il ne l'a chanté.

840 DÉJAZET, Pauline-Virginie, la célèbre actrice spirituelle et fringante de vaudevilles, n. à Paris 30 août 1797, m. dans cette ville 1er décembre 1875.

L. A. S. (au directeur de théâtre à Dieppe); — 2 p. 1/4 in 8⁰. — Papier à ses initiales.

Intéressante lettre où elle se plaint amèrement du métier qu'elle fait: "Il est temps que tout "cela finisse, car en dépit du succès je suis au bout de mon courage; je passe chaque jour au "théâtre 11 à 12 heures. J'ai la fièvre et il faut à 10 h. le matin aller répéter et mettre en scène "Frétillon, puis à 5 h. répéter généralement." — Causeries amicales.

841 TAGLIONI, Marie, la célèbre danseuse de l'Opéra de Paris, n. à Stockholm, mars 1804, m. à Marseille 23 avril 1884.

L. A. S., en français, au marquis de la Maisonfort, au château de Beffes, près la Charité sur Loire; Londres 10 avril 1831. — 2 p 3/4 in 4⁰. — Cachet.

Intéressante lettre où elle parle des difficultés qu'elle a eues dans l'arrangement de ses débuts à Londres dans le ballet de Flore et Zéphyre, ce qui ensuite a été plein de succès. "Les jour-"naux anglais avaient fait courir le bruit que j'avais perdu un œuil, aussi il falait voir comme tous "ces anglais qui sont dans les coulisses me regardent, ils croyaient peut être que j'en avait un "en vers." — Causeries amicales.

842 SONTAG, Henriette, (comtesse Rossi), une des plus célèbres cantatrices de son

temps, l'émule de Malibran, n. à Coblenz 13 mai 1805, m. à Mexico 17 juillet 1853.

I. Trois L. A. S., en français et en allemand, au baron de Keverberg (à La Haye); etc. — II. P. A. S., en français. — 4 p. $^1/_2$ in 8⁰.

I. Belle lettre d'envoi et de remerciements. — II. Pièce d'amateur.

843 MALIBRAN, Marie-Félicité Garcia Mme, l'illustre et charmante cantatrice, n. à Paris 24 mars 1808, m. à Manchester 23 septembre 1836.

I. — B. A. S. — $^1/_2$ p. in 8⁰.

Jolie pièce adressée: "al vote bono e perfetto appelé par sobriquet Zoni di Ferranti."

II. — Feuille de croquis contenant deux portraits dessinés à la plume, q.q. autographes de son nom etc. — Pièce remarquable, in 4⁰.

844 LOLA MONTEZ, danseuse, favorite du roi Louis I de Bavière, n. à Montrose (Écosse) 1820, m. à N.-York 30 juin 1861.

L. A. S., en français, à M...., secrétaire de la légation de Hollande; (München 1847).

Elle lui demande de venir la voir avant son départ pour Stuttgart et d'accepter ses adieux s'il n'en a pas l'occasion.

845 RACHEL, Elisa-Rachel Félix dite, la célèbre tragédienne et admirable interprète des œuvres de Racine et de Corneille, n. à Munf (Suisse) 28 février 1820, m. au Cannet (Toulon) 3 janvier 1858.

L. A. S. à Mad^{lle} Andréa (à Paris). — 1 p. in 8⁰. — Enveloppe avec cachet à son nom.

Jolie lettre où elle lui offre une place dans une loge de sa mère.

846 RISTORI, Adelaïde, (marquise Capronica del Grillo), la grande tragédienne, n. à Cividale (Frioul) 26 janvier 1821.

Quatre L. A. S. — I. à son excellent ami.... à (La Haye); Paris 30 mai 1859. — 2 p. in 8⁰. — II. à J.-Z. Mazel; La Haye 3 juillet 1859. — 2 p. in 8⁰. — III, IV au bourgmestre de La Haye; Paris 3 et 10 mai 1860. — 3 p. in 8⁰. — Papier à ses armes et à ses initiales.

Belle correspondance sur l'arrangement de représentations en Hollande. — Détails curieux sur le désir de la présence de la "chère et excellente Reine" à La Haye. — etc.

847 LIND, Jenny Goldschmidt, la célèbre cantatrice, n. à Stockholm 6 octobre 1821.

I. L. A. S. à Madame....; Francfort 27 avril 1846. — 1 p. in 8⁰. — 3 P.

Elle s'xcuse poliment de ne pouvoir faire sa connaissance.

II. L. A. S. au professeur C.-J. Matthes, président de l'asile pour les aveugles à Amsterdam; Amsterdam 13 mai 1855. — 1 p. in 8⁰.

Elle mande qu'elle ne peut pas distribuer des billets gratis pour le concert prochain au profit des inondés, mais elle s'engage pour une autre fois à penser aux enfants aveugles.

848 TRAGÉDIENS du Grand-Théâtre d'Amsterdam:

Ward Bingley (1755—1818). — Andries Snoek (1766—1829). — Johannes-Rienksz. Jelgerhuis (1770—1836). — Theodorus-Johannes Majofski (1770—1836). — Gerrit-Carel Rombach (1785—1834).

Sept L. A. S. — 1796—1828. — 8 p. in 4⁰. — P.

FEMMES CÉLÈBRES

FEMMES CÉLÈBRES

849 REIGERSBERGH, Maria van, femme du célèbre Hugo Grotius, n. à Veere
(Zélande) 7 octobre 1859, m. à La Haye 19 avril 1653.

L. A. S. à son frère Nicolas van Reigersbergh, conseiller de la Haute-cour de justice
de Hollande à La Haye; (Paris) 16 avril 1639. — 1 p. in fol. — Cachet brisé. —
Adresse autographe de H. Grotius.

Remarquable lettre. — Elle se prépare pour un voyage en Hollande et charge son frère de lui
procurer un passeport pour les frontières hollandaises, que le prince d'Orange lui doit fournir.
Elle en veut un pour elle et sa suite, en tout pour 17 personnes. Elle manque d'argent et observe que Spieringh (l'ambassadeur de Suède à La Haye, l'intermédiaire de sa cour pour le payement de Hugo Grotius, ambassadeur de Suède à Paris) tarde beaucoup et devrait savoir qu'on ne
saurait vivre de l'air avec un ménage de 25 personnes et un train de voitures et de chevaux; la
tête lui tourne de temps en temps par les soins qu'elle a pour contenter chacun en particulier;
etc. — Détails domestiques curieux.

850 MARIE DE LORRAINE, duchesse de Guise, n. 1615, m. 3 mars 1688; —
petite-fille de Henri de Guise assassiné à Blois 1588, et dernière descendante
de la maison de Guise.

P. S. sur vélin; Paris 3 août 1667. — 1 p. in fol. obl.

Commission pour Jacques Roussel comme curé de Cairon.

851 TALLIEN, Jeanne-Marie-Ignace-Thérèse de Cabarrus dame, célèbre par sa beauté
et par son influence sur les évènements en Thermidor 1794, mariée: I au marquis de Fontenay, II au pro-consul J.-L. Tallien, III au prince de Caraman-
Chimay, n. à Saragosse 31 juillet 1773, m. à Bruxelles 15 janvier 1835.

L. A. S. à la comtesse de Pelaert, née comt. de Ghistelles à Bruges; Anmery août
1821. — 1 p. ¹/₂ in 8⁰. — Signée: C. princesse de Chimay. — Enveloppe avec cachet à
ses armes.

Charmante épitre où elle la remercie en termes très affables d'une lettre et parle de son séjour
à Bruges.

852 CAYLA, Zoé comtesse de, célèbre par sa beauté et son esprit, favorite du roi
Louis XVIII, elle fonda le bel établissement de la savonnerie et des gobelins
à St. Ouen, n. en 1784, m. en 1850.

L. A. S. au comte C. de Damas. — 2 p. in 8⁰. — Cachet à ses armes.

Jolie lettre de causeries intimes.

853 LIEVEN, Dorothée de Benkendorff princesse de, l'intelligente ambassadrice de
la Russie à Londres, elle s'occupa beaucoup des affaires politiques de l'Europe
et exerça une influence réelle dans les résolutions diplomatiques, n. à Riga 17
décembre 1785, m. à Paris 27 janvier 1857.

Trois L. A. S., en français, I. (à la baronne Marie de Menzingen, supérieure du Chapitre noble de Pforsheim); Paris mai 1843. — II. (5 mars 1833). — III. Baden 10 juillet 1836.
Très belles lettres de causeries familières.

854 OULTREMONT DE WÉGIMONT, Henriette A.-L.-F. comtesse d', n. à Maastricht 28 février 1792, dame de la cour et l'amie préférée de la reine Wilhelmine des Pays-Bas 1825—37, mariée morgan. à Berlin 1841 au roi Guillaume I des Pays-Bas, créée comtesse de Nassau, m. à Aix-la-Chapelle 26 octobre 1864.

L. A. S. à C.-F.-H. de Fabricius, attaché à la légation des Pays-Bas à Paris; (Marseille 9 décembre 1839). — 1 p. in 4⁰. — Pièce un peu fatiguée.

Demande de vouloir expédier des lettres à leurs adresses, dont une destinée pour la Hollande. — Signée Ctsse H. d'Oultremont.

855 OULTREMONT DE WÉGIMONT Henriette comtesse d'.

L. A. S. au comte....; (Aix-la-Chapelle). — 3 p. in 8⁰. — Papier à ses initiales.

Très belle lettre. — Elle recommande M. l'abbé Everts, professeur du séminaire de Rolduc (Maestricht), et regrette de ne voir que très rarement M. l'abbé Raetzen, proviseur de ce séminaire; elle craint de perdre sa belle-sœur, dame de palais à sa cour, et mande qu'elle a eu le bonheur de voir chez elle le Roi et la Reine des Pays-Bas et que la Reine lui a fait le plaisir d'accepter à dîner dans son petit hôtel.

856 OULTREMONT DE WÉGIMONT (Henriette A.-L.-F. comtesse d').

L. A. S. à (D.) Ragay (m. 1850), trésorier du roi à La Haye; Aix-la-Chapelle 5 juillet 1847. — 1 p. 4⁰. — Adresse et fragments de cachet.

Elle mande que le sculpteur Geefs réclamera 3000 francs, comme un acompte sur le monument qu'elle lui a commandé et dont deux tiers lui ont déjà été payés; mais il paraît qu'il a besoin d'argent ııalors je vous en écrirai en tems et lieu.ıı — Pièce deux fois signée: Ctsse de Nassau.

857 DOROTHÉE princesse de Courlande, fille de Pierre duc de Courlande et de Sagan, n. 21 août 1793, mariée au comte Edmond de Périgord duc de Dino 1809, m. 19 septembre 1862; — nièce du prince de Talleyrand et célèbre par ses relations avec le grand diplomate.

L. A. S. à la comtesse de....; Baden 4 juillet 1838. — 3 p. ³/₄ in 8⁰. — Papier deuil.

Belle lettre où elle demande la permission de faire sa cour à Madame la grande-duchesse (Sophie de Bade) et de lui présenter sa fille; observations sur son grand deuil. etc.. — Signée: Dsse Talleyrand, née prsse de Courlande.

858 DOROTHÉE princesse de Courlande.

L. A. S. — 2 p. in 12⁰.

Envoi d'une lettre pour Madame.... — Signée: Duch. de Dino.

859 BONAPARTE, Mathilde-Létitia-Wilhelmine, fille du roi Jérôme, mariée au prince Démidoff de San Donato, n. à Trieste 27 mai 1820.

I. — Deux L. A. S. au baron de Grovestins à Paris; (Paris) 6 janvier et 2 mai. — 2 p. in 8⁰. — Enveloppe.

Belles lettres de remerciements et d'invitation.

II. — L. A. S. du prince Demidoff de San Donato. — 1 p. in 8⁰.

860 NIGHTINGALE, miss Florence, femme célèbre par son dévouement philanthropique, n. à Florence (d'origine anglaise) mai 1820.

L. A. S. à P. Pincoffs à Londres; Londres s. d. — 1 p. in 8⁰. — Enveloppe.
Jolie lettre où elle l'invite à venir la voir.

HUITIÈME SÉRIE

COLLECTIONS

COLLECTIONS

861 Hommes d'état hollandais.

20 Lettres autographes signées et pièces signées.

F. van Aerssen (1709), W. Almenum, H. v. Beaumont, Gr. Bentinck van Varik, A. R. Falck, R. Hogerbeets, N. de Kempenaer, G. van Ledenburg, J. van der Mielen, D. de Milan Visconti, C. Musch, Ratteller (1565), J.-A. bar. van Renesse (2), J. Steyn, J.-D. van Slingelandt, D. W. Fravest, C.-J. Vaillant, C.-V. Vonck.

862 Gouverneurs généraux des Indes orientales néerlandaises, 1632—1833.

18 Pièces signées in folio et in 4⁰.

H. Brouwer 1655, Ryklof van Goens 1646, W. v. Outhoorn 1666, J. v. Hoorn 1706, A. v. Riebeek 1707, M. de Haan 1722, A. Patras 1726, A. Valckenier 1735, J. Thedens 1735, G.-W. v. Imhoff 1746, J. Mossel 1748, 56, 58 (3 p.), P.-A. v. d. Parre 1760, W.-A. Alting 1788, v. d. Capellen 1840, J. v. d. Bosch 1814, 35 (2 p.)

863 Hommes d'état français.

33 Lettres autographes signées et 18 pièces signées. — Portraits.

Barbé-Marbois, B. Barère. P. Barras, A. Belliard, P.-A. Berryer, Bory-de-St. Vincent, de Broglie, Ch. Bresson, de Cadore, Chaptal, Daru, Decazes, duc de Duras, de Chabrol, de Sèze, Dupin-ainé, Frioul, Latour-Dupin, Lavalette, Lefèvre-Pontalis, d'Albert de Luynes, Merlin de Douai, Molé, de Montalivet, de Montmorin, J.-N. Ney pr. de la Moskowa, C.-H. Odillon-Barrot, Casimir-Périer, Cl. Quavré-du-Plessis, Ch. de Polignac, de Pourtalez, de Pradt, Rabout de St. Étienne, Rayneval, Regnier, Ch. de Rémusat, de la Rochejaquelin, Roy, H. de Saint-Albin, Aug. L. bar. de Staël, V.-F. Tissot, J.-H. de Villèle.

864 Hommes d'état allemands, italiens etc.

16 Lettres autographes signées et pièces signées.

A.-B. Apponyi, Bernstorff, prince George-Demètre Bibesco, Binder, W. Cte de Broeckdorff, F. Capaccini, A. Forstenson, G.-F. Latour, Munch-Bellinghausen, Pisani de la Gaude (évêque de Namur), Rubini, J.-P. Wessenburg.

865 Hommes d'état espagnols.

18 Lettres autographes signées et pièces signées.

Argüelles, Zeo Bermudez, J. Calatrava, Cevallos, Calomarde, del Infantado, Isturil, Don Juan (1637), M. Freyre, J. évêque de Léon, J.-A. y Mendizabal, Mart. de la Rosa, M.-G. Salmon, San Carlos, San Fernando, de Toreno, M. de la Torre.

866 Hommes d'état anglais et américains.

7 Lettres autographes signées et 3 pièces signées.

P. Butler, Clancarty, J.-H. Leigh Hunt, Edw. Livingstone, G. Macartney, Richmond (1768), Suffolk (1762).

867 Hommes de guerre.

20 Lettres autographes signées et pièces signées. — 3 P. — 3 Portraits.

Gen. Boyer, Cabrera, amir. Capellen, Ch. de Espana, le duc A. de Grammont, C. Horn, C.-B.-T. Krayenhoff, A. Labanov, amir. M.-J. de Man, duc de Montebello, Montmorency prince de Robecq, de la Morlière, amir. de Rigny, R. Dundas Tindal, Vignolle, Rob. Wilson.

868 Philologues et savants hollandais du 17ᵉ et 18ᵉ siècles.

33 Lettres autographes signées et pièces signées. — 4 Portraits.

P. Bondam, P. van Damme, J. Elsevier, W. Goerée, J. Gruterus, P. Gruterus, F.-H. van den Honert, H. Hoogeveen, B. Huydecoper, A. Kluit, F. van Lelyvelt, A. van der Mieden, W. Momma, Bern. de Moor, H. Noordkerk, J.-P. d'Orville, A. Pars, A. Poelenburg, S. Ravius, J. Ruardi, D. Ruhnkenius, A. Schoonhoven, J. Schrassert, A. Schultens, A. van Staveren, J. Trigland, A. Voget, J. Wagenaar, P. Wesseling, Th. Wopkenius.

869 Savants hollandais du 19ᵉ siècle.

26 Lettres autographes signées. — 10 Portraits.

W.-C. Ackersdijk, J. Clarisse, W. de Clercq, M. van Doorninck, J. van Gelder, Hamaker, P. v. Hemert, J. Heringa, Humbert de Superville, N.-G. van Kampen, J. Koning, J. Lulofs, J. Luzac, J. Meerman, J.-D. Meijer, A.-G. van Onsenoort, J. Scheltema, A.-B. Strabbe, M. Stuart, H.-W. Tydeman, H. van Wijn.

870 Savants belges.

8 Lettres autographes signées. — 2 Portraits.

C. van Hulthem, L. de Keverberg, J.-J. Raepsaet, F. de Reiffenberg, J.-F. Willems.

871 Savants et écrivains français, allemands, anglais etc.

29 Lettres autographes signées et 3 pièces signées. — 5 Portraits.

E.-A.-J. Anisson-Duperron, E. Bendeman, S. Birch, J. Bowring, F.-X. de Burtin, du Cailleux, W.-C. Chezy, L. de Cicognara, C.-G. Ehrenberg, Th. Colley-Grattan, C. Haller v. Hallerstein, J. von Hammer-Purgstall, Krusenstern, K.-H. van Lang, L.-M. Langlas, J.-C. Lavater, Maccartan, J.-B. Michaëlis, Nagler, H. Nibby, G.-M. Poussin, M.-J.-B. Orfila, B. Oxenstierna, W. Somerville, J. South, G.-F.-A. Strauss, R. Wagner, Max.-Pw. de Wied, G.-J. de Zollikofer.

872 Poètes et littérateurs néerlandais du 17ᵉ, 18ᵉ et 19ᵉ siècles.

42 Lettres et pièces de vers autographes signées. — 26 Portraits.

H. van Alphen, A. des Amorie van der Hoeven, F. Bellami,{ A. Borger (2 l.), I.-C. Cleve, R. Feith, A. Fokke Simonsz, J. van 's Gravenweert (3 l.), M.-C. van Hall (2 l.), A. Hoogvliet, L. d'Hulfter, J. Immerzeel (3 l.), B. Klijn (2 l.), H.-H. Klijn (3 l.), A. Loosjes, C. Loots (2 l.), B.-H. Lulofs, P. Moens (2 P. S.), J.-L. Nierstrasz, J. van Oosterwijk Bruijn, H.-K. Poot, A. Simons (3 l.), W. Sluiter, H.-A. Spandaw (2 l.), J. Spex, N.-J. Storm van 's Gravensande, J. van Walré, L.-I.-Z. Wiselius.

873 Poètes néerlandais du 19ᵉ siècle.

11 Lettres et pièces de vers autographes signées. — 6 Portraits.

N. Beets, Elliot Boswel, Burlage, E.-M. Calisch, C.-G. Withuys (2 p.), W. J. van Zeggelen (2 p.)

874 Littérateurs et écrivains français du 19ᵉ siècle.

50 Lettres autographes signées.

Duch. d'Abrantes, Virg. Ancelot, Stan. Andrieux, d'Arlincourt, A. Balbi, P. de Barante, Roger de Beauvoir, E. Berthet (2 p.), C. Botta, F. Buloz, W. Bürger, Castil-Blaze (2 p.), J.-J. Champollion-Figeac, Chaveau-Lagarde (4 p.), Feuillet de Conche, Dacier, A. Desaugier (2 p.), V. Denon, Ch.-C. Doucet, G. Ducrest, B. Gallet, V. Herbin, Jeauffret, Jouy, A. Jubenal, A. Karr, E. Laboulaye, C. Lacretelle, Paul Lacroix (3 l.), L.-F. Lélut, A.-L. Millin, H. Monnier, L.-B. Picard (P. S.), E. Mahon, J.-B.-B. van Praet, H. Rau, J.-P. de Rémusat, N. Roqueplan, Saint-Marc-Girardin, E. Sue, Am. Tastu.

875 Peintres, sculpteurs et graveurs de l'école hollandaise.

37 Lettres autographes signées. — 13 Portraits.

A. Brondgeest, J.-L. Cornet, A. Cranendoncq, P.-J. Gabriël, B.-J. van Hove, J. Hulswit, D. van der Kellen, J. Kobell (2 l.), W. B. van der Kooi, C. Kruseman (2 l.), A. de Lelie, J.-E. Marcus, G.-J. Michaelis, L. Maritz, W.-J.-J. Nuyen, D. van Nymegen, P.-G. van Os, J.-W. Pieneman, J.-H. Prins, L. Roger, J. C. Schotel (2 l.), H. Stokvisch, J. Strackee, A. van Stry, J. van Stry, W.-J. van Troostwyk, P. Velyn, M. Versteeg, Marie Vos.

876 Peintres, sculpteurs et graveurs de l'école flamande.

28 Lettres autographes signées.

J.-S. van den Abeele (2 l.), C. van Beveren, A. de Braekeleer, F. de Braekeleer, J. Braemt, M.-J. van Brée, P.-J. van Brée (2 l.), C. Cels, H. Decaisne, L.-F. van Dael, Victor Delacroix, J.-J. Eeckhout, F.-Th. Faber, J. Geefs, K.-H. Geerts, J. Geirnaart, G.-L. Godecharles, P. van Hanselaere, J. Jacquant, J.-B.-L. Maes, J. de Meulemeester, P. Noël, P.-F. de Noter, J. Paelinck, C. Tschaggeny, L. Wiener.

877 Peintres, sculpteurs et graveurs de l'école française.

38 Lettres autographes signées. — 5 Portraits.

Victor Adam, L.-M. Autisier, J.-B.-J. de Bay, Ch. Blanc, A. Couder, Th. Couture, J. Dagnan, A.-L. Dantan, A.-G.-L. Boucher Desnoyers, A. Deveria, P. Duval le Camus, R. Fleury (4 l.), F. Gérard, F.-M. Granet (2 l), H. Grevedon, C.-O. Guet, A. Hesse (3 l.), Eug. Isabey, Ch. Jacque, R.-J. Jollivet, H. d'Ainecy de Montpezat, Lizinska Ruo-Mirbel, J.-J. dit James Pradiez, A. Robert, Th. Rousseau (P. S.), S. Saint-Jean, L.-J. Sarazin de Belmont, H. Sebron, Silvestre, C. de Steuben, J.-M. Vien (P. S.)

878 Calligraphes.

Bruining 1672. — Jacobus de la Chambre 1691. — Un inconnu 1685. — 4 pièces in fol. et 4⁰.

879 Architectes: Pays-Bas et Belgique.

31 Lettres autographes signées. — 1809—1860.

P. Adams, H. Camp, E. de Coninck, A.-W. v. Dam, F.-W. v. Gendt, P.-J. Goethgebuer, J. de Greef, G. v. d Jagt, J. v. Maurik, A. Noordendorp, J.-B. Pison, Zeger Reyers, L. Roelandt, A. Roodenburg, W.-N. Rose, T.-F. Suys, M.-G. Tetar v. Elven, A. Tollus, B.-W. H. Ziesenis, J.-D. Zocher.

880 Architectes: France.

10 Lettres autographes signées. — 1815—1849.

G.-A. Blouet, A. Caristie, J. Hittorff, J.-N. Huyst, J. Lasserre, F. Letarouilly, Ch. Normand, F. Pigeory, Stackelberg, J.-Th. Thibault.

881 Architectes: Angleterre.

35 Lettres autographes signées. — 1820—1845.

Th. Allom, Sam. Angell, Ch. Barry, G. Basevi, S. Beazley, Edw. Blore, J. Britton, R. Burgers, W. Burn, Dec. Burton, Fr. Chatherwood, Ch. R. Cockerell, J. Gandy Deering, Th. Leverton Donaldson, Ch. Fowler, Lord de Grey, J. Gwilt, Ph. Hardwick, Owen Jones, H.-C. Kendall, W.-M. Leake, J.-C. Loudon, W. Railton, H. Roberts, P.-J. Robinson, R. Smirke, W. Fite, L. Vulliamy, W. Wilkins, R. Willis, J. Woods.

882 Architectes: Allemagne, Italie.

11 Lettres autographes signées. — 1823—46.

A. de Chateauneuf, L. v. Klenze, G. Moller, Brönstedt, K.-F. Schinkel, F. Albertolli, G. Borsato, L. Canina, G.-B. Cassini, S. Gasse, R. Politi.

883 Musiciens et compositeurs de musique.

29 Lettres autographes signées.

Bagzini, A. Bohrer, A. Gaussoin, C. Hill, R.-G. Kiesewetter, Lafont (2 p.), Lindpaintner, J.-H. Lubeck, J.-L. Marschner, J. Moscheles (2 p.), Iwan Muller, G. Onslow, G. Pacini, J. van Regenmorter (2 p.), A. Reicha, Reissiger, Fr. Servais, Bar. Taylor (5 p.), S. Thalberg, H. Wieniawski (2 p.), J.-W. Wilms.

884 Chanteurs et cantatrices.

10 Lettres autographes signées.

P. Barroiltret (2 p.), Cathinka de Dietz, G.-L. Duprez, Hortense Duflot Maillard, G.-H. Roger, Rosine Stoltz, Pauline Viardot, Rosa de Vries, Wertheimber.

APPENDICE

885 ALPHEN, Hieronymus van, homme d'état hollandais, poète et publiciste, n. 1746, m. 1803.

> L. A. S. à son cousin....; Leide 9 juillet 1792. — 1 p.$^1/_2$ in 4⁰.

Très belle et affable lettre en réponse à la communication de la mort de la femme de son cousin.

886 AVAUX, Jean-Antoine comte d', célèbre diplomate français, ambassadeur très considéré en Hollande et en Suède, n. 1641, m. 1709.

> L. A. S. à M....; à Paris 14 novembre 1692. — 2 p. in 8⁰.

Il mande qu'il est nommé ambassadeur en Suède, et demande son intermédiaire auprès des États-Généraux de Hollande pour lui accorder des passeports.

887 BEUNINGEN, Coenraad van, le grand diplomate de la Hollande, n. 1622, m. 1693.

> L. A. S. à M....; La Haye 12 septembre 1689. — 1 p. in fol.

Curieuse lettre de réflexions théologiques auxquelles le célèbre diplomate s'abandonna dans les dernières années de sa vie.

888 BEVERNINGK, Hieronymus van, célèbre diplomate hollandais, n. 1614, m. 1690.

> P. S. — une feuille grand in-folio.

Publication de la paix de Bréda, conclue entre l'Angleterre et les Provinces-Unies en juillet 1667. — Pièce imprimée, en anglais, et destinée conformément au traité de paix à être affichée dans la ville de Breda. — Signée également par les négociateurs hollandais: A.-H. Ripperda van Beurse, P. de Huybert, A.-P. Jongestall, L.-F. van Starckenborch, et les négociateurs anglais: Holles et H. Coventry. — Avec 7 cachets aux armes des signataires.
Document remarquable et extrêmement rare, sinon unique.

889 BOUFFLERS, Louis-François duc de, maréchal de France, n. 1644, m. 1711.

> L. A. S. (à Maximilien II Emmanuel, électeur de Bavière, 1679—1726); Versailles 14 janvier 1698. — 5 p. in folio.

Remarquable lettre historique concernant les difficultés nées pendant la ratification du traité de Ryswick (sept. 1697), et la restitution au roi d'Espagne des places conquises par Louis XIV dans les Pays-Bas espagnols. L'électeur, nommé par le roi d'Espagne gouverneur de ses états aux Pays-Bas, semble avoir insisté sur l'évacuation de q.q. places fortes où se trouvaient encore des troupes françaises; le maréchal de Boufflers répond: que le roi a donné des ordres pour retirer incessamment ses troupes, et fait remarquer qu'il ne veut exécuter que très ponctuellement les traités, et n'a pas recours à des interprétations subtiles, qui peut-être lui seraient favorables; il attend que le roi catholique de sa part accomplira de bonne foi tous les articles convenus; si c'est sincère les différends seront bientôt terminés. — Lettre d'une tournure piquante et très ingénieuse.

890 BRUNSWICK-WOLFENBUTTEL, Louis-Ernest duc de, général en service de Hollande, n. 1718, m. 1788.

> L. A. S. à M....; La Haye 1er janvier 1780. — 1 p. in 4º.
>
> Lettre de remerciements pour les compliments qu'on lui a adressés à l'occasion du nouvel an.

891 CAPELLEN, Johan-Derk baron van der, homme d'état hollandais, un des chefs du parti anti-orangiste, n. 1741, m. 1784.

> Plainte funèbre et épitaphe, imprimée en blanc sur un fond noir (une feuille gr. in-folio), sur la mort de van der Capellen; accompagnée d'une lettre autographe anonyme, abondant comme l'épitaphe en injures contre les orangistes.

892 EUGÈNE prince de Savoie, le célèbre maréchal autrichien, n. 1663, m. 1736.

> L. S., en français, à Louis-Guillaume I, margrave de Bade, (le célèbre chef de l'armée impériale contre le maréchal de Villars, dans la guerre de succession d'Espagne); au camp de Romanengo 17 juillet 1705. — 4 p. in fol.
>
> Précieuse lettre historique: il mande très en détail son succès obtenu sur l'ennemi dans sa campagne au Milanais en juin et juillet, mais se plaint de ne pouvoir aller plus loin faute de matériel de guerre; cet arrêt donne à l'ennemi l'occasion de faire des dispositions de tous côtés. Il parle de la campagne de la Meuse et de la lenteur des princes de l'empire, en préparant les opérations, mais il prévoit que la campagne de ce côté pourra encore aller à souhait, parce que l'ennemi enverra des détachements vers la Sardaigne, ce qui cependant ne lui conviendra nullement. — etc.

893 FALCK, Anton-Reinhart, diplomate et ministre hollandais, n. 1777, m. 1843.

> L. A. S. à P. van der Heim; 25 août 1815. — 1 p. in 4º.
>
> Belle et affectueuse lettre où il regrette d'avoir manqué sa visite, et s'excuse de n'avoir pu trouver l'occasion de le remercier de vive voix pour l'envoi d'un manuscrit; il mande qu'à sa désignation le roi va le (v. d. Heim) nommer membre de la 1e Chambre des États-Généraux.

894 FRÉDÉRIC AUGUSTE II, électeur de Saxe, roi de Pologne 1697, détrôné en 1706, réélu en 1709, n. à Dresde 1670, m. à Varsovie 1733; — père du maréchal de Saxe.

> L. S., en français, au grand-pensionnaire (A. Heinsius à La Haye); Dresde 13 août 1709. — 1 p.$^1/_2$ in 4º.
>
> Belle et remarquable lettre où il mande son réavènement au trône polonais. — "Ayant resolu "à la fin de satisfaire aux solicitations des Polonais et aux instances reiterées du Czar de retourner "dans le royaume de Pologne, je vous en ay voulu donner part par la présente." — Il assure qu'en membre très fidèle de la Grande-alliance, il cherchera toujours le bien de la cause commune, et espère que le pensionnaire secondera ses intentions en tout et l'assistera de ses sages avis. — etc.

895 GUILLAUME III, roi d'Angleterre, stathouder de Hollande, n. 1650, m. 1702.

> L. A., en hollandais; La Haye 27 octobre 1678. — Contresignée par C. Pesters. — Sceau entre deux papiers. — $^1/_2$ p. in fol.
>
> Il autorise Joannes van der Waeyen, professeur à Franeker, de s'arrêter en Zélande, à condition qu'il ne s'occupe que de ses affaires domestiques. — Signée: Prince d'Orange.

896 GUILLAUME III, roi d'Angleterre, stathouder de Hollande.

> L. A. S., en hollandais, à (A. Heinsius, grand-pensionnaire de Hollande, à La Haye); au camp de Loughbrikling (Irlande) $\frac{25 \text{ juin}}{4 \text{ juillet}}$ 1690. — 1 p.$^1/_2$ in 4º.
>
> Très belle et intéressante lettre écrite peu de jours avant sa victoire de la Boyne. — Il mande qu'à sa grande satisfaction, il vient d'être informé des évènements arrivés tout récemment en Savoie (la rupture du duc Victor Amédée de Savoie avec Louis XIV et l'accession du duc à la grande alliance); il espère qu'on agira prudemment et que le duc ne se laissera pas surprendre par son

nouvel ennemi; si les alliés parviennent à remporter des avantages de ce côté, cela pourrait puissamment influencer, parce que c'est là l'endroit le plus faible de la France. Il ne peut donner des nouvelles de l'Irlande que celle qu'il se prépare, avec l'aide de Dieu, à un grand succès. (Il remporta la victoire de la Boyne le 20 juillet 1690.) — Signée: William R.

897 GUILLAUME V, prince d'Orange, stathouder des Provinces-Unies, n. 1748, m. 1806.

"Copie de la lettre du roi de Prusse (Frédéric II) au prince d'Orange, en réponse à celle où le "prince avait demandé la nièce de S. M. en mariage, Berlin 17 juin (1767)." — "Extrait de la "conversation du roi de Prusse avec le cons. privé de L., lorsque celui-ci est venu de la part "du Pr. d'O. demander en mariage la nièce du Roi."

Deux pièces contemporaines, en français, sur une feuille (2 p. $^1/_2$ in 4⁰.) trés curieuses et remarquables, surtout par la description caractéristique que le roi donne de la princesse, par les observations sur les relations réciproques futures etc.

898 GUILLAUME V.

Quatre L. A. S. (à P. van Bleiswyk, grand-pensionnaire de Hollande); La Haye 17 janvier 1779; 12 février 1780; 23 mai 1780; La Haye 24 mai 1780. — 4 p. in 4⁰.

Remarquables lettres concernant les différends survenus entre la Hollande et l'Angleterre et menant à l'explosion de la guerre en décembre 1780.

899 GUILLAUME V.

Lettre imprimée; La Haye 18 août 1784. — 1 p. in 4⁰. — Papier deuil à l'adresse écrite en français de J. van der Heim, bourgmestre de la ville de Rotterdam, à Rotterdam.

Pièce satirique d'une tournure très saillante, par laquelle on fait mander au prince d'Orange que les États de Hollande viennent de voter la nullité de la charge de conseiller secret et privé (acte van consulentschap) du duc Louis de Brunswick.

900 GUILLAUME I, roi des Pays-Bas, n. 1772, m. 1843.

L. A. S. à M....; La Haye 16 décembre 1794. — 2 p. in 4⁰.

Très belle lettre. — Il mande qu'il vient de lui envoyer ses considérations concernant les mesures à prendre pour prévenir le transport clandestin de vivres et de munitions vers l'ennemi, et propose la ville De Klundert parmi les places défendues.

901 HAREN, Willem van, célèbre poète hollandais, n. 1710, m. 1768.

Pièce de vers autographe signée de 8 strophes (intitulée: Weeklacht in October 1743). — 3 p. in 4⁰.

Poème spirituel et plein de verve, imité d'une òde d'Horace, où il satirise l'égoïsme indolent se manifestant de plus en plus chez ses compatriotes, et glorifie le grand-pensionnaire van der Heim et le greffier Fagel.

902 HARLAY DE BONNEUIL

ERRATA.

La lettre de Guillaume III (n⁰. 895, p. 164) est écrite à E. van Weede seigneur de Dijkveld, et pas à A. Heinsius.

Les lettres de G. K. v. Hogendorp (n⁰. 903, p. 165) sont écrites à J. van der Heim, bourgmestre de Rotterdam.

La lettre de L. P. van de Spiegel (n⁰. 912, p. 167) est écrite au même.

Les lettres de J. H. van Kinsbergen (n⁰. 907 & 908, p. 166) sont écrites à P. van der Heim.

nouvel ennemi; si les alliés parviennent à remporter des avantages de ce côté, cela pourrait puissamment influencer, parce que c'est là l'endroit le plus faible de la France. Il ne peut donner des nouvelles de l'Irlande que celle qu'il se prépare, avec l'aide de Dieu, à un grand succès. (Il remporta la victoire de la Boyne le 20 juillet 1690.) — Signée: William R.

897 GUILLAUME V, prince d'Orange, stathouder des Provinces-Unies, n. 1748, m. 1806.

»Copie de la lettre du roi de Prusse (Frédéric II) au prince d'Orange, en réponse à celle où le »prince avait demandé la nièce de S. M. en mariage, Berlin 17 juin (1767).« — »Extrait de la »conversation du roi de Prusse avec le cons. privé de L., lorsque celui-ci est venu de la part »du Pr. d'O. demander en mariage la nièce du Roi.«

Deux pièces contemporaines, en français, sur une feuille (2 p. $^1/_2$ in 4⁰.) trés curieuses et remarquables, surtout par la description caractéristique que le roi donne de la princesse, par les observations sur les relations réciproques futures etc.

898 GUILLAUME V.

Quatre L. A. S. (à P. van Bleiswyk, grand-pensionnaire de Hollande); La Haye 17 janvier 1779; 12 février 1780; 23 mai 1780; La Haye 24 mai 1780. — 4 p. in 4⁰.

Remarquables lettres concernant les différends survenus entre la Hollande et l'Angleterre et menant à l'explosion de la guerre en décembre 1780.

899 GUILLAUME V.

Lettre imprimée; La Haye 18 août 1784. — 1 p. in 4⁰. — Papier deuil à l'adresse écrite en français de J. van der Heim, bourgmestre de la ville de Rotterdam, à Rotterdam.

Pièce satirique d'une tournure très saillante, par laquelle on fait mander au prince d'Orange que les États de Hollande viennent de voter la nullité de la charge de conseiller secret et privé (acte van consulentschap) du duc Louis de Brunswick.

900 GUILLAUME I, roi des Pays-Bas, n. 1772, m. 1843.

L. A. S. à M.....; La Haye 16 décembre 1794. — 2 p. in 4⁰.

Très belle lettre. — Il mande qu'il vient de lui envoyer ses considérations concernant les mesures à prendre pour prévenir le transport clandestin de vivres et de munitions vers l'ennemi, et propose la ville De Klundert parmi les places défendues.

901 HAREN, Willem van, célèbre poète hollandais, n. 1710, m. 1768.

Pièce de vers autographe signée de 8 strophes (intitulée: Weeklacht in October 1743). — 3 p. in 4⁰.

Poème spirituel et plein de verve, imité d'une ôde d'Horace, où il satirise l'égoïsme indolent se manifestant de plus en plus chez ses compatriotes, et glorifie le grand-pensionnaire van der Heim et le greffier Fagel.

902 HARLAY DE BONNEUIL, conseiller d'état, plénipotentiaire français au congrès de Ryswick 1697.

L. A. S. à M.....; Delft 17 août 1697. — 2 p. $^1/_2$ in 8⁰.

Belle lettre d'une tournure piquante écrite pendant le cours des conférences du Congrès; il mande qu'il recevra le grand-pensionnaire (A. Heinsius) et les ambassadeurs d'Espagne à l'heure marquée, et loue fortement le pensionnaire »de tout ce que l'heureux mélange de sa prudence et de »son zele luy font apporter d'expédients et de tempéraments pour faciliter et avancer les af- »faires.« — etc.

903 HOGENDORP, Gysbert-Karel comte de, n. 1762, m. 1836.

Deux L. A. S. à son cousin....; Rotterdam 24 et 26 juin 1789. — 4 p. in 4⁰.

Il donne des nouvelles concernant le différend entre le magistrat de la ville de Rotterdam et la corporation des boulangers, causé par le projet d'une nouvelle taxe du pain (broodzetting).

904 HUYGENS, Constantin, le célèbre secrétaire et conseiller des princes d'Orange, n. 1596, m. 1687.

I. — L. A. S. à Constantin Huygens; Amsterdam 29 septembre 1627. — 2 p. in fol. — Piquée d'humidité dans le bas de la lettre enlevant la signature.

Belle lettre relative à des affaires de famille de Jacques Caron, sa femme Elsken ter Spill et leurs enfants.

II. — L. A. S. de Frederick van Dorp, au même; (20 mars 1670). — $^3/_4$ p. in folio.

Curieuse lettre d'envoi.

905 LOUIS-NAPOLÉON, roi de Hollande, n. 1778, m. 1846.

L. A. (à un de ses anciens ministres); (Osnabrück) 10 juillet 1810. — 4 p. in 4⁰.

Document historique très important, écrit dans son voyage de Harlem à Toeplitz, rendant d'une manière très sympathique la vive émotion, causée par les évènements des derniers mois de son règne et qui ont mené à son abdication. — Il demande de faire connaitre aux légations hollandaises à l'étranger et à celles qui sont à Amsterdam son message au corps législatif, les notes échangées avec le duc de Reggio sur l'occupation d'Amsterdam et de la province d'Utrecht, et d'y joindre un exposé, qui fasse connaître tous ses motifs irrésistibles. Sa proclamation au peuple aurait dû être tambouriné et son message au corps législatif publié, sans cela la nation l'accusera de faiblesse ou peut-être de lâcheté, ce qui serait pire encore. Il lui recommande de ne pas laisser accabler sa mémoire par la calomnie et la méchanceté, il ne demande que la vérité. "Pour "Dieu, je vous prie de me tirer de ma mortelle inquiétude sur ce qu'on a dit à Paris de mon "abdication; dites-moi aussi la manière dont les troupes (à Amsterdam) ont été reçues, et com- "ment se porte mon fils, ce pauvre enfant sera bien étonné de ma disparition, mais je m'en vais "avec le trait dans le cœur, et je serai toute ma vie le meilleur ami de votre pays." — etc.

906 LOUIS-NAPOLÉON, roi de Hollande.

L. A. paraphée; au même, 29 décembre (1810) — 1 p. in 4⁰.

Intéressante lettre où il se plaint amèrement qu'on lui ait ôté les deux personnes qui ont été toujours avec lui et qu'on ne veuille permettre à aucun de "vos compatriotes de rester avec moi." "Ne puis-je donc pas avoir quelqu'un avec qui je puisse m'entretenir, moins de mes chagrins per- "sonnels que de mon pays, du peuple que je ne puis oublier et n'oublierai jamais." — etc.

907 KINSBERGEN, Jan-Hendrik van, amiral hollandais, n. 1735, m. 1819.

L. A. S. à M....; Dordrecht 24 mars 1793. — 2 p. $^3/_4$ in 4⁰.

Intéressante lettre historique où il donne un exposé de la ligne de défensé des vaisseaux de guerre et des chaloupes canonnières sur les rivières de la Zélande, sur la Meuse etc., dressée contre l'armée d'invasion française sous Dumouriez et principalement pour empêcher son passage du Brabant en Hollande; il rapporte des faits et des particularités et donne des renseignements sur son plan de campagne.

908 KINSBERGEN, Jan-Hendrik van.

L. A. S., en français, à Monsieur....; Adrighem 29 octobre 1793. — 1 p. $^1/_2$ in 4⁰.

Il parle de l'arrangement des appointements et donne des informations sur la ligne de défense occupée par la flotte.

909 LETTRE anonyme à un bourgmestre. — 1 p. $^1/_2$ in fol.

Pièce écrite à propos de la prise de St. Eustace (3 février 1781) par les Français sur les Hollandais et accusant le parti orangiste en termes venimeux d'être la cause de toutes les misères arrivées à la République dans les dernières années.

910 PORTLAND, Jean-Guillaume baron Bentinck comte de, l'ami intime de Guillaume III, n. 1651, m. 1709.

L. A. S., en français, à (E. van Weede seigneur) de Dykveld (le grand diplomate) à La Haye; Kensington $\frac{26\ mars}{5\ avril}$ 1695. — 3 p. in 4⁰.

Intéressante lettre sur le payement de l'armée. — Il se trouve tellement embarrassé par le grand rabais du change qu'il sera impossible de payer l'armée, et propose de faire battre de l'argent au coin du roi d'Espagne. Si le gouvernement des Pays-Bas y trouve à redire, le roi (Guillaume III) le charge d'en parler; du reste il le presse fortement de lui écrire là-dessus au plustôt. — Détails curieux.

911 SCHIMMELPENNINCK, Rutger-Jan comte, homme d'état hollandais, n. 1765, m. 1825.

L. S. à (P. van der Heim) ministre des colonies et de marine; Nyenhuis 1 octobre 1809. — 2 p. in 4⁰.

Il mande que son beau-frère Nahuys, chargé d'une mission pour Batavia, n'a pu trouver l'occasion de s'y rendre par l'Angleterre, mais qu'il a jugé nécessaire de faire le voyage par l'Amérique, pour être plus sûr des papiers que le gouvernement lui a confiés.

912 SPIEGEL, Laurens-Pieter van de, grand-pensionnaire de Hollande, n. 1737, m. 1800.

L. A. S. à M....; La Haye 5 janvier 1793. — 4 p. in 4⁰.

Remarquable lettre historique concernant le fait que neuf vaisseaux de guerre français forcèrent le territoire des Provinces-Unies en remontant l'Escaut pour arriver à Anvers; la Hollande se trouve incapable de se défendre et demande à l'Angleterre du secours; celle-ci envoie incontinent une escadre; considérations sur les conséquences de ces évènements et propositions pour la mise en défense des côtes et des rivières.

913 WITT, Jean de, grand-pensionnaire de Hollande, n. 1625, m. 1672.

L. S. „aen ambassadeur de Wit" (son neveu Johan de Witt, ambassadeur de Hollande à Varsovie); La Haye 11 juillet 1670. — 2 p. in folio.

Importante lettre historique. — L'ambassadeur a remarqué dans une de ses dernières lettres, qu'à son avis la République et ses ministres peuvent réclamer à l'étranger, le même rang et la même distinction que les rois, même les plus illustres, et leurs ambassadeurs; de Witt lui répond, qu'à l'avenir il sera prudent de modifier ses idées là-dessus: "Veele van de argumenten ende ex-"pressien by Uw Edt gebruyckt tot bewys van dat desen Staet ende diegene die denselven in de "hoochste character representeeren met de grootste Coningen en haere Ambassadeurs egael geacht "moeten worden, lichtelyk wat te veel invidie souden connen verwecken ende dat mitsdien deselve "voorsichtichlyker souden werden naergelaeten, 't welck ick van myn plicht geacht hebbe hierby te "voegen tot Uw Edts advertentie ende naerichtinge voor 't toecomende." — Il finit par cette phrase: "Men heeft alhier naer de introductie van den Heere Prince van Oraigne in den Raedt "van Staete voor gehadt denselven Heere prince mede, soo nu soo dan alleen, ende sonder den "Raedt ter Generaliteyt te ontbieden, 't welck echter by de Heeren Gedeputeerden van Hollandt "tot nochtoe is gesteuyt, ende soo ick vertrouwe noch wel voortaan gesteuyt sal connen werden, "aengesien ick daertoe geen reden ter werelt applicabel vinde, noch oock voor als noch hebbe "connen bespeuren dat die van Haerlem ende andere leden in Hollandt daerop sullen urgeren."

914 WITT, Jean de, grand-pensionnaire de Hollande.

L. S. à P. van der Dussen (membre des États de Hollande pour Delft); La Haye 30 septembre 1669. — 2 p. in fol.

Les membres de la Noblesse de Hollande, van Mathenesse et van Wassenaer, ont présenté une requête (relative à une question d'élection de magistrature?) aux États de Hollande; de Witt remarque par notre lettre qu'il ne s'agit que d'une affaire domestique, ne concernant que l'ordre de la no-blesse; il informe van der Dussen de quelle manière il désire qu'on juge et traite cette affaire dans la séance prochaine des États de Hollande.

915 GAZETTE DE LONDRES. Publiée chez Edouard Jones, 1693. 7 pièces in fol.

Contenant les nos. de 5/8 juin, 17/20, 20/24, 24/27 juillet, 18/21, 21/25, 25/28 septembre.